あなたの予想と馬券を変える
革命競馬

【2023下半期】GI〜GⅢ63レース攻略編

重賞ゲッツ!

水上 学

まえがき

　この2023年・下半期編の執筆時期は、新装京都の最初の開催にかかっている。その結果を見ると、上半期編で記した、以前の京都をサンプルとした推測については、当たっていたこともあれば、正直なところ変わってしまったこともある。

　冒頭から心細いことを書くようだが、もうひとつ、23年の競馬を大きく動かしたのは、斤量規定の変更だ。詳細は省くが、極めて大雑把にいえば、前年よりすべて1キロ重くなったということだ。上半期編で紹介した斤量面のデータの多くは当てはまらなくなっていて、想定した以上に大きな影響が出ている。この下半期編では、その辺を踏まえても大丈夫と判断したケース以外は、斤量に関するデータはカットすることにした。

　このようにデータというものは、その時々の競馬の枠組みに大きく左右される。となれば、あえて短期間のスパンから、いかに今年に役立てられるかを占うのが大事。以前にも書いたことだが、競馬におけるデータは、ただサンプルが多ければいいというものではないことを、改めて強調しておきたい。

　上半期編をまだ手許に取られていない方も少なくないと思われるので、本書の構成を説明しておこう。

　本書の基本姿勢は、単にＴＡＲＧＥＴなどの集計ソフトの羅列に留まらず、そこに筆者の視点から何重かのフィルターをかけたり、出た数字への論考を加えたりするように努めることにある。

　さらに皆さんが活用しやすいように、データの重要度を分けて表示したのも特徴だ。

　複数年通用したデータや、そのレースにおける重要度がとても高いデータについては「攻略ポイント　Ａ」。

やや紛れの目立つデータではあるが、断続的に通用するもの、また確実性は劣るが興味深い視点、推移を示しているものについては「攻略ポイント　B」。

さらに、2022年版には掲載しなかった新しいデータ、あるいは補足事項については「**新データ＆補足データ**」として指摘した。

新データには「**NEW! ★**」を付け、補足には「**☆**」を付けてある。多くの新データについては、重要度としてはランクＡと遜色ないと考えている。

そして巻末には、本文にもたびたび出てくる血統データを扱ううえで、ぜひ参考にしていただきたい父系図、そして本書発売と同時にスタートする２歳戦から、芝に絞って出走数の多いコースを選び、その主要コース別種牡馬データを掲載した。これはあくまで２歳戦限定であることをお断りしておく。

もちろん、競馬の結果がデータだけで決まるのなら、こんな楽なことはない。実際は他のいろいろなファクターが絡んでくるわけで、そこについてはご理解いただけていると思う。

個々の馬について皆さんが評価なさったうえで、買いたい馬の絞り込み、危険な要素を実は持っている人気馬の炙り出し、無視しようと思っていた馬の拾い上げなど、迷ったときの方位磁針として、本書を活用していただければ幸いだ。

水上　学

重賞ゲッツ！【2023 下半期】ＧⅠ〜ＧⅢ 63 レース攻略編──

まえがき　2

7月重賞

●ラジオNIKKEI賞…アタマは父サンデー系　6
●ＣＢＣ賞…中京なのに内枠不利　8
●七夕賞…キングマンボ系を見逃すな！　10
●プロキオンＳ…前走ＪＲＡ出走馬は消し　12
●函館２歳Ｓ…狙える厩舎と騎手　14
●函館記念…前走６着以下からの選び方　16
●中京記念…中京の夏は差しもアリ　18
●アイビスサマーダッシュ…ノーザン系クラブ馬は全滅　20
●クイーンＳ…穴は母父サンデー　22

8月重賞

●レパードＳ…この母父だと買えない　24
●エルムＳ…前走マリーンＳ組が活躍　26
●関屋記念…7、8枠から入る重賞　28
●小倉記念…６歳の人気薄が激走！　30
●北九州記念…アイビスＳＤ組にフィルター　32
●札幌記念…勝ち切れない１番人気馬と…　34
●新潟２歳Ｓ…ダイワメジャー産駒を探せ　38
●キーンランドＣ…牝馬から入る重賞　40

9月重賞

●札幌２歳Ｓ…前走圧勝馬にダマされるな！　42
●新潟記念…友道厩舎＋金子ＨＤ馬　44
●小倉２歳Ｓ…フェニックス賞組の扱い　46
●紫苑Ｓ…収得賞金を要チェック！　48
●京成杯ＡＨ…ＮＨＫマイルＣ組の珍傾向　50
●セントウルＳ…阪神スプリント血統　52
●ローズＳ…馬体重の明暗ライン　54
●セントライト記念…皐月賞３着以内馬　56
●オールカマー…前走宝塚記念組を分析　60
●神戸新聞杯…通常ならダービー馬　62
●シリウスＳ…勝ち馬は４枠以内　64

装丁●橋元浩明（sowhat.Inc.）　本文 DTP ●オフィスモコナ
カバー写真●武田明彦　編集協力●キューブリック
※名称、所属は一部を除いて 2023 年 5 月 20 日時点のものです。
※成績、配当、日程は必ず主催者発行のものと照合してください。

馬券は必ず自己責任において購入お願いいたします。

目次

10月重賞

- ●スプリンターズS…高松宮記念とのリンク 66
- ●サウジアラビアロイヤルC…前走中山組は全滅 72
- ●毎日王冠…エプソムC組が浮上 74
- ●京都大賞典…京都芝2400mの注目血統 78
- ●府中牝馬S…GⅠ出走馬が勝てない 80
- ●秋華賞…不振血統はコレ！ 82
- ●富士S…距離延長馬は消し 86
- ●菊花賞…京都の菊は8枠鬼門 88
- ●アルテミスS…軸は前走上がり3F2位以内 92
- ●スワンS…岩田パパを狙え！ 94
- ●天皇賞・秋…トレンドはダービーからの直行 96

11月重賞

- ●京王杯2歳S…この種牡馬が飛車角 102
- ●ファンタジーS…継続騎乗＋1番人気 104
- ●アルゼンチン共和国杯…ディープ産駒が不振 106
- ●みやこS…480キロ以上の馬から 110
- ●武蔵野S…1枠不利は間違いない 112
- ●デイリー杯2歳S…ききょうS組が走る 114
- ●エリザベス女王杯…リピーターの狙いは前年2着馬 116
- ●福島記念…8枠に買い目ナシ 120
- ●東スポ杯2歳S…厳しいハーツクライ産駒 122
- ●マイルチャンピオンシップ…富士S下位からの巻き返しは!? 126
- ●京都2歳S…上昇！ハービンジャー 130
- ●ジャパンC…秋天組なら連対馬以外を推し 132
- ●京阪杯…勝てない5～8枠 138

12月重賞

- ●ステイヤーズS…ダイヤモンドSとの絶対リンク 140
- ●チャレンジC…走りまくる3歳馬 142
- ●チャンピオンズC…南部杯を叩いて上昇する馬 144
- ●中日新聞杯…1枠の伏兵が勝つ 150
- ●カペラS…1番人気が連対できない 152
- ●阪神ジュベナイルフィリーズ…京都戻りのファンタジーS組 154
- ●ターコイズS…オルフェーヴル産駒の大駆け 160
- ●朝日杯フューチュリティS…前走で上がり3F2位以内の脚 162
- ●阪神カップ…人気馬も大敗する鬼門の8枠 168
- ●有馬記念…父ロベルト系の復権 172
- ●ホープフルS…ハーツクライ系の好走 180
- 巻末①●主要【父】系統図 186
- 巻末②主要コース別【2歳戦限定】種牡馬ランキング 198
- あとがき 207

ラジオNIKKEI賞

2023年7月2日・福島11R（3歳GⅢハンデ、芝1800m）

ラジオNIKKEI賞・過去5年の成績

年月日 天候・馬場・頭数 場所・コース	枠番	馬番	馬名	性齢	騎手	斤量	走破タイム着差	人気	単勝 枠連 馬連	馬単 3連複 3連単
2018.7.1	2	2	メイショウテッコン	牡3	松山弘平	56kg	1.46.1	2	¥410	¥1,650
晴・良・13頭立	5	6	フィエールマン	牡3	石橋脩	54kg	1/2	1	¥680	¥5,410
福島・芝1800m	5	7	キボウノダイチ	牡3	戸崎圭太	53kg	3/4	9	¥830	¥21,500
2019.6.30	7	14	ブレイキングドーン	牡3	田辺裕信	55kg	1.49.8	3	¥840	¥11,290
小雨・不・16頭立	1	1	マイネルサーパス	牡3	柴田大知	54kg	3/4	9	¥2,400	¥26,540
福島・芝1800m	7	13	ゴータイミング	牡3	武豊	53kg	1 1/4	6	¥6,240	¥142,140
2020.7.5	1	1	バビット	牡3	内田博幸	53kg	1.47.3	8	¥2,020	¥25,750
曇・稍・12頭立	8	11	パンサラッサ	牡3	三浦皇成	54kg	5	7	¥3,260	¥22,480
福島・芝1800m	2	2	ディープキング	牡3	戸崎圭太	52kg	アタマ	5	¥11,240	¥173,020
2021.7.4	2	2	ヴァイスメテオール	牡3	丸山元気	54kg	1.48.0	4	¥780	¥20,830
小雨・稍・16頭立	5	10	ワールドリバイバル	牡3	津村明秀	53kg	2 1/2	11	¥5,330	¥41,850
福島・芝1800m	7	14	ノースブリッジ	牡3	岩田康誠	54kg	1	7	¥11,530	¥316,180
2022.7.3	3	3	フェーングロッテン	牡3	松若風馬	55kg	1.46.7	3	¥720	¥7,730
晴・良・13頭立	5	7	ショウナンマグマ	牡3	菅原明良	53kg	3/4	8	¥1,330	¥9,340
福島・芝1800m	1	1	サトノヘリオス	牡3	岩田望来	55kg	クビ	2	¥4,130	¥59,280

◆データ集計期間……2013〜22年

　3歳限定のJRA重賞で唯一のハンデ戦。2013年から福島の開幕週に固定されている。

◆トップハンデ馬は苦戦傾向

　ハンデ戦となった2006年以降、トップハンデの成績は【2－2－0－23】だ。22年もベジャールが大敗。

　勝ったのは15年56.5キロのアンビシャスと、18年56キロのメイショウテッコン。そして2着は08年57キロのノットアローンで、57キロを背負って馬券になったのはこの馬だけ。もう1頭の2着馬は20年のパンサラッサだが、この年はトップハンデが54キロという異例中の異例の年であり、しかも該当馬が5頭もいた。ある意味サンプルから外してもいいくらいだし、しかも勝てなかったのだ。

◆期待を裏切る前走GⅠ出走馬

　前走GⅠ出走馬は、とにかく勝てない。【0－4－3－21】だ。2022年も1番人気ボーンディスウェイが皐月賞以来で着外に消えた。

◆浮上する前走OP特別組と距離短縮馬

6　本文中の「前書」は「重賞ゲッツ！2022下半期」を指す

狙いは前走OP特別組で、特にプリンシパルS出走馬は【3－1－1－7】、そこで4着以内だと【3－0－0－3】。また白百合S組は【2－1－0－9】で、こちらは1着馬が【2－0－0－3】となる。

前走において、この2000m戦のOP特別2鞍が好調ということは、当然、距離短縮馬の数字がよくなる。そして注目は距離延長馬、つまり前走マイル以下だった馬が極端に勝てず【0－2－4－37】であることだ。

◆このローテを見逃すな！
・近10年の連対馬は、2018年2着のフィエールマン以外はすべて5月以降にレースを使われている。これは連対馬選びにおける、かなり重要な要素と見るべきだ。
・前走中山出走馬は【0－2－1－19】、前走阪神出走馬は【0－1－3－16】でこれも勝てない。

◆内枠重視、牝馬軽視
・枠で見ると、枠順別単勝平均人気が「10.3」で断然最下位の1枠が【3－1－2－10】で最高となる。また2枠も【2－2－3－9】とかなり安定。開幕週のローカル小回りとあって、内枠は重視したい。
・牝馬は【0－1－0－22】とかなり苦戦。ハンデが軽くなりがちだが、それでも好走例が少ないことには注目したい。

●消したい血統、それは……
ダイワメジャー産駒は【0－0－0－13】。今後出走が多くはないと思うのでランクBとしたが、もし出てくれば即消しでよさそう。

NEW!★アタマには父サンデー系
父サンデーサイレンス系が10年間で9勝。括りが広いので、どれを選ぶかとなると実効性はやや薄いかもしれないが、非サンデー系を1着で買いたい場合は思い留まるか、1頭で決めずにサンデー系からも何か選んでおくのがベター。

NEW!★前走1勝クラスの扱い
新潟の早苗賞勝ち馬は【2－0－0－2】と要注意だが、平場の1勝クラスは、3歳限定・古馬混合関係なく、合わせて【0－2－4－33】と勝ち切れない。

ラジオNIKKEI賞　7

CBC賞

2023年7月2日・中京11R（GⅢハンデ、芝1200m）サマースプリント

CBC賞・過去5年の成績

年月日 天候・馬場・頭数 場所・コース	枠番	馬番	馬名	性齢	騎手	斤量	走破 タイム 着差	人気	単勝 枠連 馬連	馬単 3連複 3連単
2018.7.1	4	8	アレスバローズ	牡6	川田将雅	54kg	1.07.0	4	¥910	¥12,560
晴・良・18頭立	5	10	ナガラフラワー	牝6	高倉稜	52kg	1 1/4	9	¥1,710	¥28,250
中京・芝1200m	5	9	セカンドテーブル	牡6	水口優也	56kg	1/2	8	¥7,910	¥166,090
2019.6.30	6	9	レッドアンシェル	牡5	福永祐一	56kg	1.09.8	1	¥340	¥2,960
雨・不・13頭立	4	4	アレスバローズ	牡7	川田将雅	57.5kg	クビ	7	¥1,380	¥3,350
中京・芝1200m	3	3	セイウンコウセイ	牡6	幸英明	58kg	クビ	2	¥1,800	¥16,300
2020.7.5	2	3	ラブカンプー	牝5	斎藤新	51kg	1.08.7	13	¥9,310	¥294,520
晴・稍・16頭立	3	7	アンヴァル	牡5	北村友一	54kg	1 3/4	11	¥7,870	¥242,890
阪神・芝1200m	1	2	レッドアンシェル	牡6	福永祐一	57kg	2	3	¥138,600	¥2,444,630
2021.7.4	3	3	ファストフォース	牡5	鮫島克駿	52kg	1.06.0	8	¥1,820	¥11,160
曇・良・13頭立	7	11	ピクシーナイト	牡3	福永祐一	53kg	1/2	2	¥3,260	¥16,450
小倉・芝1200m	7	10	アウィルアウェイ	牝5	松山弘平	55.5kg	3/4	6	¥4,190	¥93,710
2022.7.3	3	5	テイエムスパーダ	牝3	今村聖奈	48kg	1.05.8	2	¥500	¥3,170
晴・良・17頭立	4	8	タイセイビジョン	牡5	川田将雅	57kg	3 1/2	3	¥1,750	¥2,320
小倉・芝1200m	1	2	アネゴハダ	牝3	藤懸貴志	49kg	1/2	1	¥1,770	¥12,160

◆データ集計期間……2013〜19年

　京都改修に伴う関西圏のイレギュラー開催が終わり、中京で開催されるのは4年ぶりとなる。当然、集計は中京開催時に限定する。データの鮮度がどうしても他のレースより下がる点はご了承願いたい。

◆年齢にハッキリとした特徴があった！

　好走馬の年齢構成が非常に極端であることが特徴。このように連対は5、6歳に集中するのだ。年頭のレースでもないのに、4歳がここまで劣勢なのは珍しい。理由は考えつかないが……。そして高齢馬もほとんど来ない。

CBC賞・年齢別成績（2013〜19年・中京施行時）

前走	1着	2着	3着	4着〜
3歳	0	0	0	11
4歳	0	1	1	8
5歳	5	3	3	20
6歳	2	2	3	32
7歳上	0	1	0	17

◆アテにならない馬体重、前走GⅠ出走馬

・当日の馬体重460キロ未満は【0 - 1 - 0 - 21】と絶不調。唯一の2着は2015年のダンスディレクターのみ。

・格は問われないところがあり、前走3勝クラスでも【1 - 2 - 1 - 5】。しかし、前走GⅠ出走馬は【0 - 2 - 2 - 15】と勝てず。3着以内4頭はすべて高松宮記念組で、そこでの着順は掲示板確保を目安としたい。それ以外のGⅠから臨む馬は、基本的に消し。

●トップハンデ馬の扱い

ハンデ戦ゆえ、トップハンデの成績は踏まえておきたい。期間内では【1 - 0 - 2 - 4】で、勝ったのは10年前のマジンプロスパーが最後。2着もいないところを見ると、トップハンデに値する力量、実績のわりには走れていないと見るべきだ。買うにしてもヒモまででいいのでは。

ただし、対象期間内のトップハンデで最も軽かったのは57キロ。もし56.5キロ以下のトップハンデが出た場合が心許ないので、Bランク扱いとする。

●中京なのに内枠不利

内が有利になることが多い中京だが、このレースでは真逆。1枠【0 - 0 - 0 - 11】、2枠が【0 - 0 - 1 - 10】。1枠は枠別単勝平均人気がワーストの8位だからやむを得ないところがあるが、平均人気が近い8枠でも【1 - 0 - 1 - 14】だから、不利と見ていい。

また2枠は前記の人気順が真ん中の4位だから、やはり内は厳しいのだ。ただ、近年芝のコンディションは開催によって大きく変動する傾向があるので、Bランクの扱いとした。

☆時計レベル

時計があまり高速化せず、上がりも出にくい中京だが、2018年の勝ち時計は1分7秒0という超高速決着となった。ただ良馬場なら8秒台、重馬場なら9秒台が通例。これくらいの時計レベルで強い馬を狙いたい。

☆リピーター狙うべし

リピーターが多く、対象の7年間で4頭が複数回3着以内に入っている（2013年1着のマジンプロスパー連覇を含む）。

七夕賞

2023年7月9日・福島11R（GⅢハンデ、芝2000m）サマー2000

七夕賞・過去5年の成績

年月日 天候・馬場・頭数 場所・コース	枠番	馬番	馬名	性齢	騎手	斤量	走破タイム 着差	人気	単勝 枠連 馬連	馬単 3連複 3連単
2018.7.8 曇・良・12頭立 福島・芝2000m	4	4	メドウラーク	牡7	丸田恭介	54kg	2.00.8	11	￥10,080	￥68,760
	5	5	マイネルサージュ	牡6	津村明秀	55kg	クビ	4	￥5,820	￥293,520
	6	8	パワーポケット	牡6	江田照男	50kg	2	12	￥23,250	￥2,563,330
2019.7.7 曇・稍・16頭立 福島・芝2000m	6	12	ミッキースワロー	牡5	菊沢一樹	57.5kg	1.59.6	3	￥820	￥5,960
	8	15	クレッシェンドラヴ	牡5	内田博幸	55kg	3/4	2	￥1,620	￥31,460
	5	9	ロードヴァンドール	牡5	横山典弘	55kg	3	12	￥2,710	￥172,290
2020.7.12 曇・重・16頭立 福島・芝2000m	2	2	クレッシェンドラヴ	牡6	内田博幸	57kg	2.02.5	3	￥740	￥8,750
	7	13	ブラヴァス	牡4	福永祐一	55kg	1	7	￥2,100	￥19,850
	6	12	ヴァンケドミンゴ	牡4	酒井学	54kg	1/2	6	￥4,730	￥111,330
2021.7.11 曇・稍・16頭立 福島・芝2000m	2	4	トーラスジェミニ	牡5	戸崎圭太	57kg	2.02.2	2	￥590	￥8,060
	1	2	ロザムール	牝5	M.デムーロ	53kg	クビ	7	￥2,040	￥15,020
	3	6	ショウナンバルディ	牡5	岩田康誠	55kg	1 1/2	9	￥4,600	￥64,440
2022.7.10 曇・良・16頭立 福島・芝2000m	8	16	エヒト	牡5	田中勝春	54kg	1.57.8	6	￥1,620	￥8,320
	3	6	ヒートオンビート	牡5	池添謙一	57kg	2 1/2	1	￥1,560	￥5,720
	6	11	アンティシペイト	牡5	武藤雅	56.5kg	1	3	￥3,260	￥39,600

◆データ集計期間……2013〜22年

　サマー2000の初戦。近10年で3連単50万超えが2回、10万超えなら6回もあるという、JRA屈指の荒れる重賞でもある。

◆**トップハンデ、軽ハンデの扱い**

　トップハンデは近10年で【2-2-1-10】で、荒れるハンデ戦のわりにはそこそこ走っている。あまり評価を下げないほうがいい。

　なお反対に、いかにも波乱の主役となりそうな53キロ以下の軽ハンデは【0-1-4-31】と苦戦。

◆**キングマンボ系を見逃すな！**

　種牡馬で見ると、かつてはディープインパクト産駒が穴をあけることの多いレースだったのだが、近年は系統で見ればキングマンボ系が連軸、複軸としてオススメとなってきた。

　本体のキングカメハメハは【0-2-0-10】で今ひとつなのだが、キングマンボ系に広げると、2021年1、3着がキングズベスト産駒、2着がローズキングダム産駒。そしてルーラーシップ産駒が20年の3着

馬と22年の1、3着馬と、近年急激に成績を伸ばしている。今イチのキングカメハメハを含めても【2－3－3－17】となるのだ。

　前書ではこのキングマンボ系について「今後適性を示してくる可能性がある」としたのだが、その直後にルーラーシップ産駒が2頭上位に入ったことから、ランクAとして強調したい。なお、ディープインパクトは母の父として支配力を持ちつつある。該当馬は【1－2－1－1】で、3着以内4頭はすべて異なる馬、そして父キングマンボ系だった。

●**有力な前走東京出走組から穴馬を抽出する**

　前回強調した「前走東京出走組の取捨」。2022年の狙いとして該当したプリマヴィスタが消えてしまったので、いささかトーンダウンするが、該当馬の回収値はまだまだ高いので、再度目安として挙げておく。前走東京出走馬から「前走1～3着馬」を消す→「7歳以上」を消す→「今回距離短縮馬」を消す→これで【3－0－2－9】、単勝回収値142円、複勝回収値300円となる。

●**高齢馬の扱い**

　7歳馬は【1－0－0－21】、8歳は【0－1－1－10】で、さらに「7歳以上全体」に広げると【1－1－1－37】となるのだが、一概に軽視とはいえない。なぜならこの1勝は、2018年11番人気1着で大穴をあけたメドウラークであり、8歳馬も5番人気と14番人気で、これらを嫌っていては高配当を初手から切り捨ててしまうことになるからだ。

☆**3着ならある前走条件戦出走馬**

　前走条件戦出走馬は【0－0－3－8】で、軽ハンデが苦戦しているデータからもわかるように連対はないのだが、ただ11頭の出走で3着3回なら、昇級戦や格上挑戦馬ばかりと考えると率は悪くない。買いたければ3着固定という手も。

☆**アラカルト・データ**

・牝馬の苦戦傾向は強い。【0－1－0－12】で、2021年2着のロザムールだけが圏内に入った。

・梅雨の時季で馬場が渋ることも多いが、良馬場なら以前から1分58秒前後は出る。異質な展開となった2018年以外は、良馬場であればスピードと先行力を問われる傾向がある。

七夕賞　11

プロキオンS

2023年7月9日・中京11R（GⅢ、ダ1400m）

プロキオンS・過去5年の成績

年月日 天候・馬場・頭数 場所・コース	枠番	馬番	馬名	性齢	騎手	斤量	走破タイム 着差	人気	単勝 枠連 馬連	馬単 3連複 3連単
2018.7.8	8	13	マテラスカイ	牡4	武豊	56kg	1.20.3	5	¥780	¥5,030
晴・不・14頭立	4	6	インカンテーション	牡8	三浦皇成	57kg	4	1	¥1,910	¥4,400
中京・ダ1400m	3	3	ウインムート	牡5	和田竜二	56kg	1/2	2	¥2,750	¥25,410
2019.7.7	6	10	アルクトス	牡4	田辺裕信	56kg	1.21.2	2	¥650	¥3,720
晴・稍・15頭立	7	12	ミッキーワイルド	牡4	北村友一	56kg	1/2	3	¥1,830	¥3,530
中京・ダ1400m	3	4	ヴェンジェンス	牡6	幸英明	56kg	2	4	¥1,930	¥19,210
2020.7.12	3	6	サンライズノヴァ	牡7	松若風馬	59kg	1.21.8	5	¥1,100	¥41,200
曇・稍・16頭立	6	11	エアアスピネル	牡7	鮫島克駿	56kg	1 3/4	8	¥1,590	¥140,380
阪神・ダ1400m	8	16	ヤマニンアンプリメ	牝6	武豊	56kg	1/2	5	¥22,160	¥826,670
2021.7.11	2	1	メイショウカズサ	牡4	松山弘平	56kg	1.40.9	9	¥1,980	¥95,600
雨・重・16頭立	3	6	トップウイナー	牡5	和田竜二	56kg	2 1/2	14	¥14,660	¥338,400
小倉・ダ1700m	8	16	メイショウウズマサ	牡5	斎藤新	56kg	2	12	¥53,680	¥1,944,140
2022.7.10	6	12	ゲンパチルシファー	牡5	川田将雅	56kg	1.43.7	4	¥700	¥42,130
晴・稍・16頭立	5	10	ヒストリーメイカー	牡7	小沢大仁	56kg	1/2	14	¥9,500	¥147,360
小倉・ダ1700m	5	9	サクラアリュール	牡7	藤岡康太	56kg	1/2	12	¥29,630	¥719,650

◆データ集計期間……2013〜19年

　京都改修の影響で、2020年は阪神ダート1400m、21、22年は小倉1700mに代替された。23年は本来の中京1400mに戻る。ここではもちろん中京施行時のデータ7年間を扱う。データのランク振り分けは筆者の主観により、確実性の高そうなものをA、これに次ぐものをBとした。

◆シンプルに前走連対馬が上位

　とても単純なのだが、勝ち馬7頭はすべて、前走で連対していた馬だった。そして前走6着以下だった馬は【0－0－2－27】で、3着までとなっている。

◆ただし前走JRA重賞出走馬は消し

　不思議なことに、前走がJRAの重賞だった馬は【0－0－0－16】。この中には単勝5番人気以内だった馬が5頭含まれている。

◆高齢馬の扱い

　7歳以上の高齢馬は【0－2－3－38】で苦戦傾向。なお圏内に入った5頭は、すべて中2〜8週での出走であり、それ以外のレース間隔では【0－0－0－17】であった。

●父エーピーインディ系が狙い

血統面で、父エーピーインディ系の好走確率が高い。マジェスティックウォリアー産駒のベストウォーリアの連覇を始め、シニスターミニスター産駒のインカンテーションが2着、キングズガードが3着に入っていて、父がこの系統の出走馬は総計で【3-1-2-7】となっている。

●前走の馬体重による取捨

大きな馬が走るイメージがあるダート短距離戦にしては、馬体重による成績の偏りが見られないが、前走で馬体重が4キロ以上減っていた馬は【0-1-2-26】と連対がかなり厳しくなっていた。このレースに限っては前走の体重の増減、特に「減」には注意を払いたい。

●最重要ローテとなるOP特別

前走で注意すべきは、東京のOP特別である欅SとアハルテケS、阪神のOP特別の天保山S、そして交流GI・船橋のかしわ記念の4つだ。

まず欅S組は【2-0-0-9】で、勝っている2頭はともに欅Sの1着馬だった。アハルテケS組は【1-0-2-7】で、アハルテケSでの連対馬に限ると【1-0-1-2】となる。

天保山S組は【1-0-3-10】で、3着以内の4頭はすべて天保山Sでも4着以内だった。かしわ記念組は【1-1-0-0】で、連対した2頭はかしわ記念1、3着馬だった。この組は阪神施行の2020年でも3着馬が勝ち切っており、レース間隔的にもかなり適しているのだろう。

☆アラカルト・データ

・中京ダートは、基本的に後方一気の脚質は不利なのだが、このレースについては差し追い込みが決まりやすい。中間点を二ケタ番手で通過した馬が4頭、7番手以下で通過した馬に広げると8頭が連対している。スタート地点が芝ということもあり、前半3Fの通過が34秒台前半、渋れば33秒台に入ることもあり、オーバーペースになりがちなのだろう。

・枠別の単勝平均人気が最下位の8枠が【2-0-1-11】。人気順を考えると、勝ち切りという意味ではまったく見劣らない。狙いとはいわないが、割り引く必要は皆無だ。

函館2歳S

2023年7月15日・函館11R（2歳GⅢ、芝1200m）

函館2歳S・過去5年の成績

年月日 天候・馬場・頭数 場所・コース	枠番	馬番	馬名	性齢	騎手	斤量	走破タイム 着差	人気	単勝 枠連 馬連	馬単 3連複 3連単
2018.7.22	3	6	アスターペガサス	牡2	小崎綾也	54kg	1.09.4	2	¥520	¥10,200
晴・良・16頭立	5	10	ラブミーファイン	牡2	丸山元気	54kg	ハナ	7	¥2,040	¥11,090
函館・芝1200m	3	5	カルリーノ	牡2	藤岡佑介	54kg	3/4	3	¥5,880	¥65,140
2019.7.21	1	1	ビアンフェ	牡2	藤岡佑介	54kg	1.09.2	4	¥700	¥2,610
曇・良・15頭立	3	5	タイセイビジョン	牡2	C.ルメール	54kg	1 3/4	2	¥810	¥20,610
函館・芝1200m	4	8	プリンスリターン	牡2	原田和真	54kg	1 1/4	11	¥1,270	¥73,570
2020.7.18	7	13	リンゴアメ	牝2	丹内祐次	54kg	1.09.8	10	¥4,730	¥69,290
曇・良・15頭立	7	12	ルーチェドーロ	牝2	横山武史	54kg	クビ	4	¥20,340	¥49,250
函館・芝1200m	2	3	ラヴケリー	牝2	団野大成	54kg	クビ	3	¥21,980	¥577,430
2021.7.17	8	11	ナムラリコリス	牝2	泉谷楓真	54kg	1.09.9	3	¥740	¥3,540
晴・良・11頭立	6	6	カイカノキセキ	牝2	鮫島克駿	54kg	1 1/4	2	¥1,310	¥22,940
函館・芝1200m	1	1	グランデ	牝2	坂井瑠星	54kg	1	10	¥1,730	¥140,650
2022.7.16	8	12	ブトンドール	牝2	鮫島克駿	54kg	1.11.8	4	¥700	¥4,280
小雨・稍・13頭立	3	3	クリダーム	牡2	武豊	54kg	1 1/4	3	¥990	¥14,090
函館・芝1200m	2	2	オマツリオトコ	牡2	横山武史	54kg	クビ	8	¥2,090	¥74,530

◆データ集計期間……2013～22年

　近年はここに出走した馬全体が、その後伸び悩んでいる。重賞としての意義はかなり薄く、レース時点での仕上がりや完成度がすべてとなってきた。近10年の勝ち馬でその後に再度重賞を勝った馬は3頭のみ。

◆前走時計を信用するな

　キャリア1、2戦馬の争いであり、重賞ながら秋の1勝クラスより正直、レベルは低い。単純に前走芝1200m組での勝ち馬から、持ち時計がメンバー中で最速だった馬が1番人気になりがちだが、裏切ることが多い。2021年のポメランチェ、22年のスプレモフレイバーが消えたのも記憶に新しいところ。前走の時計はまったくアテにならないことは肝に銘じたい。

◆距離短縮・延長の扱い

　前走からの距離短縮は【0-2-2-9】で、勝利はないものの、2、3着には意外とよく来ている。2021年は唯一の該当馬グランデが10番人気で3着と激走。22年はこれまた唯一の該当馬がいたが、こちらはシンガリ負けしているように極端。一応、ヒモ穴として押さえておくべき。

なお、3年前まで不振だった前走1000m出走（芝・ダート問わず）、つまり距離延長馬は、近3年で4頭が3着以内に入っている。

◆函館連戦組が優位

前走函館以外の場から臨んだ場合は【0－2－3－40】で1着ナシ。3着以内5頭のうち2頭は、五輪スケジュールのため異例の札幌先行開催だった2021年のことだった。基本的には函館連戦組を軸にすべき。

◆前走新馬戦か、未勝利か

前走新馬戦勝ちのほうが人気になりがちだし、下の表のように勝ち切り数は、実際に新馬勝ちから臨んだ馬が圧倒している。ただし、率で見るとむしろ勝率と連対率は未勝利組のほうが高い。なお未勝利組の場合、馬券になった6頭はすべて前走も函館で走っていた。

函館2歳S・前走新馬戦と未勝利の比較（2013〜22年）

前走	1着	2着	3着	4着〜	勝率	連対率	複勝率
新馬	7	8	9	76	7.0%	15.0%	24.0%
未勝利	3	2	1	25	9.7%	16.1%	19.4%

●前走ダート組が消せなくなってきた

前走JRAのダート戦に出走した馬は【0－1－1－14】で、ほぼ軽視でいいだろう。ただ3着以内の2例は近3年以内のもので、消しと決めつけるのは危険。なお地方馬は【0－0－0－18】で、こちらの前走ダート組は消し。

●血統の買い消し

仕上がり早いダイワメジャー産駒が意外と苦戦していて、近10年では【0－1－2－8】。狙いは3連対しているキンシャサノキセキ産駒だ。母父サクラバクシンオーは【2－3－1－9】で父馬不問でよく走る。

☆狙える厩舎と騎手

中竹厩舎はこの10年間で4頭が出走し3勝。また丸山騎手はなぜか、このレースと相性がよく【1－1－2－2】。その大半が牝馬で【1－1－1－2】だ。

☆勝ち切りなら外枠、複軸なら内枠

内目の枠【2－5－7－39】で複軸、外目の枠【7－3－1－48】で勝ち切りと、傾向がハッキリ分かれる。

農林水産省賞典 函館記念

2023年7月16日・函館11R（GⅢハンデ、芝2000m）サマー2000

函館記念・過去5年の成績

年月日 / 天候・馬場・頭数 / 場所・コース	枠番	馬番	馬名	性齢	騎手	斤量	走破タイム 着差	人気	単勝 / 枠連 / 馬連	馬単 / 3連複 / 3連単
2018.7.15 晴・良・15頭立 函館・芝2000m	4	6	エアアンセム	牡7	藤岡佑介	55kg	1.59.8	5	¥960	¥11,310
	2	3	サクラアンプルール	牡7	田辺裕信	57.5kg	1/2	7	¥1,440	¥119,750
	8	14	エテルナミノル	牝5	四位洋文	54kg	1/2	13	¥5,540	¥571,480
2019.7.14 曇・良・16頭立 函館・芝2000m	2	4	マイスタイル	牡5	田中勝春	56kg	1.59.6	1	¥500	¥6,480
	3	6	マイネルファンロン	牡4	丹内祐次	54kg	クビ	9	¥1,550	¥10,240
	5	10	ステイフーリッシュ	牡4	中谷雄太	57.5kg	1 3/4	3	¥3,870	¥52,140
2020.7.19 曇・良・16頭立 函館・芝2000m	7	14	アドマイヤジャスタ	牡4	吉田隼人	54kg	1.59.7	15	¥7,730	¥277,090
	3	6	ドゥオーモ	牡5	藤岡康太	53kg	1 1/2	4	¥2,040	¥283,880
	1	1	バイオスパーク	牡5	和田竜二	55kg	クビ	3	¥131,670	¥3,432,870
2021.7.18 晴・良・16頭立 函館・芝2000m	4	8	トーセンスーリヤ	牡6	横山和生	56kg	1.58.7	2	¥450	¥11,330
	2	4	アイスバブル	牡5	水口優也	55kg	3	14	¥1,600	¥49,740
	8	15	バイオスパーク	牡6	池添謙一	57kg	ハナ	12	¥7,630	¥201,770
2022.7.17 雨・重・16頭立 函館・芝2000m	1	1	ハヤヤッコ	牡6	浜中俊	57kg	2.03.6	7	¥1,880	¥10,830
	3	5	マイネルウィルトス	牡6	M.デムーロ	56kg	3/4	1	¥3,010	¥10,830
	4	8	スカーフェイス	牡5	岩田康誠	55kg	3	4	¥4,670	¥76,970

◆データ集計期間……2013～22年

近10年、3連単が10万円以下だったのは3回しかなく、一方、50万超えは3回ある。2020年は343万馬券という、とんでもない配当になった。基本的に波乱を前提に予想すべきレース。

◆前走巴賞組なら6～9着馬

毎年語られるのは、巴賞1着馬の大不振傾向。2007年以降【0-1-0-14】で、着外14回には1番人気も4頭含まれている。近10年の巴賞組の成績は下の表の通り。もし買うなら、巴賞6～9着馬に絞り込んでよさそうだ。巴賞以外のOP特別から臨む馬は【0-0-1-18】とまったく走れていない。

函館記念・前走巴賞着順別成績（2013～22年）

巴賞着順	1着	2着	3着	4着～
1～3着	0	0	1	19
4、5着	0	0	0	9
6～9着	1	3	0	14
10着以下	0	1	0	7

◆トップハンデ馬は押さえる程度

トップハンデは2010年以降4頭しか3着以内に入っていない。買うにしてもヒモ回し。22年も57.5キロのサンレイポケットが5着止まり。

● **前走で注目の3重賞**

好走例が多い順に見ると、まず【2-2-0-8】の前走目黒記念組。連対馬4頭はすべて目黒記念8着以内で、4着以下はすべて二ケタ着順だった。

次は前走新潟大賞典組で【1-1-2-7】。馬券圏に入った4頭のうち3頭は、新潟大賞典で9着以内だった。エプソムC組は【2-1-0-7】で、連対3頭はすべて6歳以上だった。

● **ディープ産駒にアタマはナシ**

人気になることの多いディープインパクト産駒だが【0-3-0-14】で、アタマには置けない。

☆ **前走6着以下馬をフィルターにかけると……**

・基本的に人気馬は軽視すべき。1番人気が3着以内に来たことは、近10年で2回しかない。こんな重賞は他にないのではないか。だから前走6着以下が【4-7-6-80】なのだが、せめて狙いを立てやすいように絞り込んでみる。下の表のようにすると複勝率30.3％にまで引き上げることができる。

函館記念・前走6着以下馬からの絞り込み（2013〜22年）

	1着	2着	3着	4着〜	勝率	連対率	複勝率
前走6着以下	4	7	6	80	4.1%	11.3%	17.5%
↓							
関西馬の牡・セン馬	2	6	5	33	4.3%	17.4%	28.3%
↓							
距離延長・同距離	2	4	4	23	6.1%	18.2%	30.3%

☆ **距離短縮馬が軸**

ヒモ穴は先の通り、6着以下なら「距離延長・同距離」組だが、単に軸馬を選ぶなら「距離短縮」となる馬のほうがふさわしい数字だ。

函館記念・前走からの距離変化別成績（2013〜22年）

	1着	2着	3着	4着〜	勝率	連対率	複勝率
距離短縮	3	4	1	22	10.0%	23.3%	26.7%
同距離	4	1	6	34	8.9%	11.1%	24.4%
距離延長	3	5	3	73	3.6%	9.5%	13.1%

中京記念

2023年7月23日・中京11R（GⅢハンデ、芝1600m）サマーマイル

中京記念・過去5年の成績

年月日 天候・馬場・頭数 場所・コース	枠番	馬番	馬名	性齢	騎手	斤量	走破タイム 着差	人気	単勝 枠連 馬連	馬単 3連複 3連単
2018.7.22	8	16	グレーターロンドン	牡6	田辺裕信	56.5kg	1.32.3	1	¥500	¥4,570
晴・良・16頭立	6	12	ロジクライ	牡5	浜中俊	56kg	3/4	5	¥990	¥5,420
中京・芝1600m	2	4	リライアブルエース	牡5	戸崎圭太	54kg	1 1/2	4	¥2,430	¥25,980
2019.7.21	3	5	グルーヴィット	牡3	松山弘平	52kg	1.33.6	3	¥490	¥4,590
曇・稍・16頭立	3	6	クリノガウディー	牡5	森裕太朗	52kg	ハナ	6	¥2,990	¥3,100
中京・芝1600m	4	7	プリモシーン	牝4	福永祐一	55.5kg	クビ	1	¥2,580	¥15,690
2020.7.19	7	13	メイケイダイハード	牡5	酒井学	53kg	1.32.7	18	¥16,300	¥176,170
晴・良・18頭立	7	14	ラセット	牡5	秋山真一郎	55kg	クビ	6	¥2,530	¥382,480
阪神・芝1600m	8	18	エントシャイデン	牡5	川須栄彦	56kg	クビ	9	¥80,010	¥3,302,390
2021.7.18	3	3	アンドラステ	牝4	川田将雅	54kg	1.46.2	1	¥440	¥3,800
曇・良・12頭立	6	8	カテドラル	牡5	福永祐一	56kg	3/4	6	¥2,450	¥5,020
小倉・芝1800m	8	11	クラヴェル	牝4	横山典弘	52kg	クビ	5	¥2,330	¥25,030
2022.7.24	7	14	ベレヌス	牡5	西村淳也	55kg	1.45.9	6	¥1,160	¥28,790
曇・良・16頭立	6	11	カテドラル	牡6	団野大成	57kg	1/2	10	¥3,160	¥17,920
小倉・芝1800m	8	15	ファルコニア	牡5	川田将雅	56kg	ハナ	1	¥15,860	¥142,070

◆**データ集計期間……2013〜19年**

2012年から夏の中京芝1600mに移り、現在はサマーマイル（第2戦）に組み込まれている。京都改修の影響で、20年は阪神、そして21、22年は小倉の1800mで施行された。ここではもちろん中京施行時のみを対象とする。ランクについては筆者の主観である。

◆重ハンデは不振

重い斤量の馬は苦戦傾向が強い。57.5キロ以上は【1－0－0－10】である。唯一の1着は58キロを背負ったGⅠ馬サダムパテック、また57キロは4連対していることを付け加えておく。

ただし重量規定の変更により、若干ハードルは下がる可能性はある。

◆アラカルト・データ

・高齢馬にはきついレースのようで、6歳馬は3勝しているものの、7歳になると途端に苦戦するようになり、7歳以上は【0－1－0－19】だ。
・馬体重が軽い馬は苦戦。479キロ以下が【1－0－1－41】と極端に悪く、480キロ以上の【6－7－6－50】とは対照的だ。

・距離短縮馬は【0−1−2−18】でヒモまで。
・中2週以内の間隔が詰まった馬は【0−0−0−11】だ。

●前走で注目のOP特別2レース

クラス別に見ると、前走3勝クラスは【0−0−1−7】。ただ、面白いことに前走GⅢ出走馬が【0−0−2−20】となっている。OP特別組はよく走っているのに、理由はわからないが、事実としてこうなっている。

ではOP特別ならどのレースがよいのかとなると、分散してしまいサンプルが少ないのだが、パラダイスS（東京芝1400m）の勝ち馬は【2−0−0−1】、米子S（阪神芝1600m）の勝ち馬が【0−0−2−0】だ。この2レースの勝ち馬はマークが必要。

●中京の夏は差しもアリ

通常、中京芝といえば前有利、内有利のイメージが強いが、夏開催の中京だけは差しが決まることが多い。このレースも例に漏れない。

4コーナー6番手以下で回ってきた馬は、連対率こそわずかに下がっているが、勝率と複勝率は上、特に複勝率は5ポイントほど上回る。後ろから来る馬を狙うというよりも、脚質で評価を下げることはない。

中京記念・4角着順別成績 (2013〜19年)

	1着	2着	3着	4着〜	勝率	連対率	複勝率
4角5番手以内	2	3	1	33	5.1%	12.8%	15.4%
4角6番手以降	5	4	6	58	6.8%	12.3%	20.5%

●得意血統・苦手血統

ディープインパクト産駒は【2−0−2−7】で、勝ったのは2016年のガリバルディと18年のグレーターロンドン。反対に出走数が多いわりに苦戦しているのがダイワメジャーで【0−0−1−8】だ。

☆リピーターの扱い

以前はフラガラッハの連覇をはじめ、リピーターレースの様相を呈していたが、2014年にミッキードリームが連続2着となったのを最後に、前年で3着以内に入った馬は【0−0−0−7】で馬券から外れている。23年は中京戻りでたぶんリピーター不在だが、24年以降の目安として一応記しておく。

中京記念　19

アイビスサマーダッシュ

2023年7月30日・新潟11R（GⅢ、芝直線1000m）サマースプリント

アイビスサマーダッシュ・過去5年の成績

年月日 天候・馬場・頭数 場所・コース	枠番	馬番	馬名	性齢	騎手	斤量	走破タイム着差	人気	単勝 枠連 馬連	馬単 3連複 3連単
2018.7.29	8	15	ダイメイプリンセス	牝5	秋山真一郎	54kg	0.53.8	1	¥270	¥1,710
晴・良・17頭立	4	8	ラブカンプー	牝3	M.デムーロ	51kg	1 1/4	2	¥400	¥5,640
新潟・芝1000m	6	12	ナインテイルズ	牡7	戸崎圭太	56kg	1 1/4	8	¥1,020	¥20,340
2019.7.28	6	11	ライオンボス	牡4	田辺裕信	56kg	0.55.1	1	¥190	¥1,330
曇・良・18頭立	2	3	カッパツハッチ	牝4	丸山元気	54kg	3/4	3	¥790	¥9,320
新潟・芝1000m	8	16	オールポッシブル	牝5	津村明秀	54kg	クビ	9	¥1,070	¥27,100
2020.7.26	5	9	ジョーカナチャン	牝5	菱田裕二	54kg	0.54.5	2	¥780	¥2,190
曇・良・18頭立	7	13	ライオンボス	牡5	鮫島克駿	57kg	アタマ	1	¥560	¥5,000
新潟・芝1000m	6	12	ビリーバー	牝4	杉原誠人	54kg	クビ	9	¥870	¥27,030
2021.7.25	7	14	オールアットワンス	牝3	石川裕紀人	51kg	0.54.2	1	¥410	¥1,960
晴・良・16頭立	6	12	ライオンボス	牡6	鮫島克駿	57kg	3/4	2	¥540	¥58,270
新潟・芝1000m	1	1	バカラクイーン	牝4	菅原明良	54kg	1	14	¥1,040	¥220,340
2022.7.31	8	16	ビリーバー	牝7	杉原誠人	54kg	0.54.4	7	¥1,730	¥8,250
晴・良・18頭立	8	17	シンシティ	牝5	富田暁	54kg	1	2	¥2,170	¥49,980
新潟・芝1000m	3	5	ロードベイリーフ	牡5	西村淳也	56kg	1/2	14	¥3,070	¥267,060

◆データ集計期間……2013〜22年

　ＪＲＡ唯一の直線コースによる重賞。2006年からは開幕週に移行している。サマースプリントシリーズに組み込まれている。22年は荒れたが、１番人気が７勝・２着２回と信頼度は抜群のレースだ。

◆外枠有利は不変

　直線競馬といえば、格言となっている「外枠有利」。近年は一概にそうでもないケースも増えてきたが、ことアイビスＳＤにおいては不変だ。2021年には１頭だけ内ラチ沿いに走ってきてたバカラクイーンが話題になったが、あくまで例外。

　内枠というだけで嫌われてしまう直線競馬なので、下の表の結果を見れば、枠別の人気順が馬の能力を反映している度合いは低めだと思う。

アイビスSD・内枠外枠別成績（2013〜22年）

枠	1着	2着	3着	4着〜	単勝平均人気順位
1枠	0	0	1	16	8位
2枠	1	2	0	14	5位
7枠	2	2	4	16	1位
8枠	4	2	1	17	3位

なぜなら1枠にも、外枠に入っていればもっと走れた馬がいたはずであり、それを思えば、やはり7枠と8枠は有利といえる。

◆韋駄天S組は常にマークせよ

5月に組まれている同じ直線競馬のOP特別が韋駄天Sだ。ここから臨む馬が毎年多く、そこでの上位着順とアイビスSDとの関連はとても強い。これは波乱となった2022年にも通用した。韋駄天S3着シンシティが2着、韋駄天S4着ビリーバーが勝っている。そして前走ではなく2走前が韋駄天Sで、そこで2着だったロードベイリーフが3着に入っていた（ただし韋駄天S勝ち馬マリアズハートは圏外）。

アイビスSD・前走韋駄天S着順別成績(2013～22年)

前走	1着	2着	3着	4着～
1、2着	2	4	1	3
3、4着	2	1	0	8
5着以下	0	1	0	15

◆牝馬＞牡馬、そこからさらにフィルターをかける

近10年で牝馬が12連対、牡馬を上回る。さらに「狙える牝馬、狙いづらい牝馬」のタイプを絞っていこう。

・460キロ未満の牝馬は【1－1－0－19】で苦戦傾向。
・前走2勝、3勝クラス出走の牝馬は【0－0－4－19】で3着止まり。
・前走3着以内の牝馬は【3－5－4－17】で複勝率41.4％。

●アラカルト・データ

・7歳馬は【3－0－1－27】と走れているが、8歳以上は【0－0－0－11】。福島のバーデンバーデンCからの臨戦は苦戦が多く【0－1－1－15】。

NEW!★狙いの軍団はズバリ、コレ！

直線競馬といえばミルファームのイメージがあるが、意外にも？　前田幸治氏＝ノースヒルズが合わせて【2－1－2－5】とかなり堅実に好走している。反対にサンデーR、シルクR、キャロットFは合わせても【0－0－0－9】だ。

☆同じスプリントでも1200m重賞とはリンクせず

芝1200mの重賞実績はあまりアテにならない。1着馬にそれまでに1200mの重賞連対歴があったのは、ベルカントとハクサンムーンのみ。

アイビスサマーダッシュ

北海道新聞杯クイーンS

2023年7月30日・札幌11R（牝馬GⅢ、芝1800m）

クイーンS・過去5年の成績

年月日 天候・馬場・頭数 場所・コース	枠番	馬番	馬名	性齢	騎手	斤量	走破タイム 着差	人気	単勝 枠連 馬連	馬単 3連複 3連単
2018.7.29	7	9	ディアドラ	牝4	C.ルメール	55kg	1.46.2	1	¥320	¥1,510
晴・良・11頭立	5	5	フロンテアクイーン	牝5	蛯名正義	55kg	3	4	¥820	¥1,610
札幌・芝1800m	2	2	ソウルスターリング	牝4	北村宏司	56kg	クビ	2	¥1,000	¥6,560
2019.7.28	8	13	ミッキーチャーム	牝4	川田将雅	56kg	1.47.0	1	¥230	¥1,780
晴・良・14頭立	4	6	スカーレットカラー	牝4	岩田康誠	55kg	クビ	5	¥730	¥12,310
札幌・芝1800m	8	14	カリビアンゴールド	牝5	柴山雄一	55kg	アタマ	9	¥1,220	¥39,580
2020.8.2	1	1	レッドアネモス	牝4	吉田隼人	55kg	1.45.9	11	¥4,370	¥35,290
晴・良・14頭立	6	9	ビーチサンバ	牝4	福永祐一	55kg	3/4	4	¥10,000	¥12,270
札幌・芝1800m	2	2	スカーレットカラー	牝5	岩田康誠	56kg	クビ	1	¥13,870	¥153,700
2021.8.1	7	9	テルツェット	牝4	C.ルメール	55kg	1.47.8	3	¥500	¥1,340
雨・良・12頭立	5	6	マジックキャッスル	牝4	戸崎圭太	56kg	クビ	1	¥380	¥3,910
函館・芝1800m		10	サトノセシル	牝5	大野拓弥	55kg	クビ	8	¥630	¥16,480
2022.7.31	1	1	テルツェット	牝5	池添謙一	56kg	1.47.8	4	¥670	¥12,410
晴・良・14頭立	3	4	サトノセシル	牝6	古川吉洋	55kg	ハナ	8	¥1,840	¥12,500
札幌・芝1800m	2	2	ローザノワール	牝6	田中勝春	55kg	クビ	3	¥6,320	¥81,050

◆**データ集計期間……2014～20、22年**

　2000年から札幌へ移行した。13年は札幌改修のため、21年は五輪日程のため函館で施行された。

　よって、14～20年と、22年をデータの対象とする。

◆**1、2枠が突出した高成績**

　このレースでは、枠の有利不利が強く出る。1枠と2枠を合わせて【5-2-4-5】と圧倒しているのだ。

　もちろん、枠別の単勝平均人気が1位と2位の枠ということはあるのだが、6番人気以下が3着以内に来たケースも4回ある。

　3～7枠はトータルで1勝のみ、2着は6回とヒモ量産になっていて、明らかに勝ち切れなくなっている。そして8枠は単体で2勝している。

　軸にしたい馬が1枠か2枠にいたら、意を強くして買いたい。

◆**前走GⅠ組で買うべきは……**

　注目は前走GⅠ出走馬で【4-3-4-17】。中でも最多となるヴィクトリアM組は【3-3-4-8】だ。2022年もこの傾向は継続していて、1、3着馬が該当した。なおヴィクトリアMでの着順は不問だが、4、

5着馬が出てきたら【1－1－1－0】だ。

それ以外のGIからは【1－0－0－8】と、むしろ買いづらい。唯一の勝利はNHKマイルC1着から臨んだアエロリットで、桜花賞、オークス組は全滅。大目標の後で、並みの3歳牝馬では厳しいのだろう。

◆アラカルト・データ

・今回が距離延長となる馬は【4－3－5－18】だが、これは前走ヴィクトリアM組の優秀さゆえのことで、それ以外の延長組は【1－0－1－10】と、むしろ厳しい結果に。

・中3週以内の詰まったローテでは【0－1－1－22】と苦戦。

●マーメイドS組の取捨

前走マーメイドS組は【2－2－2－14】。ただし、マーメイドS勝ち馬は4頭出てきて、すべて4着以下に落ちている。それ以外の着順は不問だ。マーメイドS勝ち馬はもし出てきたら人気になるだろうから、割り引いて妙味アリだ。

●穴は母父サンデーサイレンス

父で見ると好走血統に傾向はないのだが、なぜか母の父にサンデーサイレンスを持つ馬が【1－4－0－7】とよく連対している。連対した5頭はすべて4番人気以下であり、人気で勝ったのはアエロリットだけ。

●前走条件戦・OP特別組はいずれも不振

前走条件戦出走馬は【0－1－1－24】だが、2022年にサトノセシルが2着となったので、今回はランクを下げた。狙いづらいことは狙いづらいので、よほど買いたければヒモで。また、前走OP特別出走は【0－1－1－7】で、こちらもまたヒモなら……というところ。

NEW! ★3歳馬はよほどの大物でないと買えない

3歳馬は【1－0－0－9】で苦戦傾向。唯一馬券になり、しかも勝ったのはアエロリットで、ここまでいろいろ例外として挙がっている存在だ。

NEW! ★豊満牝馬も買えない

500キロ以上の大型馬は【0－0－0－12】と、まるで馬券になっていない。この中には単勝4番人気以内が5頭いる。買いたくても印を下げるのが得策か。

クイーンS 23

レパードS

2023年8月6日・新潟11R（3歳GⅢ、ダ1800m）

レパードS・過去5年の成績

年月日 天候・馬場・頭数 場所・コース	枠番	馬番	馬名	性齢	騎手	斤量	走破タイム 着差	人気	単勝 枠連 馬連	馬単 3連複 3連単
2018.8.5	4	6	グリム	牡3	内田博幸	56kg	1.52.0	5	¥1,070	¥41,190
曇・良・15頭立	8	15	ヒラボクラターシュ	牡3	福永祐一	56kg	クビ	10	¥1,290	¥102,870
新潟・ダ1800m	6	11	ビッグスモーキー	牡3	大野拓弥	56kg	3	9	¥23,100	¥671,670
2019.8.4	4	6	ハヤヤッコ	牡3	田辺裕信	56kg	1.51.3	10	¥2,400	¥13,530
晴・良・15頭立	6	10	デルマルーヴル	牡3	吉田隼人	56kg	クビ	1	¥1,070	¥33,600
新潟・ダ1800m	5	9	トイガー	牡3	宮崎北斗	56kg	1/2	11	¥5,220	¥279,040
2020.8.9	1	1	ケンシンコウ	牡3	丸山元気	56kg	1.49.2	7	¥2,230	¥12,800
曇・不・15頭立	4	7	ミヤジコクオウ	牡3	和田竜二	56kg	2 1/2	4	¥3,180	¥14,320
新潟・ダ1800m	2	2	ブランクチェック	牝3	戸崎圭太	54kg	3/4	5	¥5,060	¥122,050
2021.8.8	8	15	メイショウムラクモ	牡3	柴田善臣	56kg	1.51.3	1	¥280	¥7,460
曇・良・15頭立	8	14	スウィープザボード	牡3	津村明秀	56kg	3	10	¥4,980	¥16,040
新潟・ダ1800m	2	2	レプンカムイ	牡3	鮫島克駿	56kg	3/4	6	¥5,240	¥70,670
2022.8.7	8	15	カフジオクタゴン	牡3	V.ホー	56kg	1.51.9	7	¥2,160	¥10,390
晴・良・15頭立	2	2	タイセイドレフォン	牡3	川田将雅	56kg	クビ	1	¥2,530	¥4,370
新潟・ダ1800m	5	9	ハピ	牡3	藤岡佑介	56kg	クビ	2	¥3,690	¥42,810

◆データ集計期間……2013〜22年

　2009年に3歳限定のダート重賞として突然創設。その後出走馬のレベルが下がっていたが、新レース体系創設に伴うダート競馬への見直しが始まり、22年は一気にメンバーレベルが上昇。ダートの新体系が始まる24年以降は、まったく異なる意義を持つレースになる可能性もある。

◆逃げ馬から入りたい

　前有利で知られるコースらしく、逃げた馬がかなり有利。近10年で【2-4-1-3】と6連対している。

◆前走ならJDD組、消しはユニコーンS連対馬

　前走の主流はなんといってもユニコーンS【4-0-0-17】と、大井の交流GⅠであるジャパンダートダービー（JDD）【2-3-4-11】。これを着順別に分けたのが右ページの表。

　意外なことに、ユニコーンS連対馬は4頭出走してすべて4着以下。これは2022年も継続した。この着順なら狙いと強調できるものはないが、ユニコーンS連対馬が消し対象になるということは覚えておきたい。またJDD組は満遍なく走れていて、特に連対馬出走なら軸としてかなり

レパードS・前走ユニコーンS着順別成績（2013〜22年）

前走	1着	2着	3着	4着〜
1、2着	0	0	0	4
3着	2	0	0	1
4、5着	0	0	0	4
6着以下	2	0	0	8

レパードS・前走JDD着順別成績（2013〜22年）

前走	1着	2着	3着	4着〜
2着	1	2	0	0
3〜9着	1	1	4	8
10着以下	0	0	0	3

有効だ。22年は唯一のJDD組（4着馬）だったハピが3着に入っている。

◆牝馬は強調できず

牝馬は【0-1-2-13】。どうしても買いたければヒモ程度で。

●巨漢馬が頼りになる

ダート重賞ということもあり、520キロ以上が【2-2-3-7】で、540キロ以上では【1-1-2-1】なのだ。リピーターがないレースだけに意義は大きい。

●前走が同距離の1800mだと、なぜか勝ち切れない

前走も同じダート1800m出走だった馬は【1-6-0-29】と意外な成績。2着が6回もありながら、とにかく勝ち切れないのだ。

NEW! ★前走ローカル場出走馬は大不振

前書では「前走中山、阪神だった馬は14頭出走して全滅」と記したが、2022年はカフジオクタゴンが阪神からの臨戦で勝ち切ったので取り下げる。

代わりに、前走ローカル場（函館、福島、新潟、小倉。なお札幌開催は並行しているので出走がない）出走馬がほとんど連対できないというデータを出しておく。【1-0-2-23】である。

NEW! ★このレースが苦手な母父馬を発見！

母の父フレンチデピュティが【0-0-0-6】と不振。この中には3、4番人気もいる。そして母の父サンデーサイレンスが【0-0-0-8】で、2〜4番人気が4頭含まれている。サンデーサイレンスだけでなく「母の父サンデー系」に広げても、なんと【1-0-0-36】なのだ。

エルムS

2023年8月6日・札幌11R（GⅢ、ダ1700m）

エルムS・過去5年の成績

年月日 天候・馬場・頭数 場所・コース	枠番	馬番	馬名	性齢	騎手	斤量	走破 タイム 着差	人気	単勝 枠連 馬単	馬単 3連複 3連単
2018.8.12	5	8	ハイランドピーク	牡4	横山和生	56kg	1.42.0	2	¥410	¥2,320
曇・重・14頭立	2	2	ドリームキラリ	牡6	藤岡佑介	56kg	1 1/4	3	¥1,160	¥1,450
札幌・ダ1700m	3	3	ミツバ	牡6	松山弘平	57kg	2	1	¥1,270	¥7,700
2019.8.11	3	4	モズアトラクション	牡5	藤岡康太	56kg	1.41.9	2	¥610	¥14,490
晴・稍・14頭立	8	13	ハイランドピーク	牡5	横山和生	57kg	1 1/2	10	¥1,120	¥21,140
札幌・ダ1700m	4	6	サトノティターン	牡6	藤岡佑介	57kg	1 1/4	4	¥9,220	¥143,000
2020.8.9	8	13	タイムフライヤー	牡5	C.ルメール	56kg	1.43.4	1	¥300	¥1,560
曇・良・14頭立	5	8	ウェスタールンド	セ8	藤岡佑介	57kg	2	2	¥800	¥2,680
札幌・ダ1700m	6	10	アナザートゥルース	セ6	大野拓弥	58kg	3/4	5	¥900	¥9,480
2021.8.8	3	4	スワーヴアラミス	牡6	松田大作	56kg	1.44.5	4	¥930	¥7,710
曇・良・14頭立	8	13	オメガレインボー	牡5	横山和生	56kg	1/2	7	¥1,250	¥40,610
函館・ダ1700m	7	11	ロードブレス	牡6	坂井瑠星	58kg	1 1/4	11	¥4,290	¥194,430
2022.8.7	6	9	フルデプスリーダー	牡5	丹内祐次	56kg	1.44.2	9	¥1,690	¥12,130
晴・良・14頭立	4	6	ウェルドーン	牝4	武豊	54kg	クビ	6	¥4,110	¥9,490
札幌・ダ1700m	3	3	オメガレインボー	牡5	横山和生	56kg	クビ	2	¥5,340	¥61,530

◆データ集計期間……2014 〜 20、22 年

　1996 年に、それまでのシーサイドSが昇格し、函館で別定戦の重賞として創設され、翌年札幌に移行して現名称に。なお 2013、21 年は函館施行だった。ここでは近 10 年のうち札幌施行だった 8 回を対象とする。

攻略ポイント Rank A

◆微妙なリピーターの扱い

　北海道開催唯一のJRAダート重賞。それだけに複数回出走する馬がとても多い。

　しかしリピーターは意外と勝ち切れず、前の年に 5 着以内に入った馬が翌年出てきた場合は【0 − 3 − 0 − 8】だ。取捨のラインとしては、馬券圏に入った 3 頭は、前年の 1 〜 3 着馬が 1 頭ずつ。気になる該当馬がいたら、アタマには置かずにヒモまでとすべきだ。

◆前走マリーンSの連対馬が高成績

　前走マリーンS（函館ダート 1700 mのOP特別）の出走馬は【5 −2 − 1 − 28】。そのうち、マリーンSで連対した馬は【4 − 2 − 0 − 5】だ。22 年はマリーンSを勝ちながら 9 番人気だったフルデプスリーダーが見事 1 着になり、傾向が継続した。なおマリーンS 4 着以下だと【0

－0－1－20】で、消し同然になる。

◆アラカルト・データ

・前走がJRA重賞だった馬が【1－5－3－26】と、なんと1勝しかしていないという変わった傾向がある。メンバーレベルの高い中央の重賞より、OP特別のマリーンS組を重視すべきというのは面白い。

・では、地方で行なわれる交流重賞組はどうかというと【1－0－3－10】であり、こちらは狙いが立つ。ただしGⅡ、GⅢからでは【0－0－3－6】と3着までだ。勝ち切るのは交流GⅠからの馬。

・高齢馬の出走は多いが、好走が難しいレース。軸は4歳か5歳から選ぶべきで、7歳以上は押さえ程度でいい。

エルムS・年齢別成績(2014～20、22年)

年齢	1着	2着	3着	4着～	勝率	連対率	複勝率
4歳	2	2	1	11	12.5%	25.0%	31.3%
5歳	5	2	2	18	18.5%	25.9%	33.3%
6歳	1	2	4	24	3.2%	9.7%	22.6%
7歳以上	0	2	1	31	0.0%	5.9%	8.8%

●**中2週以内は不振、今後は平安Sからの出走に期待**

・中2週以内での出走は【0－0－0－10】。間隔が詰まると苦しい。ただ、このレース間隔で来る馬はそもそも人気にならないので、有効度としてBランクとする。

・先ほど、前走が中央の重賞だと勝てない傾向が強いとしたが、2023年は京都再開により、京都施行の平安Sからの出走があり得る。この場合は【1－2－1－3】。つまり中央重賞からの唯一の勝利をマークしている。さらに複勝率も高く、平安S組にはより注目したい。

NEW！★距離延長組は低調

距離延長馬では厳しく、【0－2－0－16】だ。2着2回はともにプロキオンSからの組であり、このケースのみ、買いたい馬がいたら押さえる程度。東京のマイルや1400mのOP特別組は大きく割り引きたい。

☆**勝ち切るジョッキーは……**

岩田康誠騎手が出走したら一考。【3－0－0－2】で、勝った3頭はどれも異なる馬だ。

エルムS 27

関屋記念

2023年8月13日・新潟11R（GⅢ、芝1600m）サマーマイル

関屋記念・過去5年の成績

年月日 天候・馬場・頭数 場所・コース	枠番	馬番	馬名	性齢	騎手	斤量	走破 タイム 着差	人気	単勝 枠連 馬連	馬単 3連複 3連単
2018.8.12	7	12	プリモシーン	牝3	北村宏司	51kg	1.31.6	1	¥410	¥3,890
晴・良・15頭立	6	10	ワントゥワン	牝5	M.デムーロ	54kg	クビ	5	¥1,490	¥5,450
新潟・芝1600m	3	4	エイシンティンクル	牝5	和田竜二	54kg	1 1/4	3	¥2,540	¥22,570
2019.8.11	7	13	ミッキーグローリー	牡6	C.ルメール	56kg	1.32.1	1	¥380	¥3,790
晴・良・17頭立	7	14	ミエノサクシード	牝6	川島信二	54kg	1/2	6	¥2,360	¥5,580
新潟・芝1600m	3	6	ソーグリッタリング	牡5	浜中俊	57kg	アタマ	4	¥2,360	¥26,410
2020.8.16	8	17	サトノアーサー	牡6	戸崎圭太	57kg	1.33.1	4	¥750	¥12,810
晴・良・18頭立	8	18	トロワゼトワル	牝5	三浦皇成	54kg	1 1/4	8	¥1,040	¥11,820
新潟・芝1600m	2	3	アンドラステ	牝4	岩田望来	54kg	1 1/4	1	¥7,230	¥83,420
2021.8.15	3	6	ロータスランド	牝4	田辺裕信	54kg	1.32.7	4	¥970	¥11,940
晴・良・17頭立	7	13	カラテ	牡5	菅原明良	56kg	1 1/4	6	¥1,910	¥4,600
新潟・芝1600m	6	11	ソングライン	牝3	池添謙一	51kg	クビ	1	¥6,710	¥46,820
2022.8.14	7	12	ウインカーネリアン	牡5	三浦皇成	57kg	1.33.3	1	¥380	¥17,230
曇・稍・14頭立	4	6	シュリ	牡6	津村明秀	57kg	3/4	12	¥1,900	¥11,030
新潟・芝1600m	5	8	ダノンザキッド	牡4	川田将雅	57kg	クビ	2	¥11,190	¥77,540

◆データ集計期間……2013～22年

　速い時計の出やすい新潟外回りらしく、1分31秒台の決着になることも珍しくないのだが、レースの上がり3Fが意外とかかるのが特徴。

◆7、8枠が異様な高成績

　まだ新潟芝に外差し傾向が出る時期ではないのだが、このレースではとにかく外枠有利が際立っている。下の表ように7枠と8枠が突出して連対しているのだ。

　枠ごとの単勝平均人気順で見ると、7枠が4位、8枠が7位だから、人気馬が集まっていたわけではない。さらに、5、6枠が合わせて0勝・2着2回だが、6枠は人気順1位なのだ。とにかく7、8枠の優位が際立っている。2022年もそれは継続した。

関屋記念・枠順別成績 (2013～22年)

枠	1着	2着	3着	4着～	勝率	連対率	複勝率
1、2枠	2	0	3	30	5.7%	5.7%	14.3%
3、4枠	1	3	3	31	2.4%	10.5%	18.4%
5、6枠	0	2	3	35	0.0%	5.0%	12.5%
7、8枠	7	5	1	35	14.6%	25.0%	27.1%

◆前残りの傾向も見逃すな

前半のペースがそこそこ流れるわりには、前が残りやすい。終始3番手以内で通過した馬が連対の半数を占める。逃げ切りも2勝。それだけ前が優勢ながら、外枠有利であるというあたりが、なんとも珍しい。これを反映して、レースで上がり3F最速をマークした馬が【1－3－2－4】と、好走例は多いが勝ち切れていない。

●カギ握る「前走5着馬」をフィルターにかけると……

近10年で、前走5着以下だった馬が7勝もしている。ここに「前走GⅠで5着以下」のシバリをかけると【2－1－3－15】となり、なぜか【0－0－1－6】と不振の「前走ヴィクトリアM組」を引くと一気に【2－1－2－9】となる。牝馬では、ヴィクトリアM組だけは危険という意味で要注意だ。さらに関東馬に限ると【2－1－1－5】で、前走5着以下の馬でありながら5割近い複勝率にまで数字が上がる。

●前走中山、阪神出走馬の不振

前走で中山、阪神を走った馬は【1－2－0－21】と不振だが、2022年の勝ち馬が該当したので、今回はBランク評価のデータとした。

NEW! ★前走エプソムC組が好走

前走エプソムC組は【1－1－2－9】で、エプソムC一ケタ着順に絞ると【1－1－2－6】。そして2～4着馬と、さらに絞り込むと【0－1－2－1】だ。

NEW! ★馬体重がモノをいう

当日の馬体重520キロ以上の大型馬は【4－2－3－12】だ。

NEW! ★社台・ノーザン系クラブ馬が不振

社台RH【0－1－2－11】、サンデーRC【0－0－2－11】、キャロットF【0－0－0－6】なのだ。アタマに置くのは危険かも。

NEW! ★高齢馬は消しでいい

夏は高齢馬が走るという格言もあるようだが、このレースでは7歳以上が【1－0－0－24】だ。勝ったのは10年前のレッドスパーダのみだ。

NEW! ★ハーツクライ産駒は勝ち切れない

ハーツクライ産駒は【0－3－1－7】と、ヒモ傾向がとても強い。

関屋記念

農林水産省賞典 小倉記念

2023年8月13日・小倉11R（GⅢ ハンデ、芝2000m）サマー2000

小倉記念・過去5年の成績

年月日 天候・馬場・頭数 場所・コース	枠番	馬番	馬名	性齢	騎手	斤量	走破タイム 着差	人気	単勝 枠連 馬連	馬単 3連複 3連単
2018.8.5	8	11	トリオンフ	セ4	武豊	57kg	1.56.9	1	¥330	¥1,500
晴・良・12頭立	7	10	サトノクロニクル	牡4	M.デムーロ	57kg	3	2	¥450	¥2,880
小倉・芝2000m	6	7	マウントゴールド	牡5	浜中俊	54kg	クビ	5	¥790	¥10,700
2019.8.4	6	8	メールドグラース	牡4	川田将雅	57.5kg	1.58.8	1	¥260	¥3,080
晴・良・13頭立	6	9	カデナ	牡5	北村友一	56kg	クビ	6	¥2,060	¥8,030
小倉・芝2000m	5	6	ノーブルマーズ	牡6	高倉稜	56kg	3/4	5	¥2,080	¥31,100
2020.8.16	3	3	アールスター	牡5	長岡禎仁	1.57.5		10	¥2,630	¥29,910
晴・良・14頭立	4	5	サトノガーネット	牝5	松山弘平	55kg	1	1	¥8,240	¥253,190
小倉・芝2000m	3	4	アウトライアーズ	牡6	丸田恭介	54kg	1 1/4	13	¥15,060	¥1,374,190
2021.8.15	8	9	モズナガレボシ	牡4	松山弘平	53kg	1.59.7	6	¥960	¥7,640
曇・稍・9頭立	7	7	ヒュミドール	セ5	幸英明	55kg	1/2	5	¥930	¥15,470
小倉・芝2000m	8	10	スーパーフェザー	セ6	武豊	53kg	2 1/2	8	¥3,870	¥93,100
2022.8.14	1	1	マリアエレーナ	牝4	松山弘平	54kg	1.57.4	2	¥500	¥13,320
晴・良・15頭立	6	12	ヒンドゥタイムズ	セ6	V.ホー	56.5kg	5	10	¥4,200	¥6,690
小倉・芝2000m	2	4	ジェラルディーナ	牝4	福永祐一	54kg	ハナ	1	¥8,140	¥49,140

◆データ集計期間……2013～22年

2020年から夏の小倉が休止期間を挟んで前後半分かれるようになったのだが、これに伴い後半戦の開幕週に組まれ1週繰り下がった。時期が微妙に動いているので、やや信頼度が下がる点をご了承願いたい。

◆6歳の人気薄が激走！

とにかく6歳になると一気に成績が落ちる。ただ面白いことに、6歳馬は連対こそ2022年のヒンドゥタイムズだけだが、3着を5回もマークしているのだ。「軸は5歳以下、ヒモ穴は6歳」が年齢から見た作戦となる。

小倉記念・年齢別成績（2013～22年）

年齢	1着	2着	3着	4着～	勝率	連対率	複勝率
3歳	0	2	0	1	0.0%	66.7%	66.7%
4歳	6	2	1	19	21.4%	28.6%	32.1%
5歳	3	5	3	24	8.6%	22.9%	31.4%
6歳	0	1	5	32	0.0%	2.6%	15.8%
7歳以上	1	0	1	28	3.3%	3.3%	6.7%

◆七夕賞上位馬の不振

前走七夕賞で5着以内の馬は【0－0－3－13】で、連対ナシ。

●ディープ産駒とハーツクライ産駒

・ディープインパクト産駒が【2－3－3－20】。注目は人気薄の好走が多いことで、6番人気は2着3回・3着2回、8番人気の3着1回、11番人気の1着もある。なお5～7歳に限定すると【1－3－3－10】で、率は一気に上がる。

・ハーツクライ、ルーラーシップ（この2頭はともに母方の祖父がトニービン）産駒が、合わせて【2－1－1－5】と、こちらも好走率が高い。

・ハービンジャー産駒は【0－4－0－7】と極端なヒモ傾向。

・父ロベルト系は【0－0－1－10】で連対ナシ。

●アラカルト・データ

・夏場のハンデ戦にしては、トップハンデの成績は【2－1－2－8】でそれほど悪くはない。信頼はともかく、無理に下げないほうがいい。

・前走3勝クラスからは【4－1－2－16】と好走馬が目立ち、また前走重賞からは【6－8－6－66】なのだが、なぜか前走OP特別からは【0－1－0－20】とまったく走れていない。なお前走3勝クラスから、福島と小倉だった馬を除くと【4－1－1－11】と若干複勝率は上がる。

・冬の小倉大賞典は距離が1F短いが、その5着以内馬が、同じ年の小倉記念に出走した場合は【1－0－1－8】と今イチな結果だ。

☆ハンデによる取捨

ハンデ戦だが52キロ以下の軽いハンデは意外と苦戦。また理由は判然としないが、55キロがへこんでいて、57キロ以上の重いハンデでまた成績が上がる。

小倉記念・斤量別成績 (2013～22年)

斤量	1着	2着	3着	4着～
52キロ以下	1	0	0	14
53～54キロ	5	3	5	34
55キロ	0	2	1	21
56～56.5キロ	1	4	1	18
57キロ以上	3	1	3	17

☆まったく来ない前走重賞

中京記念組は【0－0－0－10】と全滅。

テレビ西日本賞 北九州記念

2023年8月20日・小倉11R（GⅢハンデ、芝1200m）サマースプリント

北九州記念・過去5年の成績

年月日 天候・馬場・頭数 場所・コース	枠番	馬番	馬名	性齢	騎手	斤量	走破タイム 着差	人気	単勝 枠連 馬連	馬単 3連複 3連単
2018.8.19	3	5	アレスバローズ	牡6	菱田裕二	56kg	1.06.6	6	¥870	¥7,630
晴・良・17頭立	6	11	ダイメイプリンセス	牝5	秋山真一郎	55kg	1 1/2	4	¥2,090	¥13,260
小倉・芝1200m	5	9	ラブカンプー	牝3	和田竜二	51kg	1/2	7	¥3,630	¥71,170
2019.8.18	8	16	ダイメイプリンセス	牝6	秋山真一郎	55kg	1.08.2	9	¥3,080	¥22,790
曇・良・18頭立	3	5	ディアンドル	牝3	北村友一	52kg	1	3	¥770	¥14,490
小倉・芝1200m	6	11	アンヴァル	牝4	藤岡康太	54kg	クビ	5	¥8,810	¥117,900
2020.8.23	2	4	レッドアンシェル	牡7	福永祐一	57kg	1.07.8	8	¥1,490	¥6,910
晴・稍・18頭立	5	10	モズスーパーフレア	牝5	松若風馬	56.5kg	1 3/4	1	¥1,690	¥16,570
小倉・芝1200m	6	11	アウィルアウェイ	牝4	川田将雅	55.5kg	アタマ	10	¥2,970	¥93,990
2021.8.22	8	17	ヨカヨカ	牝3	幸英明	51kg	1.08.2	5	¥880	¥8,100
雨・稍・18頭立	3	6	ファストフォース	牡5	鮫島克駿	55kg	1 1/4	4	¥1,800	¥8,100
小倉・芝1200m	6	12	モズスーパーフレア	牝6	松若風馬	56.5kg	クビ	2	¥3,780	¥51,840
2022.8.21	1	1	ボンボヤージ	牝5	川須栄彦	51kg	1.06.9	16	¥16,430	¥113,390
晴・良・18頭立	2	3	タイセイビジョン	牡5	川田将雅	57kg	1 1/4	3	¥1,120	¥31,820
小倉・芝1200m	8	16	ナムラクレア	牝3	浜中俊	53kg	クビ	1	¥46,190	¥493,580

◆データ集計期間……2013～22年

2008年を最後に1番人気が勝っておらず、とにかく荒れる。近年、Bコース替わりの週に施行されていて、良馬場なら1分6秒台も出る。

◆牝馬が連対するトレンドは続く

2014年以降は毎年、最低1頭は牝馬が連対している。ワンツーは2回だ。22年は16番人気ボンボヤージが勝った。

◆軽視データ・アラカルト

消し、軽視の条件ばかりが揃う厄介な重賞。以下列挙していく。

・7歳以上が【1－0－0－28】。

・前走GⅠだった馬は人気になりがちだが、【0－1－1－8】で今イチ。22年も高松宮記念から臨んだジャンダルムが消えた。なお前走高松宮記念組は【0－1－1－4】なのだが、圏内の2回はともにモズスーパーフレアであり、休み明けを疑うべきローテだ。

・距離短縮馬は【0－0－0－17】。ただし人気馬はほとんどいない。

・前走札幌・函館組は【0－0－1－7】。この中には1、2番人気が含まれる。函館SSなどで好走し、サマースプリントの得点加算を狙って

ここに来た馬は、人気でも連対の対象にはしなくていいという結果に。

・前走東京出走馬は【0－0－0－9】。これは東京の芝短距離が1400mしかないことから、距離短縮馬の不振とも連動する。

●トップハンデ馬の扱い

トップハンデは近10年で2勝、2、3着が1回ずつ。2016年以降好走例が増えてきたが、注意すべきは57キロ以上のトップハンデは苦戦していること。圏内に来たのはレッドアンシェルだけで、他の8頭はすべて4着以下だ。

●スプリント系種牡馬の不振

短距離向きの種牡馬の代表格のうち、ダイワメジャーが【0－0－0－9】、アドマイヤムーンが【0－0－0－7】とまったく走れない。なおロードカナロアも不振だったのだが、2022年はボンボヤージが勝って【1－1－1－10】となった。買いたい馬がいても軸にはせず、ヒモ穴に入れる扱いのほうがいいかもしれない。

●逃げ馬も振るわない

平坦コース・高速馬場での短距離戦のわりに、逃げた馬は勝っていない。【0－1－1－8】だ。

NEW! ★フィルター作戦！アイビスSD組の狙い方

主流ローテのひとつに、サマースプリントのアイビスSDがある。この組の成績は【3－3－2－26】で微妙な数字なのだが、これを牝馬に限定すると【3－2－1－13】で複勝率は倍増。つまり牡馬は【0－1－1－12】なのだ。

前書では、アイビスが近10年内に中2週の年と、中3週の年に分かれていて、中2週の年の成績が高いことを指摘したのだが、2022年は該当した馬が消えてしまった。そこで今回改めて指摘するのは、この牝馬【3－2－1－13】から、さらに「5歳以下」と年齢で絞ると【2－2－1－9】まで凝縮できるというデータだ。

☆CBC賞組は中京復活がアダになる!?

2023年から、これも主流ローテのひとつであるCBC賞が中京に戻る。中京施行の場合は、前走CBC賞組の北九州記念での成績は【1－0－2－25】で信頼度はかなり低く、連対対象には考えづらい。

札幌記念

2023年8月20日・札幌11R（GⅡ、芝2000m）サマー2000

札幌記念・過去5年の成績

年月日 天候・馬場・頭数 場所・コース	枠番	馬番	馬名	性齢	騎手	斤量	走破タイム着差	人気	単勝 枠連 馬連	馬単 3連複 3連単
2018.8.19	1	2	サングレーザー	牡4	福永祐一	57kg	2.01.1	2	¥520	¥2,820
曇・稍・16頭立	3	5	マカヒキ	牡5	C.ルメール	57kg	ハナ	1	¥1,170	¥3,590
札幌・芝2000m		15	モズカッチャン	牝4	M.デムーロ	55kg	アタマ	4	¥1,330	¥16,590
2019.8.18	1	1	ブラストワンピース	牡4	川田将雅	57kg	2.00.1	3	¥470	¥3,650
晴・良・14頭立	6	10	サングレーザー	牡5	岩田康誠	57kg	クビ	4	¥490	¥1,260
札幌・芝2000m	6	9	フィエールマン	牡4	C.ルメール	57kg	1	1	¥2,150	¥10,150
2020.8.23	1	1	ノームコア	牝5	横山典弘	55kg	1.59.4	2	¥370	¥4,700
晴・良・12頭立	2	2	ペルシアンナイト	牡6	大野拓弥	57kg	1	6	¥3,270	¥1,390
札幌・芝2000m		6	ラッキーライラック	牝5	M.デムーロ	55kg	1 1/2	1	¥2,910	¥10,860
2021.8.22	8	13	ソダシ	牝3	吉田隼人	52kg	1.59.5	2	¥380	¥1,000
曇・良・13頭立	4		ラヴズオンリーユー	牝5	川田将雅	55kg	3/4	1	¥310	¥3,020
札幌・芝2000m	5	7	ペルシアンナイト	牡7	横山武史	57kg	アタマ	8	¥470	¥11,900
2022.8.21	2	4	ジャックドール	牡4	藤岡佑介	57kg	2.01.2	3	¥460	¥1,880
晴・良・16頭立	2	3	パンサラッサ	牡5	吉田豊	57kg	クビ	2	¥940	¥4,190
札幌・芝2000m	5	9	ウインマリリン	牝5	松岡正海	55kg	1 1/2	5	¥930	¥15,210

◆ **データ集計期間……2014〜22年**

近10年のうち、2013年は函館で代替された。データサンプルはこれを省いて、札幌施行分の9回から分析し、かつ「スーパーGⅡ」とも呼ばれるその重要度から、ページ数を広げて扱う。

◆ **勝ち切れない1番人気馬**

いかにも人気通りに決まる堅いレースという印象があるが、1番人気の成績は【0-4-3-2】。かなりの高確率で馬券対象にはなるものの、なんと勝っていないのだ。1番人気はヒモ決め打ちがかなり有効だ。2022年のソダシも消えた。

◆ **勝ち切れない前走1着馬**

そして札幌記念のもうひとつの不思議は、前走1着馬が【0-3-2-17】と、これまた勝っていないことだ。

特に前走でGⅠを勝ってここに臨み、人気で取りこぼす例が目立つ。2014年ゴールドシップ、19年フィエールマン、22年ソダシなどだ。

理由としては、やはり前走が目標のレースであり、一度緩ませて、ここは秋へ向けてのひと叩きというニュアンスがあるからではないか。

なお、前走ＧＩの場合は、そこで４～９着だった馬が【４－３－３－10】と最も好走数が多い。それらの馬は、むしろ札幌記念こそが目標であり、賞金を積んで秋以降の出世につなげたいということだろう。

◆前走が非重賞出走な問題外

　レベルの高い顔ぶれとなるため、前走が非重賞だった馬は１頭も３着以内に入ったことがない。そもそも人気にもならないのだが、【０－０－０－18】で即消しだ。

◆前走ＧＩ出走馬をフィルターにかけると……

　出走の主力となる前走ＧＩ組を、レース別に分けてみた（下の表）。

　出走数がある程度あって、かつ最も確率が高いのは安田記念からの馬。安田記念組はそこで２～５着だった馬に絞ると【２－２－０－１】で連軸となる。

　また宝塚記念組の１着はない。１番人気も３頭いたが、２、３、８着だった。ヒモとしての確率を高めるには、５、６歳に限定すると【０－３－２－２】となる。なお宝塚記念での着順は不問だ。

　そしてオークスからは２頭しか出走がないが、ともに１着。これはハープスターと３歳時のソダシだ。斤量で恵まれる面が大きいこと、また３歳牝馬にして古馬の一流どころにぶつけるほどの力量がある馬ということ。この２点が相まっての数字だろう。

札幌記念・前走ＧＩ出走馬成績(2014～22年)

前走	1着	2着	3着	4着～
大阪杯	1	0	1	4
オークス	2	0	0	0
安田記念	2	2	1	4
宝塚記念	0	3	2	5
その他	0	1	2	8

◆前走海外遠征組は振るわない

　前走海外遠征から帰国初戦となるケースも多い。しかし【０－１－１－９】と、海外挑戦するほどの力量馬であることを踏まえると、かなり苦戦している。

　一度完全に緩めてからの復帰戦となることが多く、能力だけで頑張ることになりがち。買いたくてもヒモまでと考えていいだろう。

札幌記念　35

●ディープ産駒の狙い方

このレースには、血統的な傾向が比較的強く出る。まずはディープインパクト産駒だ。

【3-3-1-13】で、ディープ産駒としては特に強調するレベルではないのだが、注意すべきは3勝すべてが1番人気ではなかったということ。勝ったのはどれも2、3番人気だった。逆に1番人気だった産駒は2、2、3着に終わっている。なお、「前走が2〜5着のディープ産駒」とすると、【3-2-0-4】と一気に狙いを絞り込める。

●安定して走るハービンジャー産駒

ハービンジャー産駒は【2-1-2-5】と安定、勝ったのはブラストワンピースとノームコアだ。見かけたら買い目には入れたいところ。

●意外な種牡馬が苦戦中

意外と苦戦している種牡馬を2例。ハーツクライ産駒は【0-0-0-7】で、札幌記念でまだ3着以内になったことがない。

そして父ステイゴールド＋オルフェーヴル＋ゴールドシップと、現在のステイゴールド系を代表する父子種牡馬の産駒を合計すると【0-1-2-15】とかなり不振となっている。洋芝小回り中距離は最も合っているようにも思うのだが、この数字だ。

●母父ダート系の血が好走

母方がダート血統の好走も目立っている。母の父がダート色濃い好走馬の例を次に挙げる（下の表）。

母方の血統からも、もう1点挙げておく。先のダート系母父馬とリンクしているのだが、とりわけ母の父デピュティミニスター系の好走率が

札幌記念・母父ダート血統好走例

2015年	1着ディサイファ→ドバイミレニアム
2016年	1着ネオリアリズム→メドウレイク 3着レインボーライン→フレンチデピュティ
2018年	1着サングレーザー→デピュティミニスター 2着マカヒキ→フレンチデピュティ
2019年	2着サングレーザー→デピュティミニスター
2020年	3着ラッキーライラック→フラワーアレイ
2021年	2着ラヴズオンリーユー→ストームキャット
2022年	1着ジャックドール→アンブライドルズソング 3着ウインマリリン→フサイチペガサス

高い。該当種牡馬はデピュティミニスター、フレンチデピュティ、クロフネ、デヒアなどだが、合わせて【2－2－1－3】であり、3着以内5回は4頭がマークしたものである。

また、母の父ではないが、ペルシアンナイトは近親がゴールドアリュールだった。母方の血のダート要素は重要といっていい。

●函館記念組は軽視でいい

函館記念組は、出走馬のレベルを考えると札幌記念で馬券になるのは難しいところもあり、総合では【2－1－1－29】だ。

特に近5年では3着以内に入ったことがない。札幌記念出走馬のレベルが低かった2017年にワンツーしたのが先ほどの成績の中心で、それを除けば近10年で1連対ということ。この組は基本的に軽視でいい。

●1枠有利説の真偽

1枠が【4－0－1－7】と好成績のため、内枠有利という記述も見られるが、枠別の平均人気順位を見ると1枠は飛び抜けた1位で、人気馬が多数入っての結果と考える。枠は不問とみなす。

●巨漢馬が走る

面白いことに体重460キロ未満は【0－0－2－18】とかなり厳しく、反対に500キロ以上は【2－5－3－25】と好走数が増える。

●馬体重の微妙な扱い

休み明けの出走も多いが、ローテーションに関わらず、前走からの体重変動にも面白いデータがある。

プラス10キロ以上は【0－0－3－9】と3着まで。

そして当日4キロ以上減った馬は【1－3－2－27】と、ヒモにはなるが勝てなくなる。基本的に微減、あるいは増えても幅が小さい馬を狙いたい。

☆詰めて使ってきたら消し

人気になるケースがないので実効度から補充程度とするが、中3週以内の馬は【0－0－0－19】と全滅だ。

☆7歳になると勝てない

これも人気になる馬はほとんどいないので補充だが、7歳以上は【0－2－1－23】。3～6歳まではまんべんなく好走馬を出している。

新潟2歳S

2023年8月27日・新潟11R（2歳GⅢ、芝1600m）

新潟2歳S・過去5年の成績

年月日 天候・馬場・頭数 場所・コース	枠番	馬番	馬名	性齢	騎手	斤量	走破 タイム 着差	人気	単勝 枠連 馬連	馬単 3連複 3連単
2018.8.26	6	6	ケイデンスコール	牡2	石橋脩	54kg	1.35.5	1	¥240	¥950
曇・稍・11頭立	7	9	アンブロークン	牡2	石川裕紀人	54kg	クビ	2	¥450	¥4,770
新潟・芝1600m	7	8	スティルネス	牝2	三浦皇成	54kg	ハナ	8	¥540	¥15,950
2019.8.25	3	6	ウーマンズハート	牝2	藤岡康太	54kg	1.35.0	1	¥210	¥970
曇・良・16頭立	7	13	ペールエール	牡2	M.デムーロ	54kg	1/2	3	¥640	¥4,310
新潟・芝1600m	4	7	ビッククインバイオ	牝2	大野拓弥	54kg	1 3/4	8	¥660	¥12,250
2020.8.30	8	11	ショックアクション	牡2	戸崎圭太	54kg	1.34.6	2	¥430	¥1,770
晴・良・11頭立	7	7	ブルーシンフォニー	牡2	田辺裕信	54kg	1 3/4	1	¥610	¥1,280
新潟・芝1600m	5	5	フラーズダルム	牡2	福永祐一	54kg	1/2	3	¥850	¥6,810
2021.8.29	1	1	セリフォス	牡2	川田将雅	54kg	1.33.8	3	¥450	¥1,410
晴・良・12頭立	6	8	アライバル	牡2	C.ルメール	54kg	1 1/4	1	¥610	¥850
新潟・芝1600m	5	6	オタルエバー	牡2	幸英明	54kg	3/4	2	¥610	¥4,950
2022.8.28	6	7	キタウイング	牝2	戸崎圭太	54kg	1.35.9	4	¥810	¥2,980
晴・良・11頭立	7	9	ウインオーディン	牡2	三浦皇成	54kg	1/2	3	¥560	¥2,200
新潟・芝1600m	7	8	シーウィザード	牡2	浜中俊	54kg	頭	7	¥1,290	¥13,290

◆データ集計期間……2013～22年

　過去の優勝馬から重賞を複数回勝った馬や２歳ＧⅠの勝ち馬、クラシック２着馬は何頭も出ているが、クラシックを勝ったのは、後にも先にも 2013 年のハープスターだけである。近年はその時点での完成度がモノをいうレースになっている。

◆不変！ダリア賞組は全消し、前走２着以下も問題外

・このレースにおいて鉄板の格言は「ダリア賞組は全消し」。何着馬が出てきても、そして「今年の勝ち馬は違う」といわれても、３着にも入れない。【０－０－０－19】だ。この中には１着馬５頭、２着馬３頭を含んでいる。

・これまたほぼ鉄板の消しデータは、前走２着以下から臨む馬が【０－０－１－19】である。とにかく前走１着馬以外は馬券対象にならない。

◆前走「新馬戦」勝ち馬をフィルターにかけると……

　ポイントは「前走で（芝の）新馬戦や未勝利戦を勝った馬」となる。

　新馬戦を勝ってきた馬は【７－６－７－59】だが、この買いと軽視を見ていこう。まず牝馬限定の新馬戦からの馬は【１－０－１－10】だ。

消しとはいえないが、軸にもしづらい。

牡牝混合の新馬戦を場別に見たのが下の表だ。

新潟2歳S・前走新馬戦勝ち馬・場別成績（2013〜22年、牡牝混合新馬のみ）

前走	1着	2着	3着	4着〜
中京新馬勝ち	4	1	0	7
東京新馬勝ち	1	5	2	10
新潟新馬勝ち	1	0	1	14
福島新馬勝ち	0	0	1	10

中京からの新馬戦組はアタマから狙いやすい。距離は1400ｍか1600ｍならＯＫ。そして福島組、新潟組はかなり厳しくなっている。

また東京からの組はなぜか勝ちづらく、ヒモが多い。このうち1400ｍから来た馬は【0－0－0－7】。好走はマイルか1800ｍだ。

◆前走「未勝利戦」勝ち馬をフィルターにかけると……

続いて未勝利戦（牡牝混合）からの全体は【2－4－2－32】。これだけではつかみどころがないが、前走のコースで見ると、新潟芝1600ｍ、つまり同じコースの未勝利戦を勝ってきた組は【2－0－0－5】。さらに福島芝1800ｍを勝ってきた組は【0－2－0－7】だ。この2つのコースからの臨戦を基本に考えよう。

●種牡馬で買いはダイワメジャー

早熟傾向のある種牡馬の代表格、ダイワメジャーの産駒は【2－2－1－7】と安定。それ以外の種牡馬はあまり関係ないが、ダイワメジャーだけは見かけたら一考。

●馬体重の扱い

440キロ未満の馬は【1－0－1－35】とかなり厳しい。そして500キロ以上ある馬も【0－1－0－9】と割り引き。

NEW! ★アタマなら西、複軸は東

関東馬は【3－8－7－73】とヒモになることが多く、関西馬は【7－2－3－42】と勝ち切りが多い。

また連闘馬が【1－1－0－1】で、めったにないことながら3頭いて2連対なら、見かけたら買っておくレベルだろう。なお、この連対2頭はともに関東馬で、同じ新潟の芝外回り1600、1800ｍを前走で走っていた。

キーンランドC

2023年8月27日・札幌11R(GⅢ、芝1200m)サマースプリント

キーンランドC・過去5年の成績

年月日 天候・馬場・頭数 場所・コース	枠番	馬番	馬名	性齢	騎手	斤量	走破タイム 着差	人気	単勝 枠連 馬連	馬単 3連複 3連単
2018.8.26	6	11	ナックビーナス	牝5	J.モレイラ	54kg	1.09.4	1	¥370	¥2,320
晴・稍・16頭立	4	7	ダノンスマッシュ	牡3	北村友一	53kg	2 1/2	4	¥860	¥9,740
札幌・芝1200m	2	4	ペイシャフェリシタ	牝5	田辺裕信	54kg	クビ	9	¥1,250	¥38,480
2019.8.25	7	13	ダノンスマッシュ	牡4	川田将雅	57kg	1.09.2	1	¥230	¥1,170
晴・稍・16頭立	4	7	タワーオブロンドン	牡4	C.ルメール	58kg	3/4	2	¥640	¥1,410
札幌・芝1200m	8	16	リナーテ	牝5	武豊	54kg	ハナ	3	¥760	¥4,480
2020.8.30	7	14	エイティーンガール	牝4	坂井瑠星	54kg	1.10.6	5	¥1,550	¥7,260
小雨・重・16頭立	6	12	ライトオンキュー	牡5	古川吉洋	57kg	1 1/4	4	¥950	¥13,750
札幌・芝1200m	8	15	ディメンシオン	牝6	松田大作	54kg	1/2	9	¥2,390	¥95,670
2021.8.29	6	12	レイハリア	牝3	亀田温心	51kg	1.09.1	3	¥490	¥6,720
晴・良・16頭立	5	9	エイティーンガール	牝5	横山和生	55kg	アタマ	7	¥1,730	¥65,350
札幌・芝1200m	4	8	セイウンコウセイ	牡8	勝浦正樹	58kg	クビ	9	¥4,550	¥267,390
2022.8.28	4	8	ヴェントヴォーチェ	牡5	C.ルメール	56kg	1.09.1	6	¥1,230	¥8,730
晴・良・15頭立	3	5	ウインマーベル	牡3	松山弘平	54kg	1/2	2	¥2,750	¥8,960
札幌・芝1200m	1	1	ヴァトレニ	セ4	横山武史	56kg	1/2	4	¥4,290	¥56,190

◆データ集計期間……2014～22年

　スプリンターズSへの前哨戦として、出走馬の質はそこそこ高い。良馬場なら1分8秒台は出るレースだ。なお近10年のうち、13年は函館で代替された。サンプルは14年以降の9回分とする。

◆牝馬が大活躍、単勝回収値もプラス

　牝馬は【6-4-5-38】で単勝回収値は123円に達し、複勝率は28.3%だ。牡馬・せん馬は【3-5-4-73】で複勝率は14.1%、牝馬の半分となる。

◆前走3勝クラスからの挑戦も警戒すべし

　前走3勝クラスから臨んだ馬は【1-2-0-3】で意外と安定している。格下と侮るなかれ。反対に前走GI組は【1-1-2-11】。大半は高松宮記念組だ。

◆函館SS組とUHB杯組をフィルターにかける

　ステップとして多いのは【3-2-2-23】の函館スプリントS組と、【2-2-1-40】のOP特別UHB杯組（右ページの表）。この2つのレースを比較すると、面白いことがわかってきた。

まず函館スプリントS組だが、着順で分けると表のようになる。つまり函館スプリントS組から買うには、単純に3着以内馬だけを買っておけばよいということになるわけだ。

　続いてUHB杯。こちらは逆に、前走掲示板を守った馬が不振で、6着以下から2勝しているのだ。重賞より出走馬のレベルは下がるわけだから、なんとも不思議ではある。

　UHB杯5着以内から馬券対象になった2頭は、GⅡ連対のあったリナーテとすでに重賞勝ちのあったライトオンキュー。これに該当しないUHB杯5着以内は、かなり割り引いていい。

　なおUHB杯は12，14年はキーンランドCとの間隔が中1週、15年から中2週となった。中1週時代の出走馬は【0-0-0-3】。

キーンランドC・前走函館スプリントS着順別成績(2014〜22年)

前走	1着	2着	3着	4着〜
1着	0	0	1	2
2、3着	2	2	1	4
4着以下	0	0	0	16

着度数と出走総数が合わないのは、函館スプリントSでの競走除外馬がいるため。特に2019年のダノンスマッシュは、函館スプリントS除外からキーンランドC1着となっている。

キーンランドC・前走UHB杯着順別成績(2014〜22年)

前走	1着	2着	3着	4着〜
1着	0	1	1	4
2〜5着	0	0	0	17
6〜9着	2	0	0	8
10着以下	0	1	0	11

● アラカルト・データ

・前走中京出走馬は【1-2-2-6】と安定傾向あり。なおレース間隔は問わない。

・実績馬が58キロを背負うケースもある。その場合は【0-1-1-6】で、ヒモまで。2020年は1番人気ダイアトニックが消えた。

・差し追い込みが届きやすいレースだ。芝に外差し傾向が出てくる時期でもあるし、また逃げ先行馬がバテて内が渋滞するケースもある。

NEW! ★6歳以上は苦戦傾向

　3〜5歳は偏りなく走るが、6歳になると【0-1-1-22】と急落。6歳以上のトータルは【1-1-3-45】で、よほど買いたい馬がいるときにヒモ程度でいい。

農林水産省賞典 札幌2歳S

2023年9月2日・札幌11R（2歳GⅢ、芝1800m）

札幌2歳S・過去5年の成績

年月日 / 天候・馬場・頭数 / 場所・コース	枠番	馬番	馬名	性齢	騎手	斤量	走破タイム / 着差	人気	単勝 / 枠連 / 馬連	馬単 / 3連複 / 3連単
2018.9.1 晴・良・14頭立 札幌・芝1800m	3	3	ニシノデイジー	牡2	勝浦正樹	54kg	1.50.1	6	¥2,820	¥23,600
	8	14	ナイママ	牡2	五十嵐冬樹	54kg	クビ	4	¥7,260	¥6,320
	1	1	クラージュゲリエ	牡2	M.デムーロ	54kg	クビ	1	¥8,770	¥87,570
2019.8.31 曇・稍・12頭立 札幌・芝1800m	5	6	ブラックホール	牡2	石川裕紀人	54kg	1.50.4	5	¥2,940	¥20,480
	8	11	サトノゴールド	牡2	武豊	54kg	1 1/4	3	¥2,220	¥6,720
	1	1	ダーリントンホール	牡2	池添謙一	54kg	1 3/4	2	¥6,890	¥89,460
2020.9.5 晴・良・14頭立 札幌・芝1800m	8	13	ソダシ	牝2	吉田隼人	54kg	1.48.2	2	¥470	¥3,920
	5	8	ユーバーレーベン	牝2	戸崎圭太	54kg	クビ	5	¥1,560	¥3,060
	4	6	バスラットレオン	牡2	坂井瑠星	54kg	1 3/4	1	¥2,360	¥17,670
2021.9.4 晴・良・9頭立 札幌・芝1800m	8	9	ジオグリフ	牡2	C.ルメール	54kg	1.49.1	1	¥210	¥1,470
	7	7	アスクワイルドモア	牡2	武豊	54kg	4	4	¥720	¥2,770
	8	10	トーセンヴァンノ	牡2	山田敬士	54kg	1 1/2	5	¥960	¥11,510
2022.9.3 晴・良・14頭立 札幌・芝1800m	7	12	ドゥアイズ	牝2	斎藤新	54kg	1.50.0	1	¥420	¥3,780
	8	13	ドゥラエレーデ	牡2	吉田隼人	54kg	1	6	¥1,380	¥5,620
	1	1	ダイヤモンドハンズ	牡2	福永祐一	54kg	1 1/2	4	¥2,040	¥26,540

◆データ集計期間……2014〜22年

クラシックの登竜門的に語られるが、芝1800mに延びてからは、優勝馬がクラシックを勝ったのは3頭だけである（ダービー2頭、桜花賞1頭）。どちらかというと現時点での完成度、器用さが求められるレースだ。なお2013年は函館施行のため、14年以降の9年間を対象とする。

◆前走「新馬戦」勝ち馬をフィルターにかけると……

近10年の連対馬20頭のうち、前走新馬勝ちは9頭、未勝利勝ちは5頭おり、やはりこの初勝利を挙げたばかりの馬をどう買うがポイントだ。

まず新馬戦組だが、前走東京芝1600、1800mだった馬は【2−1−0−3】で、見かけたら買っておいた方がいい。

札幌2歳S・前走レース別成績（2014〜22年）

前走	1着	2着	3着	4着〜
新馬	5	4	6	50
未勝利	3	2	0	21
クローバー賞	1	1	1	5
コスモス賞	0	2	2	11

また札幌芝1800mの新馬戦組は【0－1－3－13】で、さらに中3週以内と詰めて使ってきたら【0－0－1－11】とほぼ買えなくなる。函館芝1800mの新馬戦組は【2－1－2－13】で、こちらは牡馬に限ると【1－1－2－7】でさらに確率が上がる。

◆前走「未勝利戦」勝ち馬をフィルターにかけると……

前走未勝利戦組は【3－2－0－21】である。これは場で分けると、函館未勝利勝ちが【2－1－0－2】、対して札幌未勝利勝ちが【1－1－0－13】と成績に差があり、どちらかというと函館での未勝利戦を勝った馬を買ってみたい。なお距離は問わない。

◆前走コスモス賞組、クローバー賞組の取捨

・まったく同じ舞台設定のＯＰ特別コスモス賞は中2週のローテとなる。【0－2－2－11】で買うにしてもヒモまで。そして関西馬＋地方馬に限ると【0－2－1－5】で、確率がかなり高まる。ヒモには一考だ。

・もうひとつ、同じ札幌で、距離が芝1500mのクローバー賞からは【1－1－1－5】だ。中1週のわりには好走しやすいのだが、ただ連対したのは2017年がラストだ。今や割り引きと考えるべきかもしれない。

●前走道悪は割り引きたい

なお前走重、不良馬場で走った馬は【0－1－0－8】で苦戦。若駒にとっては消耗度が大きいのかもしれない。2着1回は、その後オークス馬となるユーバーレーベン。

NEW! ★前走圧勝馬に気をつけろ！

これはマイナスの意味での「気をつけろ」である。前走で0秒6以上離して圧勝した馬が【0－1－0－9】なのだ。消して妙味ありのデータだろう。

同タイム勝ちはこれまたダメで【0－1－0－17】。2着との差が0秒1～0秒5の幅に収まった、ほどよく余力を残した勝ち馬を狙いたい。

NEW! ★外枠有利がハッキリしてきた

枠順別単勝平均人気がダントツ1位の1枠がなんと【0－0－3－6】と連対ナシ。洋芝で開催末期とあって、内目が荒れてくることもあり、若駒にとっては負荷が大きいのかもしれない。対して7枠【3－2－0－13】、8枠【2－5－3－8】。狙いたい馬が入ったら意を強くしたい。

農林水産省賞典 新潟記念

2023年9月3日・新潟11R（GⅢハンデ、芝2000m）サマー2000

新潟記念・過去5年の成績

年月日 天候・馬場・頭数 場所・コース	枠番	馬番	馬名	性齢	騎手	斤量	走破タイム着差	人気	単勝 枠連 馬連	馬単 3連複 3連単
2018.9.2	1	1	ブラストワンピース	牡3	池添謙一	54kg	1.57.5	1	¥180	¥1,590
晴・良・13頭立	4	5	メートルダール	牡5	福永祐一	57kg	1 3/4	6	¥1,140	¥25,300
新潟・芝2000m	4	4	ショウナンバッハ	牡7	三浦皇成	53kg	1/2	13	¥1,250	¥57,170
2019.9.1	4	7	ユーキャンスマイル	牡4	岩田康誠	57kg	1.57.5	2	¥630	¥8,450
晴・良・18頭立	3	5	ジナンボー	牡4	M.デムーロ	54kg	クビ	6	¥2,090	¥21,230
新潟・芝2000m	3	6	カデナ	牡5	武藤雅	57kg	2	8	¥4,580	¥105,090
2020.9.6	8	17	ブラヴァス	牡4	福永祐一	56kg	1.59.9	2	¥500	¥3,330
晴・良・18頭立	3	5	ジナンボー	牡5	M.デムーロ	56kg	アタマ	4	¥1,380	¥6,770
新潟・芝2000m	8	16	サンレイポケット	牡5	荻野極	54kg	クビ	5	¥1,890	¥32,940
2021.9.5	8	16	マイネルファンロン	牡6	M.デムーロ	55kg	1.58.4	12	¥4,280	¥34,410
晴・良・17頭立	8	17	トーセンスーリヤ	牡6	横山和生	57.5kg	1/2	3	¥4,070	¥28,380
新潟・芝2000m	7	13	クラヴェル	牝4	横山典弘	52kg	ハナ	2	¥10,940	¥264,560
2022.9.4	3	6	カラテ	牡7	菅原明良	57.5kg	1.58.9	10	¥2,200	¥57,930
晴・良・18頭立	8	17	ユーキャンスマイル	牡7	石橋脩	57kg	1 3/4	9	¥580	¥91,350
新潟・芝2000m	8	18	フェーングロッテン	牡3	松若風馬	53kg	3/4	3	¥28,250	¥709,120

◆データ集計期間……2013〜22年

　芝外回りの2000m・ハンデ戦で施行されており、サマー2000の最終戦として施行されている。2018年1着のブラストワンピース以外に、GⅠ級に出世した馬は皆無であり、ローカルのハンデ重賞の色彩が濃い。

◆3歳馬が意外な不振

　年齢別に見ると、3歳馬が【1-0-1-6】、8歳以上が【0-0-0-9】となっている。8歳以上はともかく、3歳馬が意外と走れていない。4着以下7回には、1番人気が2頭、4番人気も1頭いるがすべて二ケタ着順に終わっている。勝ち切った1頭は前述のブラストワンピースのみだ。

◆軽視データ・アラカルト

・牝馬は苦戦傾向。【1-0-1-15】だ。
・種牡馬傾向は分散しているが、メジャーどころではハーツクライ産駒が不振。【0-0-1-11】で、4着以下には1〜3番人気も含む。
・中2週以内の出走は【0-0-0-14】で消し。
・距離延長馬は【2-1-4-48】で、連対はあまり期待できない。

・不思議なことだが、前走新潟出走組は【0 - 0 - 1 - 26】とほぼ全滅。同じ左回りで直線が長い東京組は【2 - 2 - 2 - 33】でつかみどころがないイメージだが、エプソムＣ組【0 - 1 - 0 - 10】、目黒記念組【0 - 0 - 0 - 8】をカットすると、だいぶ的が見えてくる。

●ハンデ57.5キロ以上と53キロ以下

トップハンデは【1 - 2 - 0 - 14】で期待薄。なおそれらを含むハンデ57.5キロ以上は【1 - 2 - 0 - 15】だが、2022年にカラテが勝ち切ったのでＢ扱いとする。反対に53キロ以下も【1 - 0 - 4 - 36】で、連対はほとんどできていない。

●前走サマー2000重賞出走馬をフィルターにかける

サマー2000に組み込まれているので、前走は小倉記念、函館記念、七夕賞出走馬が多い。

・小倉記念での連対馬は【2 - 0 - 1 - 4】と安定しているが、6着以下も【1 - 1 - 1 - 4】とそれほど差はなく、なぜか3～5着馬が【0 - 0 - 1 - 8】と苦戦している。なお小倉記念と今回の斤量差は関係ない。ただし馬体重が減るのは禁物で、今回少しでも馬体重減だった馬は【0 - 0 - 1 - 8】だ。

・函館記念組はつかみづらいところがあるが、連対していた馬は【0 - 1 - 0 - 4】と、人気になりがちなわりには走れていない。

・七夕賞組は連対していた馬が【1 - 1 - 0 - 4】で可もなく不可もなく。ただ、この組は年齢で絞り込めて、6歳以上は【0 - 0 - 0 - 10】だ。

●激走もあるぞ！友道厩舎＋金子ＨＤ馬

友道厩舎が【4 - 1 - 0 - 5】で使ってきたら一考。また金子真人オーナーの馬は【2 - 3 - 0 - 5】で、連対馬には9番人気1頭、6番人気2頭を含む。

NEW! ★前走ＯＰ特別出走馬は3着まで

前走ＯＰ特別出走馬は【0 - 0 - 2 - 15】で連対ナシ。

☆前走の上がり3Ｆにこだわるな

直線が日本一長いコースだけあって、前走の上がり3Ｆの時計が重視されるが、前走で上がり3Ｆ1位だった馬は【2 - 1 - 3 - 22】で特に走るわけではない。あまり神経質になる必要はない。

新潟記念

小倉2歳S

2023年9月3日・小倉11R（2歳GⅢ、芝1200m）

小倉2歳S・過去5年の成績

年月日 天候・馬場・頭数 場所・コース	枠番	馬番	馬名	性齢	騎手	斤量	走破タイム 着差	人気	単勝 枠連 馬連	馬単 3連複 3連単
2018.9.2	4	6	ファンタジスト	牡2	武豊	54kg	1.08.9	3	¥520	¥40,230
晴・良・14頭立	6	9	アズマヘリテージ	牡2	荻野極	54kg	1 3/4	13	¥4,290	¥115,730
小倉・芝1200m	5	8	ミヤジシルフィード	牡2	和田竜二	54kg	クビ	9	¥29,650	¥627,690
2019.9.1	6	10	マイネルグリット	牡2	国分優作	54kg	1.10.5	3	¥620	¥3,090
曇・重・14頭立	4	5	トリプルエース	牡2	和田竜二	54kg	クビ	2	¥780	¥3,190
小倉・芝1200m	3	3	ラウダシオン	牡2	武豊	54kg	1/2	4	¥1,310	¥17,400
2020.9.6	7	8	メイケイエール	牝2	武豊	54kg	1.09.6	2	¥630	¥1,310
雨・重・10頭立	4	6	モントライゼ	牡2	川田将雅	54kg	1 1/4	1	¥320	¥1,080
小倉・芝1200m	2	2	フォドラ	牝2	北村友一	54kg	4	5	¥470	¥6,280
2021.9.5	8	9	ナムラクレア	牝2	浜中俊	54kg	1.07.9	4	¥640	¥4,220
小雨・良・10頭立	7	7	スリーパーダ	牝2	福永祐一	54kg	2	3	¥960	¥8,490
小倉・芝1200m	8	10	アネゴハダ	牝2	幸英明	54kg	1 1/4	8	¥1,950	¥49,390
2022.9.4	1	1	ロンドンプラン	牡2	松山弘平	54kg	1.08.1	4	¥740	¥16,800
晴・良・13頭立	7	11	バレリーナ	牝2	団野大成	54kg	3/4	9	¥4,160	¥72,170
小倉・芝1200m	8	13	シルフィードレーヴ	牝2	西村淳也	54kg	1/2	11	¥10,210	¥376,700

◆データ集計期間……2013〜22年

　勝ち馬がGⅠ馬となったのは2001年のタムロチェリー（阪神JF）が初、クラシックを勝ったのは16年のレーヌミノル（桜花賞）だけ。基本的に早熟度と短距離適性を競うレースである。

◆割り引き材料は満載

　このレースに関しては、割り引き項目がとにかく多い。
　440キロ未満の馬は、性別関係なく勝ち切れない。短距離戦に多い傾向だが、このレースにおいても同じで、2、3着での狙いとなる。連闘馬はやはり軽視でいい。大半が九州産限定のひまわり賞からとなるので、有効性は薄いが……。また前走1200m以外から臨むことは少ないが、これもほぼ消しでいい。さらに関東馬はヒ

小倉2歳S・割り引きデータ（2013〜22年）

	1着	2着	3着	4着〜
440キロ未満	0	4	3	32
連闘	0	1	1	17
前走芝1200m以外	1	0	1	18
関東馬	0	1	1	9

モまででいい。

◆中2週・フェニックス賞組の取捨

　予想の拠点としては、中2週のローテとなるOP特別、前走フェニックス賞組の吟味だろう。【2－2－0－22】と小倉2歳S連対馬を数頭出しているが、この組は素直に勝ち馬だけを対象にすればいい。

　またフェニックス賞が9頭立て以下の頭数だった年は【1－0－0－13】で、該当した年は狙いを下げるのも手だ。

　それから、中2週ローテで馬体重を減らした馬は【0－0－0－6】だ。だからといって増えていればよいわけではなく、中2週なのに10キロ以上増えた馬は4頭いて全滅。

●押さえておきたい三大種牡馬

　ロードカナロア【1－0－2－1】、ミッキーアイル【2－1－0－1】、ダイワメジャー【1－2－2－4】で、確実に馬券圏に入っていることは押さえておきたい。

◆前走「新馬戦」勝ち馬をフィルターにかけると……

　出走数が多く、絞りにくいのが前走新馬戦勝ち馬の扱いだ。前走新馬戦（九州産限定除く）の成績は【6－5－7－42】。ここで、前述したように前走1200ｍ以外を切ると【6－5－7－36】→前走関東場、ダート出走を切ると【6－5－6－35】→体重面で、440キロ未満と500キロ以上を切る→前走5番人気以下だった馬を切る→しかも牝馬だけを残すと【4－3－1－4】と、かなり好走確率がアップするのだ。

　なお、たとえ前走から馬体重二ケタ増減があっても、また前走勝った着差が小さくても、そしてレース間隔も連闘でさえなければ不問である。この絞りフィルターに該当した馬がいたら、中心視もできる。ただ、逆にすべてクリアする馬が常にいるわけではないので、Bランクの扱いに。

NEW! ★高回収値を期待できる牝馬の狙い方

　牡馬【5－5－4－55】、牝馬【5－5－6－55】でまったく互角。牝馬のほうの絞り込みとしては、新馬戦と同様に440キロ未満と500キロ以上をカット→関東馬をカット→連闘馬をカット→新馬戦勝ち馬を残すと【4－2－2－9】で複勝率5割近くに絞れる。単勝回収値794円、複勝回収値302円だ。

紫苑S

2023年9月9日・中山11R（3歳牝馬GⅡ、芝2000m）秋華賞トライアル

紫苑S・過去5年の成績

年月日 天候・馬場・頭数 場所・コース	枠番	馬番	馬名	性齢	騎手	斤量	走破タイム 着差	人気	単勝 枠連 馬連	馬単 3連複 3連単
2018.9.8	7	14	ノームコア	牝3	C.ルメール	54kg	1.58.0	2	¥420	¥1,500
晴・良・16頭立	1	1	マウレア	牝3	武豊	54kg	3	1	¥650	¥3,400
中山・芝2000m	4	8	ランドネ	牝3	吉田隼人	54kg	1/2	7	¥680	¥16,070
2019.9.7	8	15	パッシングスルー	牝3	戸崎圭太	54kg	1.58.3	2	¥450	¥5,100
晴・良・15頭立	4	6	フェアリーポルカ	牝3	三浦皇成	54kg	ハナ	6	¥1,100	¥2,400
中山・芝2000m	8	14	カレンブーケドール	牝3	津村明秀	54kg	1/2	1	¥3,040	¥18,020
2020.9.12	5	10	マルターズディオサ	牝3	田辺裕信	54kg	2.02.1	5	¥960	¥21,830
曇・稍・18頭立	8	18	パラスアテナ	牝3	武豊	54kg	1 1/4	10	¥1,250	¥21,370
中山・芝2000m	8	16	シーズンズギフト	牝3	C.ルメール	54kg	クビ	3	¥13,320	¥147,440
2021.9.11	6	11	ファインルージュ	牝3	福永祐一	54kg	1.58.2	2	¥450	¥3,620
晴・良・18頭立	1	1	スルーセブンシーズ	牝3	大野拓弥	54kg	1 3/4	4	¥1,820	¥19,150
中山・芝2000m	2	3	ミスフィガロ	牝3	津村明秀	54kg	ハナ	12	¥2,250	¥64,570
2022.9.10	8	12	スタニングローズ	牝3	坂井瑠星	54kg	1.59.9	1	¥280	¥1,300
晴・良・12頭立	8	11	サウンドビバーチェ	牝3	横山武史	54kg	クビ	2	¥810	¥1,970
中山・芝2000m	6	8	ライラック	牝3	戸崎圭太	54kg	クビ	6	¥790	¥6,970

◆データ集計期間……2016〜22年

　2016年に、それまでのOP特別から昇格。現在は3着までに秋華賞への優先出走権が与えられるトライアルである。同時に一気に馬質が上がり、連対馬から後のGⅠ馬が4頭出ている。ローズSより明らかに本番へ結びつくレースとなり、23年からGⅡへ。なお当然ながら、重賞となった16年以降をサンプルとする。

攻略ポイント Rank A

◆3大マイナス要素に気をつけろ！

・暑い時季だけに、間隔が詰まるのは禁物で、中3週以内は基本的に消し。唯一勝利は、破格の存在ディアドラ。
・また距離延長となる場合は、アタマには置けない。
・小回りコーナー4つが舞台となるからか、広くて直線の長いワンターンの新潟外回りを前走使った馬は不振が目立つ。

紫苑S・不振傾向該当例（2016〜22年）

条件	1着	2着	3着	4着〜
中3週以内	1	0	0	16
今回距離延長	0	2	2	49
前走新潟芝外回り	0	0	1	15

◆人気馬もいたが、8枠は有利

8枠は【4-2-2-10】と好走が多い。もっとも、これは人気馬が多く入っていることもあるが、1枠と2枠合わせて【0-2-2-21】、そして4枠以内の枠が0勝なので、外枠を引くに越したことはない。

◆人気馬の母父がキンカメだったら……

血統からは「母の父キングカメハメハ」該当馬がなぜか不振だ。【0-0-2-9】であり、5番人気以内も4頭いながらすべて着外。ただし6、12番人気での3着があり、人気馬を嫌うという方向でいきたい。

●前走オークス組は下位の着順でも拾っておきたい

オークスから直行してきた馬が【4-4-4-20】で12頭、馬券対象になっている。オークスでの着順はまったく関係ない。なお、オークス3着以内は【2-0-1-2】で、実績を考えると微妙。勝ったのはともに関東馬だった。

オークス10着以下も【2-1-2-11】で走っているのだが、3着以内に入った5頭のうち4頭は、オークス以前にOP特別や重賞での4着以内歴があった。

NEW! ★収得賞金を要チェック！

トライアルにおいては、どのレースでも少なからず「ここで権利を取らないと本番に出走できない可能性が高い馬」の激走を考慮すべきとは思うが、紫苑Sは特にそうである。年によって賞金状況が異なることは前提として、秋華賞への出走ラインを1500万円とすると、次のようになっていた。

1着馬→賞金アリ：3頭　賞金ナシ：4頭
2着馬→賞金アリ：1頭　賞金ナシ：6頭

1着馬についてはほぼ互角、そして2着馬は大半が賞金不足の馬。軸はここから何を取るかがポイントだろう。

☆前走で牡馬に勝ったからといって、過大評価しないこと

牝馬限定戦では、前走で牡馬相手に勝ってきた馬は、前走も牝馬相手に勝ってきた馬に比べて高く評価される傾向があるが、このレースにおいては前走牝馬限定戦出走馬【5-6-6-62】に対し、牡馬混合出走馬【2-1-1-32】であり、まったく関係ない。

紫苑S

京成杯オータムH

2023年9月10日・中山11R（GⅢハンデ、芝1600m）サマーマイル

京成杯オータムH・過去5年の成績

年月日 / 天候・馬場・頭数 / 場所・コース	枠番	馬番	馬名	性齢	騎手	斤量	走破タイム 着差	人気	単勝 / 枠連 / 馬連	馬単 / 3連複 / 3連単
2018.9.9 晴・良・15頭立 中山・芝1600m	6	10	ミッキーグローリー	牡5	C.ルメール	55kg	1.32.4	1	¥330	¥1,740
	8	14	ワントゥワン	牝5	戸崎圭太	53kg	3/4	3	¥830	¥1,280
	2	2	ロジクライ	牡5	浜中俊	56.5kg	3/4	2	¥1,180	¥5,960
2019.9.8 晴・良・16頭立 中山・芝1600m	5	10	トロワゼトワル	牝4	横山典弘	52kg	1.30.3	4	¥720	¥5,760
	6	11	ディメンシオン	牡5	北村宏司	53kg	3 1/2	5	¥1,200	¥39,070
	1	2	ジャンダルム	牡5	藤井勘一郎	55kg	クビ	10	¥3,230	¥180,560
2020.9.13 曇・良・16頭立 中山・芝1600m	5	10	トロワゼトワル	牝5	横山典弘	55kg	1.33.9	4	¥720	¥4,790
	8	16	スマイルカナ	牝3	柴田大知	52kg	ハナ	3	¥1,560	¥23,350
	1	1	ボンセルヴィーソ	牡6	木幡巧也	55kg	ハナ	13	¥2,050	¥85,830
2021.9.12 曇・良・16頭立 中山・芝1600m	1	2	カテドラル	牡5	戸崎圭太	56kg	1.32.0	7	¥1,540	¥48,260
	5	9	コントラチェック	牝5	大野拓弥	55.5kg	クビ	12	¥840	¥24,750
	1	1	グレナディアガーズ	牡3	川田将雅	56kg	1/2	1	¥24,320	¥238,060
2022.9.11 晴・良・13頭立 中山・芝1600m	7	11	ファルコニア	牡5	吉田隼人	56kg	1.33.6	1	¥470	¥21,320
	7	12	ミッキーブリランテ	牡6	岩田康誠	56kg	クビ	12	¥14,230	¥40,450
	8	13	クリノプレミアム	牝5	松岡正海	54kg	1/2	7	¥14,850	¥235,180

◆データ集計期間……2013、15～22年

マイルCSへのステップレースであり、現在はサマーマイル最終戦にもなっている。近10年のうち、2014年は新潟で代替されている。これを除いた近9回の中山施行分をサンプルとした。

攻略ポイント Rank A

◆重ハンデ馬にアタマはナシ!?

トップハンデは2着1回・3着1回であり、やや割り引きたい。2022年もベレヌスが5着に終わっている。57.5キロ以上は【0-1-1-7】で、アタマはナシ。

◆ローテによる取捨

ローテーションとしては下の表のような傾向がある。中1週以内という駆け込みローテも意外といるが、やはりまず馬券にはならない。

反対に中9週以上間隔が空いた場合も、馬券になった回数は多いが勝ち切りは1回だけで、アタマには置きづらい。

京成杯オータムH・レース間隔別成績 (2013、15～22年)

前走	1着	2着	3着	4着～
中1週以内	0	1	0	13
中9週以上	1	5	5	36

◆ヒモまででいい前走条件が2つ

下の表に挙げた前走関屋記念組、前走東京出走馬もなかなか勝ち切れない。ヒモまでとしたい。

京成杯オータムH・勝ち切れない前走条件別成績(2013, 15～22年)

	1着	2着	3着	4着～
関屋記念	1	3	2	36
東京出走	1	2	5	22

●8枠不利説の真偽

中山マイルは外枠不利といわれ、現にこのレースでも7、8枠は合わせて【1-3-3-29】だ。ただし、この枠に入った馬には人気薄が多く、たまに入った上位人気馬は、勝てないまでも2、3着には入っている。軸にしなくていいが切るべきではないだろう。ちなみに内枠と比較すると、1枠＋2枠は【1-2-4-23】で差がほとんどない。

●前走中京記念組の扱い

前走中京記念組は【3-0-2-12】と確率的に馬券になりやすいのだが、中京マイルで行なわれたときは【1-0-2-7】で3着以内ならともかく、意外と連対していない。対して2021、22年の小倉芝1800m施行だった年に連勝した。通常の中京マイルに戻る23年は様子見で。

NEW！★前走OP特別組にアタマはナシ

前走OP特別出走組は【0-2-1-29】で勝てない。新潟芝内回り1400mの朱鷺Sや、函館芝1800mの巴賞、中京芝1400mの安土城Sなどは特に苦戦気味。

NEW！★前走NHKマイルC組の珍傾向

前走NHKマイルC組は【0-0-2-5】で連対ナシだが、面白い傾向があって、4番人気以内になった馬が5頭いてこれらはすべて着外なのだ。人気以上に走ったのは、2013年ゴットフリートのみ。

NEW！★前走より斤量が増えた牝馬は買い

これも理由は今イチわからないのだが、牝馬全体【3-5-1-23】のうち、前走より斤量が増えた馬は【1-2-0-1】と高成績。斤量規定の変更により今後はどうだが、注意を払いたい。

産経賞セントウルS

2023年9月10日・阪神11R（GⅡ、芝1200m）サマースプリント

セントウルS・過去5年の成績

年月日／天候・馬場・頭数／場所・コース	枠番	馬番	馬名	性齢	騎手	斤量	走破タイム着差	人気	単勝／枠連／馬連	馬単／3連複／3連単
2018.9.9／雨・重・15頭立／阪神・芝1200m	8	14	ファインニードル	牡5	川田将雅	58kg	1.08.8	1	¥340	¥1,400
	2	2	ラブカンプー	牝3	M.デムーロ	52kg	1 1/2	2	¥670	¥4,010
	7	13	グレイトチャーター	牡6	幸英明	56kg	1/2	7	¥730	¥15,660
2019.9.8／晴・良・13頭立／阪神・芝1200m	5	7	タワーオブロンドン	牡4	C.ルメール	57kg	1.06.7	1	¥270	¥3,380
	5	6	ファンタジスト	牡3	和田竜二	54kg	3	7	¥2,070	¥4,060
	4	4	イベリス	牝3	浜中俊	52kg	1/2	3	¥2,220	¥19,570
2020.9.13／晴・良・17頭立／中京・芝1200m	8	16	ダノンスマッシュ	牡5	三浦皇成	57kg	1.07.9	1	¥300	¥15,420
	2	3	メイショウグロッケ	牡6	浜中俊	54kg	1	12	¥2,460	¥13,680
	4	4	ミスターメロディ	牡5	北村友一	57kg	クビ	2	¥11,990	¥88,430
2021.9.12／曇・良・17頭立／中京・芝1200m	4	8	レシステンシア	牝4	C.ルメール	54kg	1.07.2	1	¥190	¥890
	8	15	ピクシーナイト	牡3	福永祐一	54kg	クビ	2	¥550	¥1,790
	7	14	クリノガウディー	牡5	岩田康誠	56kg	1 1/4	4	¥590	¥5,320
2022.9.11／晴・良・13頭立／中京・芝1200m	4	5	メイケイエール	牝4	池添謙一	55kg	1.06.2	1	¥170	¥2,080
	8	12	ファストフォース	牡6	団野大成	56kg	2 1/2	6	¥1,660	¥4,120
	5	7	サンライズオネスト	牡5	横山典弘	56kg	1 1/4	4	¥1,610	¥13,980

◆**データ集計期間……2013～19年**

　サマースプリント最終戦であり、かつスプリンターズSの最重要な前哨戦。特に近5年の優勝馬から3頭も本番での勝ち馬が出ている。2020～22年は中京での開催なのでサンプルから除外し、13～19年の阪神施行（野芝開催）を対象とする。

　当然のことながら、前書で示した中京施行を前提としたデータは、阪神施行前提で検索した今回とまったく傾向が違う。近3年のデータは一切捨てるべきだ。

攻略ポイント Rank A

◆**苦戦必至のアラカルト・データ**

・6歳以上ですでに苦戦傾向が強まっており、【0－1－5－45】で連対も厳しくなる。

・筋肉量が必要な短距離戦だからか、馬体重460キロ未満は【0－1－2－14】でこちらも苦戦。

・前走芝1400m出走馬は【0－0－0－9】と、サンプルは少なめながらも、消しとして有効なデータ。

◆**人気でもコレには逆らえない**

前走1着馬は単純に【3-3-1-8】と、かなりの確率で好走する。

●牝馬はヒモまででいい

牝馬が強そうな時期、それも短距離戦だが、意外にも【1-2-4-29】。ヒモまでとなっている。

●前走北海道組は不振

前走洋芝、つまり函館、札幌から臨む馬は【1-0-1-13】でかなり苦戦。いきなり真逆の野芝、さらに直線に急坂もあり、勝手が違うということか。

●前走北九州記念組の扱い

前走北九州記念組が【2-2-4-29】で主流ステップ。ここからの狙いは単純に、北九州記念で5着以内だった馬。【2-1-2-5】で軸候補となる。ただ、6着以下がダメというわけではなく、【0-1-2-24】でヒモなら買える。

●前走アイビスSD組は勝ち馬に注目

前走アイビスサマーD組は【1-2-0-6】。そこの勝ち馬が出てきたことは二度あるが、ともに連対している。

☆阪神芝1200mの特注種牡馬

レース自体が3年ぶりの阪神となるので、新データといえばすべてが新データ。補足として、野芝とオーバーシードの違いはあるが、あくまで参考として近3年の阪神芝1200mのトップ3種牡馬を挙げておく。

阪神芝1200m・好成績種牡馬(2020～22年)

種牡馬	1着	2着	3着	4着～	勝率	連対率	複勝率
ロードカナロア	16	18	10	72	13.8%	29.3%	37.9%
ダイワメジャー	11	2	2	34	22.4%	26.5%	30.6%
キズナ	3	5	3	34	6.7%	17.8%	24.4%

☆ビッグアーサーが台頭

対象期間内ではまだ出走数の少ない種牡馬からは、ビッグアーサーが【2-1-4-10】と安定。

そして反対に苦手としている種牡馬としては、キンシャサノキセキが【0-1-2-31】だ。

関西テレビ放送賞ローズS

2023年9月17日・阪神11R（3歳牝馬GⅡ、芝1800m）秋華賞トライアル

ローズS・過去5年の成績

年月日 天候・馬場・頭数 場所・コース	枠番	馬番	馬名	性齢	騎手	斤量	走破タイム 着差	人気	単勝 枠連 馬連	馬単 3連複 3連単
2018.9.16	7	13	カンタービレ	牝3	ルメール	54kg	1.45.7	5	¥930	¥5,630
曇・良・15頭立	3	5	サラキア	牝3	池添謙一	54kg	1 1/4	2	¥1,400	¥50,880
阪神・芝1800m	3	4	ラテュロス	牝3	秋山真一郎	54kg	1/2	13	¥2,530	¥222,880
2019.9.15	4	4	ダノンファンタジー	牝3	川田将雅	54kg	1.44.4	1	¥220	¥2,300
晴・良・12頭立	8	11	ビーチサンバ	牝3	福永祐一	54kg	クビ	6	¥570	¥2,250
阪神・芝1800m	6	8	ウィクトーリア	牝3	戸崎圭太	54kg	アタマ	2	¥1,600	¥10,700
2020.9.20	1	1	リアアメリア	牝3	川田将雅	54kg	1.59.9	3	¥510	¥39,230
晴・良・18頭立	7	13	ムジカ	牝3	秋山真一郎	54kg	2	14	¥950	¥211,480
中京・芝2000m	4	8	オーマイダーリン	牝3	和田竜二	54kg	1 1/4	11	¥29,960	¥1,139,000
2021.9.19	6	12	アンドヴァラナウト	牝3	福永祐一	54kg	2.00.0	4	¥580	¥23,180
曇・良・18頭立	5	10	エイシンヒテン	牝3	松若風馬	54kg	1 1/4	12	¥1,470	¥16,010
中京・芝2000m	7	14	アールドヴィーヴル	牝3	松山弘平	54kg	1/2	5	¥15,130	¥117,100
2022.9.18	5	8	アートハウス	牝3	川田将雅	54kg	1.58.5	1	¥270	¥1,630
曇・良・14頭立	4	6	サリエラ	牝3	ルメール	54kg	1/2	2	¥430	¥5,360
中京・芝2000m	6	9	エグランタイン	牝3	池添謙一	54kg	クビ	7	¥900	¥17,780

◆データ集計期間……2013～19年

2007年に1F短縮されて芝1800mとなり、現在の形に固定された。ただし対象期間内は、中京施行時を含めても優勝馬から秋華賞を勝った馬は出ておらず、2着馬からも15年のミッキークイーン1頭しか勝っていない。トライアルとしての地位はかなり低下した。秋華賞は小回りコーナー4つ、こちらはワンターンで広く直線長い外回りとなれば、当然か。20～22年は中京での開催なのでサンプルから除外し、13～19年の阪神施行（野芝開催）を対象とする。

◆馬体重の明暗ライン

牝馬といえども昨今は大柄な馬が増えてきたが、このレースにおいては460～479キロの範囲で【1－3－2－17】と勝ち切れなくなり、480キロ以上で【0－0－0－16】と全滅となる。瞬発力や切れ味を問われる、芝外回りの1800mだけに、スパッと切れるタイプのほうがいいのかもしれない。

◆ローテ・アラカルト・データ

・中3週以内のローテーションは【0－2－2－24】でヒモまで。この

大半は昇級馬や格上挑戦馬となる。

・前走も同じ芝1800mを走った馬は【0-1-2-26】で不振。

●前走オークス組、買ってオイシイのは……

前走で走っていたクラス別の成績は下の表の通り。

前走1勝クラスが意外と好走していて4連対。ただし小倉戦だった馬は【0-2-0-12】で、これを除くと【2-0-1-9】と率が上がる。

前走3勝クラス、そして重賞でもGⅡ、GⅢからの馬は不思議と勝てない。これを見ると、なおさら1勝クラスの好成績は不思議で、残暑の時期、勢いが大事ということかもしれない。

そして前走GⅠ組は貫禄の数字となっているが、オークス組は【5-2-2-28】で、それ以外のGⅠは【0-0-0-10】だ。

さらにオークス組を細かく見ていくと、優勝馬は【2-1-0-1】とほぼ確実に連対。6～9着は【0-0-0-10】とまったくダメ。

そして10着以下は【1-1-0-12】で2連対、確率は低いが穴を出している。ここで連対した2頭は重賞勝ちのあった馬か、重賞2着2回が複数回あった馬。消えたのは、桜花賞3着以内→距離面などでオークス10着以下の馬。これが【0-0-0-5】となる。距離が芝1800mなら桜花賞の実績から人気になることが多いが、危険なパターンだ。

ローズS・前走クラス別成績 (2013～19年)

前走	1着	2着	3着	4着～
1勝クラス	2	2	1	21
2勝クラス	0	1	4	17
3勝＋OP	0	0	0	4
GⅡ＋GⅢ	0	1	0	5
GⅠ	5	2	2	38

☆上がりの脚が決め手になる

期間内の7頭の勝ち馬のうち6頭は、上がり3Fで2位以内の脚を使った馬たちだった。平均の上がりは35秒2と速く、小回りで切れを削がれていた馬の一変、あるいは同様に直線の長いコースで健闘していた馬が連続好走するケースが目立つ。

ローズS 55

朝日杯セントライト記念

2023年9月18日・中山11R（3歳GⅡ、芝2200m）菊花賞トライアル

セントライト記念・過去5年の成績

年月日 天候・馬場・頭数 場所・コース	枠番	馬番	馬名	性齢	騎手	斤量	走破タイム 着差	人気	単勝 枠連 馬連	馬単 3連複 3連単
2018.9.17	3	4	ジェネラーレウーノ	牡3	田辺裕信	56kg	2.12.1	4	¥730	¥2,300
曇・良・15頭立	8	15	レイエンダ	牡3	C.ルメール	56kg	1 1/4	1	¥370	¥5,460
中山・芝2200m	2	2	グレイル	牡3	岩田康誠	56kg	1 1/4	6	¥900	¥33,050
2019.9.16	4	8	リオンリオン	牡3	横山典弘	56kg	2.11.5	1	¥530	¥8,240
曇・重・18頭立	1	2	サトノルークス	牡3	川田将雅	56kg	2	8	¥760	¥10,190
中山・芝2200m	1	1	ザダル	牡3	石橋脩	56kg	クビ	5	¥4,530	¥58,690
2020.9.21	5	6	バビット	牡3	内田博幸	56kg	2.15.0	4	¥590	¥3,090
晴・良・12頭立	7	9	サトノフラッグ	牡3	戸崎圭太	56kg	1 1/2	1	¥580	¥2,000
中山・芝2200m	6	7	ガロアクリーク	牡3	川田将雅	56kg	1/2	2	¥1,460	¥12,600
2021.9.20	2	2	アサマノイタズラ	牡3	田辺裕信	56kg	2.12.3	9	¥4,270	¥25,320
晴・良・14頭立	7	12	ソーヴァリアント	牡3	戸崎圭太	56kg	クビ	2	¥6,630	¥35,100
中山・芝2200m	6	10	オーソクレース	牡3	C.ルメール	56kg	1 3/4	5	¥10,210	¥307,170
2022.9.19	6	9	ガイアフォース	牡3	松山弘平	56kg	2.11.8	3	¥510	¥1,530
曇・稍・13頭立	5	7	アスクビクターモア	牡3	田辺裕信	56kg	頭	1	¥470	¥1,460
中山・芝2200m	1	1	ローシャムパーク	牡3	C.ルメール	56kg	3	3	¥730	¥7,250

◆データ集計期間……2013、15～22年

　菊花賞トライアルとして、現在では3着馬までに優先出走権が与えられている。近10年の勝ち馬から菊花賞の優勝馬はキタサンブラック1頭しか出ていないが、出走馬からはその後さまざまな路線で活躍することになる馬が続出しており、注目度は高い重賞だ。

　2014年は新潟で代替されているため、これを除いた9回をサンプルとした。参考にすべきデータが多いので、分量も増やしている。

◆皐月賞3着以内馬の信頼度

　対象期間では、皐月賞連対馬は3頭が出走し、1、2着が1回ずつ。崩れたのは2021年のタイトルホルダーだ

セントライト記念・皐月賞3着以内馬成績 (2013、15～22年)

	馬名	セントライト記念着順
2015年	キタサンブラック	1着
2016年	ディーマジェスティ	1着
2017年	アルアイン	2着
2018年	ジェネラーレウーノ	1着
2020年	ガロアクリーク	3着
2021年	タイトルホルダー	13着

けだ。なお対象外だが、新潟施行の年も皐月賞馬のイスラボニータが出てきて勝ち切った。

また面白いことに皐月賞3着馬は3頭出てきて1、1、3着と確実に馬券圏に入っている。信頼度はかなり高いと考えていい。

◆苦戦アラカルト・データ

苦戦傾向のある、確実性の高いデータを下の表にまとめた。

・中3週以内のローテの馬は、ほぼ全滅状態だ。
・ハービンジャー産駒の4着以下9頭の中には、2番人気や3番人気も含まれていた。またハーツクライ産駒も【0-0-2-6】で連対に至っていない。
・前走関西圏出走馬が全体的に馬券になっていない（関西圏→中京、京都、阪神、小倉）。
・前走函館、札幌組には相手のレベルが揃っているところを戦ってきた馬も多いのだが、勝ち馬は出ておらず、ヒモにもなりづらい。このレースに限らず、洋芝→野芝は成績が続かないことは多い。連対馬は前走東京、新潟、福島に限られている。

セントライト記念・苦戦データ (2013、15～22年)

条件	1着	2着	3着	4着～
ハービンジャー産駒	0	0	1	8
中3週以内	1	0	0	20
前走関西圏出走	1	0	0	13
前走札幌・函館出走	0	2	0	14

●穴馬ダービー10着以下馬の共通項

前走の主要レースを抜粋した成績は下の表の通り。

出走数を考えると当然ながら前走ダービー組が中心。毎年ここから何を選ぶかがポイントとなる。

セントライト記念・前走レース別成績 (2013、15～22年)

前走	1着	2着	3着	4着～
ダービー	4	5	3	19
ラジオNIKKEI賞	2	1	1	9
OP特別	0	0	1	4
3勝クラス	0	0	0	1
2勝クラス	1	3	0	21
1勝クラス	2	0	2	37

ただし、ダービーでの着順は一切関係ない。ダービー１着馬の出走は
なし、２着馬は１頭出てきて４着。３着馬が【１－１－０－１】と好成
績で、４～８着までの馬は【０－１－１－８】と下がる。

　ポイントは、前走ダービー 10 着以下が【３－３－２－10】と５割近
い確率で馬券に絡んできて、高配当を演出していること。好走馬の共通
項を探ってみると次の通り。

・連対馬６頭のうち５頭は重賞勝ちがあった。残る１頭もＯＰ特別勝ち
があった。

・３着馬２頭には２歳時の重賞連対か、２歳時に芝 2000 ｍのＯＰ特別連
対があった。

　これらをチェックポイントとして、人気が薄くなりがちな「前走ダー
ビー二ケタ着順組」をうまくすくい上げたい。

●前走ラジニケ組が台頭

　もうひとつの重要なステップは前走ラジオＮＩＫＫＥＩ賞組。

　面白いことに、この組は 2015 年までは全滅だったのに、16 年以降は【２
－１－１－５】と一転、次のようにかなりの確率で馬券に絡むようになっ
たのだ。

　ラジオＮＩＫＫＥＩ賞１着馬は【１－１－０－１】で一応即買い。２
～９着馬は【０－０－１－７】で、唯一の３着馬サトノクロニクルには
重賞２着かつＯＰ特別勝ちの経験があった。

　そして 10 着以下は【１－０－０－１】で、21 年にアサマノイタズラ
がいきなりの１着で穴をあけたが、この馬は同じ中山での重賞連対（ス
プリングＳ２着）があった。

　このように、ラジオＮＩＫＫＥＩ賞組はまず勝ち馬が出ていたら重視、
反面２、３着でも負けていたらそれほど信頼できない。もし気になる馬
がいたら、ラジオＮＩＫＫＥＩ賞以前に重賞連対経験があった馬だけを
チョイスすればいいだろう。

●走る！前走２勝クラス出走馬をフィルターにかける

　前走２勝、１勝クラスからも合わせて６連対していて、馬券検討の対
象としては重要だ。３勝クラスやオープンが不振なのはローズＳと同じ
で興味深いところ。

前走2勝クラス出走馬の【1－3－0－21】から「中4〜8週」をカット→「今回距離短縮」をカットすると【1－3－0－8】。これで、かなり的が見えてくる。

● 走る！前走1勝クラス出走馬をフィルターにかける

続いて1勝クラス出走馬の【2－0－2－37】を絞っていこう。「前走で洋芝（札幌、函館）出走」をカット→「今回同距離、距離短縮」をカット→「中2〜8週」をカットすると、【2－0－2－3】とかなり狙える数字になってくるのだ。

2勝、1勝クラスともに、距離短縮馬がかなり苦戦している点は興味深い。

NEW! ★前走1着馬の扱いに注意

前走で0秒6差以上つけて圧勝してきた馬は、【2－1－1－3】と高確率で馬券になる。

同じ1着でも、2着馬と同タイムから0秒2以内の僅差勝ちは【0－1－2－20】とかなり苦戦の傾向が出る。むしろ負けていた馬のほうがいいくらいだ。

NEW! ★スリムさは敵だ！

当日の馬体重460キロ未満の馬は【0－1－0－22】と、ほぼ全滅。また当日4キロ以上減っていた馬は【1－1－2－24】で勝ち切れなさが強くなる。

☆スクリーンヒーローとモーリス産駒の扱い

・スクリーンヒーロー産駒は【1－1－0－1】で、顕著に下がるまでは買いだと考えるが、その代表産駒であるモーリスの子は【0－0－0－5】だ。理由は判然としないが、モーリスは野芝適性が父より下がっている可能性はある。

☆アラカルト・データ

・東西は互角。実績があっても、関西馬をあまり過大評価しないほうがいい。
・頭数が揃うことが多いので、前走が少頭数だった馬は戸惑うこともあるようだ。前走9頭立て以下だった馬は【0－1－1－13】と苦戦傾向にある。

産経賞オールカマー

2023年9月24日・中山11R（GⅡ、芝2200m）

オールカマー・過去5年の成績

年月日 天候・馬場・頭数 場所・コース	枠番	馬番	馬名	性齢	騎手	斤量	走破タイム 着差	人気	単勝 枠連 馬連	馬単 3連複 3連単
2018.9.23	6	7	レイデオロ	牡4	C.ルメール	57kg	2.11.2	1	¥200	¥690
晴・良・12頭立	1	1	アルアイン	牡4	北村友一	57kg	クビ	3	¥490	¥490
中山・芝2200m	2	2	ダンビュライト	牡4	武豊	57kg	3	2	¥490	¥1,640
2019.9.22	8	9	スティッフェリオ	牡5	丸山元気	56kg	2.12.0	4	¥1,120	¥4,660
曇・良・10頭立	1	1	ミッキースワロー	牡5	菊沢一樹	56kg	1 3/4	3	¥1,980	¥8,450
中山・芝2200m	4	4	グレイル	牡5	戸崎圭太	56kg	1/2	6	¥2,240	¥54,310
2020.9.27	4	4	センテリュオ	牝5	戸崎圭太	54kg	2.15.5	1	¥910	¥4,540
曇・稍・9頭立	8	8	カレンブーケドール	牝4	津村明秀	54kg	ハナ	2	¥1,910	¥2,830
中山・芝2200m	7	7	ステイフーリッシュ	牡5	田辺裕信	56kg	1 1/4	3	¥1,850	¥21,480
2021.9.26	1	1	ウインマリリン	牝4	横山武史	55kg	2.11.9	2	¥470	¥3,580
曇・良・16頭立	1	2	ウインキートス	牝4	丹内祐次	55kg	1 1/2	5	¥2,130	¥4,340
中山・芝2200m	6	11	グローリーヴェイズ	牡6	M.デムーロ	57kg	クビ	3	¥1,980	¥21,980
2022.9.25	2	2	ジェラルディーナ	牝4	横山武史	54kg	2.12.7	5	¥1,950	¥23,660
晴・良・13頭立	1	1	ロバートソンキー	牡5	伊藤工真	56kg	1 1/2	6	¥10,080	¥32,870
中山・芝2200m	3	3	ウインキートス	牝5	松岡正海	54kg	1 1/4	7	¥10,970	¥246,180

◆データ集計期間……2013、15～22年

　近年は天皇賞・秋の前哨戦として別定のGⅡとして固定されている。近10年のうち、2014年は新潟で代替されているため、これを除いた中山施行分をサンプルとした。

◆主力は4、5歳馬でいい

　高齢馬の不振が目立つレースである。6歳馬が【0－2－1－24】で勝ちがなく、7歳以上は【0－0－1－27】で、まず馬券にならない。

　4歳馬が5勝、5歳馬が4勝しており、アタマならこの2つから選ぶべき。確たる理由はわからないが、高齢馬は夏に使い込まれることが多いからではないだろうか。

◆牝馬優勢、その狙い方は……

　牡馬【4－6－8－83】に対し、牝馬【5－3－1－9】と、出走数が少ないながら確実に好走する。

　その牝馬の狙い方としては、かつてはGⅠ連対馬を狙えばよかったが、近年はGⅢ勝ちからでも勝ち切る例が出てきており、優勢ぶりに拍車を

かけている。

　レース間隔を中9週以上に絞ると【4-2-1-8】と、率はさらに上がる。前走の着順は不問だ。そもそも、このレースは牡牝総合でも中8週以内で臨んだ馬が【1-3-2-36】と勝ち切りが厳しい。

◆前走宝塚記念なら、この着順の馬を

　このレースにおいて主力となるのは【2-2-2-7】の前走宝塚記念組である。着順で分けると下の表の通り。

　宝塚記念連対馬の出走は少ないが、それよりも3～9着馬が狙いのスポットであることがわかる。

オールカマー・前走宝塚記念着順別成績(2013、15～22年)

宝塚記念着順	1着	2着	3着	4着～
1、2着	0	0	1	1
3～5着	1	1	1	3
6～9着	1	1	0	0
10着以下	0	0	0	3

●前走不振アラカルト・データ

・前走札幌記念組は意外にも【0-1-0-7】と不振で、2021年のウインキートスが初めて馬券になった。そもそも、総合で見て前走函館・札幌出走組が【0-1-1-20】なのだ。

・また前走新潟記念組も【0-0-0-9】と不振。

・前走OP特別出走は【0-0-2-11】と連対ナシ。

NEW! ★リピーター苦戦レース

　過去に3着以内に入った経験のある馬が再度出走してきた場合は【0-0-1-6】と苦戦。4着以下にはゴールドアクターやレイデオロも含まれている。

　リピート好走できたのは前述の2021年2着、22年3着となったウインキートスだけ。この馬も着順をキープできなかったので、過去に3着以内を経験したリピート出走馬は、すべて着順を下げていることになる。

☆前走海外組は好走

　前走海外組も近年増えてきたが【1-1-1-2】と意外に安定して好走できている。

神戸新聞杯

2023年9月24日・阪神11R（3歳GⅡ、芝2400m）菊花賞トライアル

神戸新聞杯・過去5年の成績

年月日／天候・馬場・頭数／場所・コース	枠番	馬番	馬名	性齢	騎手	斤量	走破タイム／着差	人気	単勝／枠連／馬連	馬単／3連複／3連単
2018.9.23／曇・良・10頭立／阪神・芝2400m	3	3	ワグネリアン	牡3	藤岡康太	56kg	2.25.6	2	¥270	¥1,300
	2	2	エタリオウ	牡3	M.デムーロ	56kg	1/2	3	¥730	¥2,930
	6	6	メイショウテッコン	牡3	松山弘平	56kg	アタマ	6	¥720	¥10,650
2019.9.22／小雨・良・8頭立／阪神・芝2400m	3	3	サートゥルナーリア	牡3	C.ルメール	56kg	2.26.8	1	¥140	¥210
	5	5	ヴェロックス	牡3	川田将雅	56kg	3	2	—	¥320
	8	8	ワールドプレミア	牡3	武豊	56kg	1 1/4	3	¥130	¥700
2020.9.27／晴・良・18頭立／中京・芝2200m	1	2	コントレイル	牡3	福永祐一	56kg	2.12.5	1	¥110	¥620
	8	18	ヴェルトライゼンデ	牡3	池添謙一	56kg	2	3	¥350	¥19,020
	3	5	ロバートソンキー	牡3	伊藤工真	56kg	クビ	14	¥610	¥37,180
2021.9.26／雨・不・10頭立／中京・芝2200m	5	5	ステラヴェローチェ	牡3	吉田隼人	56kg	2.18.0	2	¥300	¥4,410
	7	7	レッドジェネシス	牡3	藤岡康太	56kg	1/2	5	¥2,250	¥18,540
	4	4	モンテディオ	牡3	池添謙一	56kg	3	8	¥3,310	¥89,330
2022.9.25／晴・良・17頭立／中京・芝2200m	4	7	ジャスティンパレス	牡3	鮫島克駿	56kg	2.11.1	5	¥1,100	¥63,220
	3	6	ヤマニンゼスト	牡3	武豊	56kg	3 1/2	12	¥4,110	¥70,330
	1	2	ボルドグフーシュ	牡3	吉田隼人	56kg	1/2	4	¥37,540	¥453,670

◆データ集計期間……2013〜19年

　現在は菊花賞トライアルとして3着までに優先出走権が与えられている。阪神の芝外回り2400m、野芝開催だ。近10年のうち阪神施行の年の勝ち馬から2頭、2着馬から1頭の菊花賞馬が出ていて、トライアルの面目を保っている。中京施行の近3年からも、2020年のコントレイル、そして22年は1、3着馬が本番でも3、2着となっている。当然、阪神施行だった、近10年のうちの7回分を対象とする。

◆通常ならダービー馬が勝つレース

　ダービー上位馬が、ほぼ毎年のように出走してくる。菊花賞を目指すにせよ、天皇賞・秋を目指すにせよ、ここを使ってからという馬が多い。となると当然、前走ダービー組の扱いが最大のポイントとなる。【6−4−3−21】であり、7年間の連対馬14頭のうち10頭が神戸新聞杯組となる。

　そのうち、ダービーの着順で見た成績は右ページの上の表の通り。豪雨で馬場が悪化した2021年のシャフリヤールが負けているのだが、そのような突発的な事態が起きない限りは、まず信頼していい。つまり2

着以下の馬が勝っているときは、ダービー馬の出走がなかった年ということだ。

最もダービーでの着順が下だった馬が勝ったのは4着馬からの勝利だが、これは15年のリアファルで、ダービー馬だけでなく2、3着馬も不在だった。前走が3勝クラスからの勝利もリアファルのみ。唯一の春の実績馬は皐月賞2着、ダービー4着のリアルスティールだけだった。

神戸新聞杯・前走ダービー着順別成績（2013〜19年）

ダービー着順	1着	2着	3着	4着〜
1着	3	0	0	0
2着	2	0	0	1
3着	0	1	0	0
4着	1	2	0	2
5着以下	0	1	2	17

◆夏の上がり馬には敷居が高い

夏の上がり馬は買うにしてもヒモまで。上位評価するならダービー上位馬が不参戦だった場合に限られるが、特に前走札幌・函館組は【0－1－0－18】、小倉は【0－0－1－13】でかなり厳しい。

●前走ダービー出走以外のアラカルト・データ

・前走2勝クラスは【0－3－2－25】でヒモには選べる。
・前走芝2600m組は【0－0－0－13】。これなら、前走芝1800m以下【0－1－2－13】のほうがまだ買う余地がある。
・中3週以内は【0－0－1－18】で厳しい。

☆阪神芝2400mの種牡馬トップ5

サンプルが少ない距離だけに、種牡馬面から2020年以降3年間の、当該コースの種牡馬成績トップ5を参考までに挙げておく。

阪神芝2400m・好成績種牡馬（2020〜22年）

種牡馬	1着	2着	3着	4着〜	勝率	連対率	複勝率
エピファネイア	6	2	3	14	24.0%	32.0%	44.0%
ハーツクライ	4	3	3	37	8.5%	14.9%	21.3%
ルーラーシップ	4	1	6	33	9.1%	11.4%	25.0%
キズナ	4	1	2	11	22.2%	27.8%	38.9%
オルフェーヴル	3	5	3	19	10.0%	26.7%	36.7%

シリウスS

2023年9月30日・阪神11R（GⅢ ハンデ、ダ2000m）

シリウスS・過去5年の成績

年月日 天候・馬場・頭数 場所・コース	枠番	馬番	馬名	性齢	騎手	斤量	走破 タイム 着差	人気	単勝 枠連 馬連	馬単 3連複 3連単
2018.9.29 曇・不・16頭立 阪神・ダ2000m	2	3	オメガパフューム	牡3	和田竜二	53kg	2.01.5	2	¥480	¥5,040
	8	16	ウェスタールンド	セ6	北村友一	55kg	クビ	7	¥1,430	¥7,200
	7	14	サンライズソア	牡4	C.ルメール	57.5kg	1 3/4	3	¥3,490	¥40,080
2019.9.28 晴・良・14頭立 阪神・ダ2000m	4	6	ロードゴラッソ	牡4	藤岡佑介	55kg	2.03.5	6	¥1,170	¥10,750
	5	8	アングライフェン	牡7	川田将雅	57kg	クビ	7	¥3,380	¥16,690
	7	12	メイショウワザシ	牡5	松山弘平	54kg	1 3/4	5	¥5,540	¥111,770
2020.10.3 曇・良・16頭立 中京・ダ1900m	8	15	カフェファラオ	牡3	C.ルメール	54kg	1.57.8	1	¥170	¥3,980
	1	2	サクラアリュール	牡5	藤岡康太	54kg	3/4	7	¥1,870	¥25,400
	2	3	エイコーン	牡5	高倉稜	55kg	1 1/4	9	¥3,550	¥65,830
2021.10.2 晴・良・16頭立 中京・ダ1900m	4	8	サンライズホープ	牡4	幸英明	56kg	1.57.4	4	¥630	¥7,170
	6	11	ウェスタールンド	セ9	藤岡佑介	58kg	アタマ	5	¥2,070	¥5,590
	1	2	ブルベアイリーデ	牡5	福永祐一	57kg	1 3/4	2	¥4,210	¥31,240
2022.10.1 晴・良・16頭立 中京・ダ1900m	5	9	ジュンライトボルト	牡5	石川裕紀人	56kg	1.57.7	4	¥770	¥3,960
	4	8	ハピ	牡3	横山典弘	53kg	3/4	2	¥1,520	¥8,440
	2	3	オーヴェルニュ	牡6	団野大成	58kg	1 3/4	7	¥1,520	¥49,520

◆データ集計期間……2013〜19年

　2007年以降、阪神ダート2000mに固定されて、秋以降のダートGⅠ戦線のステップレースとして位置付けられたハンデ戦である。なお20〜22年中京ダート1900mでの開催を除いた阪神施行をサンプルとする。

◆トップハンデ馬は3着までか

　トップハンデは苦戦傾向。【0-1-2-9】であり、連対が厳しく、3着扱いで押さえる程度か。

◆勝ち馬は4枠以内の極端傾向

　枠にとても面白い傾向が出ている。下の表のように、4枠以内に勝ち馬が集中しているのだ。枠別の単勝平均人気順が1位の7枠でも【0-2-4-8】で、ヒモに来ることは多いものの勝ちがなく、3位の6枠

シリウスS・枠順別別成績 (2013〜19年)

枠	1着	2着	3着	4着〜
1枠＋2枠	5	0	0	15
3枠＋4枠	2	1	1	20
5枠＋6枠	0	3	2	22
7枠＋8枠	0	3	4	21

が【0-2-1-11】である。「アタマは内枠から」だ。

◆不振アラカルト・データ
・7歳以上は【0-1-0-19】で苦戦。
・関東馬は出走数が少ないとはいえ【0-0-1-12】とかなり厳しい。

●前走5着以下だと今イチ
　前走5着以下だった馬は【1-1-3-50】で、掲示板外からの巻き返しはあまり期待できない。

●好走！前走3勝クラスから選ぶなら……
　前走3勝クラスは【1-2-0-2】で、意外と昇級馬が走る。その主力はオークランドRCT組で【1-1-0-1】だ。

●好走の平安S組、凡走の阿蘇S組
　3着以内に入る率が高いのは、前走平安Sからの組で【0-2-2-7】だ。反対に連対が厳しいのは小倉ダート1700mのOP特別・阿蘇Sからの組で【0-0-2-10】だ。

●「前走から2キロ減・1キロ増」の馬の扱い
　斤量が、前走より2キロ以上軽くなった馬は【4-2-0-18】と積極的に買いたい。1キロ以上重くなった馬は【1-3-2-14】で、ヒモにはいいがアタマでは買いづらい。しかし規定変更により参考まで。

●阪神ダート2000mの注目種牡馬
　レース数が少ない阪神ダート2000mだけに、2020～22年の種牡馬成績を参考までに挙げておく（下の表）。
　ブラックタイドの3着以内12回は4頭によるもの。出走頭数自体が少ないので、産駒が好走する確実性はとても高いといえる。またジャスタウェイは単勝回収値259円、複勝回収値は101円をマーク。他では、ホッコータルマエが【4-4-2-12】だ。

阪神ダート2000m・好成績種牡馬(2020～22年)

種牡馬	1着	2着	3着	4着～	勝率	連対率	複勝率
ブラックタイド	7	3	2	8	35.0%	50.0%	60.0%
キングカメハメハ	5	4	4	33	10.9%	19.6%	28.3%
ルーラーシップ	5	3	3	26	13.5%	21.6%	29.7%
オルフェーヴル	5	2	6	26	12.8%	17.9%	33.3%
ジャスタウェイ	4	4	2	20	13.3%	26.7%	33.3%

スプリンターズS

2023年10月1日・中山11R（GⅠ、芝1200m）

スプリンターズS・過去10年の成績

年月日 天候・馬場・頭数 場所・コース	枠番	馬番	馬名	性齢	騎手	斤量	走破 タイム 着差	人気	単勝 枠連 馬連	馬単 3連複 3連単
2013.9.29	5	10	ロードカナロア	牡5	岩田康誠	57kg	1.07.2	1	¥130	¥530
晴・良・16頭立	4	7	ハクサンムーン	牡4	酒井学	57kg	3/4	2	¥390	¥13,070
中山・芝1200m	3	5	マヤノリュウジン	牡6	池添謙一	57kg	クビ	15	¥400	¥28,020
2014.10.5	8	18	スノードラゴン	牡6	大野拓弥	57kg	1.08.8	13	¥4,650	¥26,040
小雨・良・18頭立	5	9	ストレイトガール	牝5	岩田康誠	55kg	1/2	2	¥2,260	¥19,580
新潟・芝1200m	7	13	レッドオーヴァル	牝5	田辺裕信	55kg	頭	5	¥7,360	¥190,930
2015.10.4	1	2	ストレイトガール	牝6	戸崎圭太	55kg	1.08.1	1	¥440	¥9,090
晴・良・15頭立	2	4	サクラゴスペル	牡7	横山典弘	57kg	3/4	11	¥3,170	¥23,020
中山・芝1200m	3	6	ウキヨノカゼ	牝5	四位洋文	55kg	クビ	9	¥5,550	¥106,170
2016.10.2	7	13	レッドファルクス	牡5	M.デムーロ	57kg	1.07.6	3	¥920	¥8,240
晴・良・16頭立	8	15	ミッキーアイル	牡5	松山弘平	57kg	頭	2	¥2,000	¥42,230
中山・芝1200m	2	4	ソルヴェイグ	牝3	田辺裕信	53kg	クビ	9	¥4,490	¥180,060
2017.10.1	4	8	レッドファルクス	牡6	M.デムーロ	57kg	1.07.6	1	¥320	¥2,890
曇・良・16頭立	2	3	レッツゴードンキ	牝5	岩田康誠	55kg	クビ	5	¥1,470	¥7,650
中山・芝1200m	3	5	ワンスインナムーン	牝6	石橋脩	55kg	1/2	7	¥1,760	¥31,850
2018.9.30	4	8	ファインニードル	牡5	川田将雅	57kg	1.08.3	1	¥280	¥5,260
雨・稍・16頭立	5	9	ラブカンプー	牝3	和田竜二	53kg	クビ	11	¥1,150	¥65,370
中山・芝1200m	1	1	ラインスピリット	牡7	武豊	57kg	1/2	13	¥4,140	¥209,620
2019.9.29	4	8	タワーオブロンドン	牡4	C.ルメール	57kg	1.07.1	2	¥290	¥2,040
曇・良・16頭立	4	7	モズスーパーフレア	牝4	松若風馬	55kg	1/2	3	¥1,250	¥1,070
中山・芝1200m	1	1	ダノンスマッシュ	牡4	川田将雅	57kg	クビ	1	¥1,260	¥6,080
2020.10.4	5	10	グランアレグリア	牝4	C.ルメール	55kg	1.08.3	1	¥220	¥790
曇・良・16頭立	2	3	ダノンスマッシュ	牡5	川田将雅	57kg	2	3	¥570	¥10,430
中山・芝1200m	8	16	アウィルアウェイ	牝4	松山弘平	55kg	1/2	10	¥530	¥22,540
2021.10.3	2	4	ピクシーナイト	牡3	福永祐一	55kg	1.07.1	3	¥530	¥1,910
晴・良・16頭立	6	12	レシステンシア	牝4	C.ルメール	55kg	2	2	¥700	¥9,050
中山・芝1200m	1	1	シヴァージ	牡6	吉田隼人	57kg	頭	14	¥890	¥38,610
2022.10.2	1	2	ジャンダルム	牡7	荻野極	57kg	1.07.8	8	¥2,030	¥36,640
晴・良・16頭立	4	7	ウインマーベル	牡3	松山弘平	55kg	クビ	7	¥3,430	¥50,590
中山・芝1200m	3	6	ナランフレグ	牡6	丸田恭介	57kg	3/4	5	¥15,340	¥468,950

◆データ集計期間……2013、15〜22年

　高松宮記念と並ぶJRAのスプリントGⅠ。野芝で争われる。スタート地点は坂の上で、下り坂を一気に降りつつブーメランカーブを曲がり、そこからゴール前の急坂に向けて短い直線を駆け上がっていくという形状だ。スタート後直線が続き、終いの直線も長い高松宮記念よりは、トリッキーなコースとなっている。

　なお近10年のうち、2014年は新潟で代替されている。上の成績表では近10年を掲載したが、データ分析では14年を除いた中山施行分をサ

ンプルとした。

◆阪神に戻るセントウルS組の扱い

まずは、前哨戦別に見た成績から見ていこう。

下の表のように、最も多くの好走馬を出しているのは、中2週となるセントウルSからの馬である。

2023年以降は通常の阪神施行に戻るので、ここでは中京施行を除いたセントウルSの成績を表示してある。

スプリンターズS・前走主要レース別成績 (2013、15〜22年)

前走	1着	2着	3着	4着〜
セントウルS（阪神）	4	2	2	25
キーンランドC	0	1	3	34
北九州記念	1	1	1	17
国内マイルGI	2	2	1	6
OP特別	0	0	2	3

次は、そのセントウルS（阪神施行時）の着順別に見た、本番での成績だ。下の表のように、セントウルSの上位成績、とりわけ連対馬の成績は直結しやすい。そして6着以下からの巻き返しは、ほぼ無理といっていい。

なお、セントウルS1、2着→本番4着以下となった7頭については、完全に共通する項目は見つからなかったが、該当例として複数あったのは「セントウルSで6番人気以下だった馬→つまりセントウルSが大駆けだった馬」「牝馬」といったあたりの要素だ。

前走セントウルS組・着順別成績 (2013、15〜22年)

セントウルS着順	1着	2着	3着	4着〜
1着	2	1	0	3
2着	1	1	0	4
3〜5着	1	0	1	6
6着以下	0	0	1	12

◆前走キーンランドC、北九州記念組はヒモまでか

前走キーンランドC組は勝ちがなく、2着も1頭だけ。買うにしても3着までという極端な傾向が出ている。これは洋芝→野芝替わりで、レースの質や時計が変わることが大きいのではないだろうか。

北九州記念組も、買いたい馬がいればヒモ程度で……という数字だ。

◆マイルＧⅠからの臨戦は重視

　前走マイルＧⅠは、安田記念とヴィクトリアマイルだ。一流スプリンターがマイルへ挑戦して本来の持ち場に戻ってきたり、あるいはグランアレグリアのように超一流マイラーをスプリントに使ってくる場合だったりで、いずれにしても絶対的能力が優れているケースがほとんど。この組は基本的に重視すべきで、前走の着順もあまり気にしなくていい。

　また、函館スプリントＳからの直行は馬券になったことがない。高松宮記念からの休み明け直行は２頭しかないが、１頭連対。これはミッキーアイルによるものだ。

　ＯＰ特別からでは、連対はさすがに厳しいが、３着なら買える。

◆サマースプリント王者に"お釣り"はナシ！？

　夏場とのつながりという意味で、毎年注目されるのは、サマースプリント王者の出走だ。該当年の王者の成績と本番での人気を、下の表にまとめてみた。

　このように、意外と上位人気に推されたケースは少ない。２番人気の３頭のうち、連対したハクサンムーンとタワーオブロンドンはともにセントウルＳの勝ち馬であり、人気を大きく裏切ったベルカントは北九州記念勝ち馬だった。レース間隔は空いたものの、裏目に出たことになる。

　それ以外の馬たちは穴の一角か、あるいはまったくの低評価であり、意外と人気になった馬が少ない。サマースプリント王者は戴冠した時点でお釣りがなくなっているのだろう。

　2022年は、王者となったナムラクレアが２番人気に支持されたものの、５着に留まっている。

サマースプリント王者・スプリンターズＳ成績（2013、15〜22年）

	サマーＳ王者	スプリンターズＳ着順 （人気）
2013 年	ハクサンムーン	2 着 （2 番人気）
2015 年	ベルカント	13 着 （2 番人気）
2016 年	ベルカント	10 着 （11 番人気）
2017 年	ラインミーティア	13 着 （10 番人気）
2018 年	アレスバローズ	14 着 （6 番人気）
2019 年	タワーオブロンドン	1 着 （2 番人気）
2020 年	レッドアンシェル	6 着 （4 番人気）
2021 年	ファストフォース	15 着 （8 番人気）
2022 年	ナムラクレア	5 着 （2 番人気）

スプリンターズS・過去10年【3着以内馬の父と父系】一覧

年	着順	馬名	父	父系
2013	1着馬	ロードカナロア	キングカメハメハ	キングマンボ系
2013	2着馬	ハクサンムーン	アドマイヤムーン	ミスプロ系
2013	3着馬	マヤノリュウジン	キングヘイロー	リファール系
2014	1着馬	スノードラゴン	アドマイヤコジーン	グレイソヴリン系
2014	2着馬	ストレイトガール	フジキセキ	サンデーサイレンス系
2014	3着馬	レッドオーヴァル	ディープインパクト	サンデーサイレンス系
2015	1着馬	ストレイトガール	フジキセキ	サンデーサイレンス系
2015	2着馬	サクラゴスペル	サクラプレジデント	サンデーサイレンス系
2015	3着馬	ウキヨノカゼ	オンファイア	サンデーサイレンス系
2016	1着馬	レッドファルクス	スウェプトオーヴァーボード	ミスプロ系
2016	2着馬	ミッキーアイル	ディープインパクト	サンデーサイレンス系
2016	3着馬	ソルヴェイグ	ダイワメジャー	サンデーサイレンス系
2017	1着馬	レッドファルクス	スウェプトオーヴァーボード	ミスプロ系
2017	2着馬	レッツゴードンキ	キングカメハメハ	キングマンボ系
2017	3着馬	ワンスインナムーン	アドマイヤムーン	ミスプロ系
2018	1着馬	ファインニードル	アドマイヤムーン	ミスプロ系
2018	2着馬	ラブカンプー	ショウナンカンプ	プリンスリーギフト系
2018	3着馬	ラインスピリット	スウェプトオーヴァーボード	ミスプロ系
2019	1着馬	タワーオブロンドン	Raven's Pass	ミスプロ系
2019	2着馬	モズスーパーフレア	Speightstown	ミスプロ系
2019	3着馬	ダノンスマッシュ	ロードカナロア	キングマンボ系
2020	1着馬	グランアレグリア	ディープインパクト	サンデーサイレンス系
2020	2着馬	ダノンスマッシュ	ロードカナロア	キングマンボ系
2020	3着馬	アウィルアウェイ	ジャスタウェイ	サンデーサイレンス系
2021	1着馬	ピクシーナイト	モーリス	ロベルト系
2021	2着馬	レシステンシア	ダイワメジャー	サンデーサイレンス系
2021	3着馬	シヴァージ	First Samurai	ノーザンダンサー系
2022	1着馬	ジャンダルム	Kitten's Joy	ノーザンダンサー系
2022	2着馬	ウインマーベル	アイルハヴアナザー	ミスプロ系
2022	3着馬	ナランフレグ	ゴールドアリュール	サンデーサイレンス系

攻略ポイント RANK B

●8歳以上のみNG

年齢的には、3～7歳でまんべんなく馬券になっている。あまり神経質になることはない。ただし8歳以上は【0-0-0-7】で、さすがに厳しい。

●ついでにNGの馬体重は…

短距離戦らしく小柄な馬は苦戦傾向があり、460キロ未満は【0-1-2-18】で勝ちがない。

ただし、大きすぎてもそれほどよいわけではなく、520キロ以上では【1-0-1-12】だ。

●NGとまでいえないが、厳しいローテ

中3～8週で出てきた馬が【1-2-5-57】と、3着はともかくとして連対がほとんどできていない。

●ミスプロ系ならフォーティナイナーのライン

スプリンターズS

単体の種牡馬で見ると分散傾向が強くなっているが、父系で見るとミスタープロスペクター系が5勝・2着2回を占めている（前ページの血統一覧）。

そして、その多くは父がフォーティナイナーのラインに属する種牡馬たちだ。連覇したレッドファルクス（父スウェプトオーヴァーボード）、ファインニードル（父アドマイヤムーン）、2022年2着のウインマーベル（父アイルハヴアナザー）らが該当する。他にどんな種牡馬がいるかは、巻末の父系図を参考にしていただきたい。

一方、同じミスプロ系でも今の日本競馬の主流であるキングマンボのライン、特に自身が現役時に連覇したロードカナロアの産駒が、意外にも【0-1-1-8】と、それほど走れていないのが意外だ。1番人気も2頭いたが、3着と6着に終わっている。あまり相性のよいレースとはいえないのだろう。

●サンデー系は微妙なポジション

短距離戦線では現在、ダイワメジャーやミッキーアイルが代表種牡馬となっているサンデーサイレンス系は2勝・2着4回。悪いわけではないが、ミスプロ系に比べると勝ち切りという点でやや見劣る。

そして、スプリント種牡馬として平成の代表格だったサクラバクシンオーだが、母の父としては【0-1-0-7】と走れていない。

●なぜか乗り替わりは勝ち切れない

騎手の乗り替わりには下記のように要注意。乗り替わりは少なくともアタマには置きづらいことが明白だ。ヒモならいいが、軸は継続騎乗の馬にしたい。

スプリンターズS・乗り替わり有無別成績(2013、15〜22年)

	1着	2着	3着	4着〜	勝率	連対率	複勝率
継続騎乗	8	7	4	62	9.9%	18.5%	23.5%
乗り替わり	1	2	5	54	1.6%	4.8%	12.9%

NEW! ★女心と秋の空……牝馬の扱いに注意

　対象期間内での牝馬の成績は【2-4-4-39】で、好走の印象が強いわりには勝ち切ったことは少ない。ちなみに2勝はマイルのGIをすでに勝っていたストレイ

トガールとグランアレグリアで、短距離路線を歩んできた牝馬が勝ったことはない。ストレイトガールは初挑戦時2着で、これはヴィクトリアMを勝つ前のことだった。

さらに、リピーターの牝馬は成績を下げることがほとんどだ。レッドオーヴァル、レッツゴードンキ、ラブカンプー、モズスーパーフレア、アウィルアウェイらが、以前4着以内に好走しながらも、その後に出てきたときは着順をかなり下げている。メイケイエールは2022年4着→23年1番人気14着という大敗だった。

NEW! ★春の高松宮記念とのリンク

同年の高松宮記念で3着以内だった馬が出走してきた場合の成績は、下の表の通り。コース形状は違うものの、このように意外と好走できている。

ただし高松宮記念1着馬は、2023年はナランフレグが馬券に絡んだが、勝つか消えるか極端なケースが多い。連軸に一考は2着馬のほうかもしれない。

スプリンターズS・同年高松宮記念上位馬成績(2013、15〜22年)

高松宮記念着順	1着	2着	3着	4着〜
1着	2	0	1	5
2着	1	3	0	4
3着	1	1	0	3

☆時には"枠競馬"になることも……

枠は不問。野芝のワンターンではあるが、最終週、そして台風シーズンでもあり、当日以前に雨の中で施行されるケースも少なくなく、インが有利すぎるということは基本的にない。

ただし、開催により大きなバイアスが生じることは近年珍しくないので、そのあたりは注意したい。2022年は内有利の馬場が勝敗を分けていた（1〜4着が4枠以内の馬）。

☆使い込みにご用心

春から夏に使い込んでいる馬は厳しい。これは先ほどのサマースプリント王者の不振とも関係するのだが、休み明けから4走以上使っていた馬は【0−2−1−29】と苦戦する。

サウジアラビアロイヤルC

2023年10月7日・東京11R（2歳GⅢ、芝1600m）

サウジアラビアロイヤルC・過去5年の成績

年月日 天候・馬場・頭数 場所・コース	枠番	馬番	馬名	性齢	騎手	斤量	走破タイム 着差	人気	単勝 枠連 馬連	馬単 3連複 3連単
2018.10.6	4	4	グランアレグリア	牝2	C.ルメール	54kg	1.34.0	1	¥130	¥2,290
晴・良・8頭立	5	5	ドゴール	牡2	津村明秀	55kg	3 1/2	7	—	¥4,110
東京・芝1600m	2	2	アマーティ	牝2	三浦皇成	54kg	1	4	¥2,080	¥12,060
2019.10.5	3	3	サリオス	牡2	石橋脩	55kg	1.32.7	1	¥150	¥430
晴・良・9頭立	6	6	クラヴァシュドール	牝2	藤岡佑介	54kg	1 1/4	2	¥320	¥430
東京・芝1600m	8	8	アブソルティスモ	牡2	戸崎圭太	55kg	3 1/2	3	¥320	¥1,080
2020.10.10	8	9	ステラヴェローチェ	牡2	横山典弘	55kg	1.39.6	3	¥570	¥1,880
雨・不・10頭立	5	5	インフィナイト	牝2	北村友一	54kg	3	1	¥630	¥7,020
東京・芝1600m	6	6	セイウンダイモス	牡2	内田博幸	55kg	2 1/2	9	¥690	¥34,420
2021.10.9	6	6	コマンドライン	牡2	C.ルメール	55kg	1.36.4	1	¥220	¥370
曇・良・7頭立	3	3	ステルナティーア	牝2	福永祐一	54kg	1/2	2	—	¥190
東京・芝1600m	1	1	スタニングローズ	牝2	戸崎圭太	54kg	クビ	3	¥180	¥670
2022.10.8	7	7	ドルチェモア	牡2	横山和生	55kg	1.33.4	2	¥680	¥18,370
曇・良・9頭立	1	1	グラニット	牡2	嶋田純次	55kg	1 1/4	7	¥8,560	¥15,130
東京・芝1600m	8	8	シルヴァーデューク	牡2	戸崎圭太	55kg	2 1/2	3	¥8,800	¥129,400

◆データ集計期間……2014〜22年

2014年に、それまで2歳のOP特別だった「いちょうS」が重賞に昇格し、さらに翌15年にサウジアラビアロイヤルCと改称されて、16年からGⅢに格付けされた。いちょうS時代を含めた勝ち馬から5頭のGⅠ馬が出ていて、少頭数になる年が多いわりに重要度が高い。

なお施行条件は同じのため、ここではいちょうSも含めたデータ（つまり14年以降）をサンプルとする。

◆詰まったローテは割り引き、理想の間隔は……

未完成の時期に詰めたローテで重賞というのもよくないようで、中2週、3週は合わせて【0 - 2 - 0 - 27】だ。よほど買いたい馬がいたときにヒモに入れる程度で。

対して中9週以上は【6 - 1 - 3 - 10】と高確率で好走。特に6月の東京戦で勝って休みを挟んで直行した馬は【4 - 0 - 0 - 3】で、勝った4頭はすべて今回と同じ芝1600m戦に出走していた。

◆連対は新馬、未勝利戦勝ちから

クラス別の成績を見ると驚くべきことがわかる（右ページ上の表）。

なんと全1着馬、そして2着馬の大半が、前走新馬戦、未勝利戦を勝った馬で占められていて、本来なら格上ともいえる前走OP特別組や前走重賞組が2着を取るのも難しいという結果に。

なお、新馬戦の大半は東京芝1600mと阪神芝1800mとなっている。阪神も2歳戦が始まったばかりの初夏開催だ。

サウジアラビアRC・前走クラス別成績（2014～22年）

前走	1着	2着	3着	4着～
新馬	6	7	2	13
未勝利	3	0	4	19
1勝クラス	0	0	0	12
OP特別	0	1	0	10
重賞	0	1	3	13

◆**前走新潟組はヒモ、中山組は全滅**

前走新潟組は【0－6－6－13】と極度のヒモ傾向を示している。このうち、新潟2歳Sからの馬は【0－1－2－5】だ。

一方、前走中山出走組は【0－0－0－20】と全滅。9月の中山でいくら強い競馬で勝ち上がっても消えている。

また、前走芝1400m以下出走馬は【0－1－0－13】と不振。

●**軽視アラカルト・データ**

・まだ馬体が成長途上の2歳であっても、ある程度の馬格は必要のようで、460キロ未満は【1－5－3－36】と勝ち切れていない。

・牝馬は【1－3－2－10】で勝利は1回だけだが、馬券という意味では意識する必要はない。

NEW! ★**馬体重の増減で扱いが変わる**

下の表のように、アタマには今回馬体重増の馬を、複軸なら減らしてきた馬を置くほうが確率は高いという、面白い傾向が出ている。

サウジアラビアRC・馬体重増減別成績（2014～22年）

	1着	2着	3着	4着～	勝率	連対率	複勝率
馬体重・増	6	1	1	41	12.2%	14.3%	16.3%
馬体重・減	2	6	8	19	5.7%	22.9%	45.7%
増減ナシ	1	2	0	7	10.0%	30.0%	30.0%

毎日王冠

2023年10月8日・東京11R（GⅡ、芝1800m）

毎日王冠・過去5年の成績

年月日 天候・馬場・頭数 場所・コース	枠番	馬番	馬名	性齢	騎手	斤量	走破 タイム 着差	人気	単勝 枠連 馬連	馬単 3連複 3連単
2018.10.7	6	9	アエロリット	牝4	J.モレイラ	55kg	1.44.5	1	¥230	¥1,060
晴・良・13頭立	4	5	ステルヴィオ	牡3	C.ルメール	55kg	1 1/4	3	¥290	¥3,250
東京・芝1800m	1	1	キセキ	牡4	川田将雅	58kg	クビ	6	¥670	¥10,170
2019.10.6	8	9	ダノンキングリー	牡3	戸崎圭太	54kg	1.44.4	1	¥160	¥420
曇・良・10頭立	3	3	アエロリット	牝5	津村明秀	55kg	1 1/4	2	¥290	¥360
東京・芝1800m	4	4	インディチャンプ	牡4	福永祐一	58kg	1 1/4	3	¥300	¥1,000
2020.10.11	7	9	サリオス	牡3	C.ルメール	54kg	1.45.5	1	¥130	¥680
曇・稍・11頭立	5	5	ダイワキャグニー	セ6	内田博幸	56kg	3	4	¥500	¥1,690
東京・芝1800m	6	7	サンレイポケット	牡5	荻野極	56kg	ハナ	5	¥580	¥3,430
2021.10.10	1	1	シュネルマイスター	牡3	C.ルメール	56kg	1.44.8	1	¥260	¥670
晴・良・13頭立	5	7	ダノンキングリー	牡5	川田将雅	58kg	アタマ	2	¥340	¥910
東京・芝1800m	4	5	ポタジェ	牡3	吉田隼人	56kg	1 1/2	4	¥350	¥2,820
2022.10.9	3	3	サリオス	牡5	松山弘平	56kg	1.44.1	1	¥300	¥1,630
曇・良・10頭立	8	9	ジャスティンカフェ	牡4	福永祐一	56kg	1/2	3	¥1,020	¥2,110
東京・芝1800m	4	4	ダノンザキッド	牡4	戸崎圭太	56kg	3/4	4	¥970	¥8,690

◆データ集計期間……2013 〜 22 年

1984 年以降は天皇賞・秋の最重要前哨戦として位置付けられた。また
マイルＣＳの前哨戦としても意義がある。そのため両方の路線が合流し
出走メンバーが豪華で、スーパーＧⅡとも呼ばれるレース。しかし近 10
年、ここの勝ち馬から、同一年の天皇賞・秋やマイルＣＳを勝った馬は
出ていない。

注目度の高いレースのため、4 ページで扱う。

◆主力は３、４歳馬

このレースは高齢馬、それも 6 歳以上になるとかなり
厳しくなる（右ページ上の表）。

6 歳で勝ったのは 1 回だけ、7 歳以上は連対もないし、
3 着すら 1 回だけ。これは 2016 年、ズブズブの追い込み決着となった
年のヒストリカル。よほど気になるときに 3 着あたりで、押さえの押さ
え程度でいいだろう。

そして３、４歳は率で見ればかなり馬券になる。4 歳は複勝率 40％だ。
3 歳馬の好調さは、斤量面のメリットだけでなく、古馬のタイトルホー

毎日王冠・年齢別成績(2013〜22年)

年齢	1着	2着	3着	4着〜
3歳	3	1	0	11
4歳	3	3	6	18
5歳	3	3	3	22
6歳	1	3	0	19
7歳以上	0	0	1	20

スが始動戦で完調手前であることも理由として考えられる。

◆前走分析①〜有力な安田記念組からの選び方

　続いて、主要な前走のレース別に見た成績だ（下の表）。

　最も好走例が多いのは、安田記念から直行してきた組。ただし安田記念勝ち馬は【0−2−1−1】と勝ち切れていない。安田記念2、3着馬のほうが合わせて【3−1−0−3】と、アタマにするなうふさわしい。なお、安田記念4着以下では【0−0−1−11】と急激に落ちる。

毎日王冠・前走主要レース別成績(2013〜22年)

前走	1着	2着	3着	4着〜
安田記念	3	3	2	15
ダービー	2	1	0	4
エプソムC	2	2	2	6
札幌記念	1	1	0	7
関屋記念	0	2	1	3
宝塚記念	0	1	1	6
新潟記念	0	0	1	7

◆前走分析②〜1800m適性で浮上するエプソムC組

　前走ダービー組のうち、買った2頭はともにダービー2着馬。2着馬1頭を含めた3頭はステルヴィオ、ダノンキングリー、サリオスで、ダノン以外はマイル重賞連対経験があり、ダノンは同じ東京芝1800mの共同通信杯勝ちがあった。ダービーへ出ていても、実績はマイルか1800mに寄っていたということ。

　好走数で見ると安田記念組だが、好走率の高いのは前走エプソムC組だ。エプソムC1着馬に限ると【2−1−1−3】で、これはどんな年でも馬券に含めるべき数字といえる。

　また、札幌記念や宝塚記念、新潟記念組の低調ぶりを見ると、毎日王冠というレースは1800mのスペシャリスト、もしくは、どちらかとい

うと、マイルの指向性が求められるレースであることを裏付けている。

●4歳以上のGⅠ馬はなかなか勝てない

すでにGⅠタイトルを勝っている馬も多く出走してくるGⅡだが、それらにとってはここが秋の始動戦となることが大半で、取捨は毎年カギとなる。

近10年において「毎日王冠の時点で3歳以降にGⅠを勝っていた馬」が出走した場合は【2-2-3-10】。

これだけ見るとどう扱うかは微妙だが、1着となった2頭は、すでにダービーと天皇賞・秋を勝っていた6歳のエイシンフラッシュ、そしてその年の春にNHKマイルCを勝ったシュネルマイスター。つまり、古馬という括りにすれば、勝ったのはエイシンの1回だけなのである。4歳以上のGⅠ馬は、ヒモに回すのが正解ということだ。

2019年は4頭の該当馬が出走して2、3、4着となっていて、勝ったのは当時まだGⅠ勝ちの無かったダノンキングリーだった（2着アエロリット、3着インディチャンプ、4着ペルシアンナイト）。

22年は、レイパパレやポタジェが消えて、GⅠで惜敗を重ねていたサリオスが連覇を果たした。

●この前走場だと全滅

札幌、新潟以外のローカル場（函館、福島、小倉）と中京から臨んだ馬は【0-0-0-17】。ただし人気になるケースは少ないので、ここまで例外なしだがポイントBとした。

●中9週以上の馬から入りたい

中8週以内は【1-3-2-29】と、アタマに置くのは危険だ。

●「前走6着以下」でも買えるケース

前走6着以下だった馬も【1-3-2-50】で、アタマに置くのは危険。ただし、ここから前述の中京含む札幌・新潟以外のローカル出走馬を切る→前走地方や海外で走った馬を切る→6歳以上の馬を切る→そして前走でマイル以下の距離を走っていた馬を切ると【1-2-1-8】まで絞れる。

これらすべてのフィルターをクリアした馬のみ、穴馬として買ってみる価値は出てくる。

●前走の上がりの脚をどう評価するか

今回、上がり３Ｆ１位を出せた馬が【５－４－１－４】、速い上がりを使える馬が圧倒的に有利なレースである。

しかし面白いことに、前走で上がり３Ｆ最速だった馬は【１－３－２－10】、２位の馬は【１－１－１－５】、３位が【０－１－２－11】であり、前走で出した上がりタイムが結果に直結しないのだ。

これは、前走ＧⅠで切れ負けした馬の好走、あるいはエプソムＣでは前に行って粘っていた馬の好走が多いことが理由だと思われる。

なお、前走東京で上がり３Ｆ最速だった馬は【１－２－１－５】で、好走しにくい上がり１位馬の中でも比較的３着以内には来ている。

●キンカメ産駒は苦戦

今後出走数は減少する一方だが、キングカメハメハ産駒は【０－１－０－８】と苦戦傾向なので覚えておきたい。

●このニックスは連対圏

「黄金配合」として知られる「父ディープインパクト×母父ストームキャット」に該当する馬は、延べ５頭が出走しすべて連対している。ダノンキングリーが２回、あとはリアルスティール、エイシンヒカリ、サトノアラジンだ。

☆外枠の不利はナシ

開幕週であっても、外枠は一切不利にならない。外差し馬場ではもちろんないが、出走数がそれほど多くならないので（2015年以降は最大13頭）、後方からの馬でも、終始外を回らされるようなことにはなりにくいのだ。

☆リピーターの扱い

リピーターはそれほど信頼できないレースで、２年前、あるいは前年に３着以内だった馬が再度好走したことは３例しかない（2013年ジャスタウェイ、19年アエロリット、21年ダノンキングリー）。

☆開幕週でも差し優位

開幕週でも差しがよく決まるレース。前述の上がり３Ｆ最速馬の好走例の多さから明らかなのだが、４コーナーで７番手以降にいた馬が９連対を占める。

毎日王冠　77

農林水産省賞典 京都大賞典

2023年10月9日・京都11R（GⅡ、芝2400m）

京都大賞典・過去5年の成績

年月日 / 天候・馬場・頭数 / 場所・コース	枠番	馬番	馬名	性齢	騎手	斤量	走破タイム / 着差	人気	単勝 / 枠連 / 馬連	馬単 / 3連複 / 3連単
2018.10.8 / 晴・良・11頭立 / 京都・芝2400m	2	2	サトノダイヤモンド	牡5	川田将雅	57kg	2.25.4	2	¥230	¥2,400
	4	4	レッドジェノヴァ	牝4	池添謙一	54kg	1/2	4	¥1,830	¥5,900
	5	5	アルバート	牡7	J.モレイラ	57kg	1 3/4	3	¥1,730	¥19,420
2019.10.6 / 晴・良・17頭立 / 京都・芝2400m	4	7	ドレッドノータス	セ6	坂井瑠星	56kg	2.23.5	11	¥9,070	¥118,010
	7	14	ダンビュライト	牡5	松若風馬	57kg	1 1/4	6	¥13,280	¥234,720
	3	6	シルヴァンシャー	牡4	浜中俊	56kg	3/4	5	¥53,720	¥1,811,410
2020.10.11 / 晴・稍・17頭立 / 京都・芝2400m	7	13	グローリーヴェイズ	牡5	川田将雅	58kg	2.25.6	3	¥620	¥2,590
	1	2	キセキ	牡6	浜中俊	57kg	3/4	1	¥970	¥3,280
	8	17	キングオブコージ	牡4	横山典弘	57kg	1	2	¥1,170	¥17,470
2021.10.10 / 晴・良・14頭立 / 阪神・芝2400m	5	8	マカヒキ	牡8	藤岡康太	57kg	2.24.5	9	¥3,210	¥28,430
	6	9	アリストテレス	牡4	M.デムーロ	57kg	ハナ	1	¥2,770	¥18,940
	7	11	キセキ	牡7	和田竜二	57kg	1/2	4	¥10,900	¥180,510
2022.10.10 / 曇・稍・14頭立 / 阪神・芝2400m	6	10	ヴェラアズール	牡5	松山弘平	56kg	2.24.3	2	¥740	¥2,890
	2	2	ボッケリーニ	牡6	浜中俊	57kg	2 1/2	7	¥960	¥3,000
	7	11	ウインマイティー	牝5	和田竜二	54kg	1 1/4	3	¥1,250	¥14,890

◆データ集計期間……2013～20年

　天皇賞・秋の前哨戦という位置付けではあるが、近年はむしろジャパンC、あるいは香港ヴァーズへ向けてのステップという意味合いが強くなっている。とはいえ、毎年GIレベルの馬が集まるわけではなく、年によりメンバーレベルのばらつきが大きい。なお2021、22年は阪神施行のため、ここでは13年以降の京都施行分を対象とする。

◆前走宝塚記念、新潟記念、天皇賞・春組の選び方

　前走のレース別に見た戦略がかなり有効だ（下の表）。まず前走宝塚記念組の扱いがポイント。着順は不問で、10着以下から【2-0-2-4】と4頭が圏内に入り、穴をあけている。ここの選び方がミソだ。調べるとこの4頭は、宝塚記

京都大賞典・前走主要レース別成績（2013～20年）

前走	1着	2着	3着	4着～
宝塚記念	5	1	5	10
新潟記念	1	1	0	8
天皇賞・春	0	2	0	7
目黒記念	0	0	1	7

念の前に天皇賞・春に出走し0秒6以内に入ったか、もしくは重賞2勝以上のどちらかに該当していた。

前走新潟記念組は2連対しているのだが、この2頭はともに新潟記念で上がり最速だった。上がり最速を出した馬の出走はこれだけなので、今のところ「新潟記念上がり3F最速馬が出走したら完全連対」していることになる。

半年ぶりとなる前走天皇賞・春組の連対2頭は、ともに天皇賞では6着以下だった。なお2着以内の馬は2頭出走し、ともに4着以下に落ちている。

◆前走GⅡ組は大不振

前走GⅠ出走馬は【5－4－6－21】で、複勝率は41.7%ある。

反対にGⅡ出走馬は【0－1－1－17】でかなり不振。

攻略ポイント RANK B

●京都芝2400mの注目種牡馬

2017～20年の、京都芝2400m好走種牡馬を3頭挙げておく。

もちろん、路盤改修後の時計のかかり方は以前と変わる可能性はあるが、この3頭には一応注目しておきたい。

ディープインパクト産駒は京都大賞典の産駒成績も【4－0－3－17】、ルーラーシップ産駒も2連対しているのだが、面白いのはハーツクライだ。京都大賞典に限った産駒成績になると【0－0－2－13】であまりよくないのだ。これはシュヴァルグランを始め、天皇賞や宝塚記念で好走し、そこから直行してきて苦戦……という流れになっている。

京都芝2400m・上位成績種牡馬（2017～20年・抜粋）

種牡馬	1着	2着	3着	4着～
ディープインパクト	16	9	11	57
ハーツクライ	6	5	5	43
ルーラーシップ	1	7	1	19

新データ 補足データ

☆3歳馬の扱いは……

3歳馬の有力どころは菊花賞に回るために、ここへの出走は期間内に1頭しかいなかったことを付け加えておく。もし今後出走があっても、3歳馬に関しては正直、何ともいえない。

京都大賞典　79

アイルランドトロフィー 府中牝馬S

2023年10月14日・東京11R（牝馬GⅡ、芝1800m）

府中牝馬S・過去5年の成績

年月日 / 天候・馬場・頭数 / 場所・コース	枠番	馬番	馬名	性齢	騎手	斤量	走破タイム 着差	人気	単勝 / 枠連 / 馬連	馬単 / 3連複 / 3連単
2018.10.13 曇・良・11頭立 東京・芝1800m	4	4	ディアドラ	牝4	C.ルメール	56kg	1.44.7	1	¥230	¥720
	8	10	リスグラシュー	牝4	M.デムーロ	54kg	クビ	2	¥290	¥1,310
	2	2	フロンテアクイーン	牝5	蛯名正義	54kg	1/2	7	¥380	¥4,290
2019.10.14 曇・稍・15頭立 東京・芝1800m	4	8	スカーレットカラー	牝4	岩田康誠	54kg	1.44.5	4	¥680	¥11,550
	3	6	フロンテアクイーン	牝6	津村明秀	54kg	1 1/4	9	¥2,670	¥9,940
	8	15	ラッキーライラック	牝4	石橋脩	54kg	1/2	1	¥7,320	¥77,860
2020.10.17 雨・重・8頭立 東京・芝1800m	4	4	サラキア	牝5	北村友一	54kg	1.48.5	7	¥2,020	¥20,340
	6	6	シャドウディーヴァ	牝4	内田博幸	54kg	3	6	—	¥23,160
	8	8	サムシングジャスト	牝5	松山弘平	54kg	1 1/4	8	¥9,350	¥189,020
2021.10.16 曇・良・18頭立 東京・芝1800m	4	7	シャドウディーヴァ	牝5	福永祐一	54kg	1.45.6	4	¥880	¥11,640
	2	4	アンドラステ	牝5	岩田望来	54kg	クビ	5	¥4,630	¥26,050
	7	14	マルターズディオサ	牝4	田辺裕信	54kg	1 1/4	1	¥6,020	¥151,700
2022.10.15 晴・良・15頭立 東京・芝1800m	4	6	イズジョーノキセキ	牝5	岩田康誠	54kg	1.44.5	12	¥3,480	¥12,360
	2	2	ソダシ	牝4	吉田隼人	56kg	頭	1	¥1,160	¥8,550
	1	1	アンドヴァラナウト	牝4	福永祐一	54kg	3/4	3	¥4,040	¥92,540

◆データ集計期間……2013～22年

　2011年にGⅡへ昇格。現在はエリザベス女王杯やマイルCSへのステップレースとして確立した。そのため出走馬の距離適性のバリエーションが広く、メンバーレベルはGⅡにふさわしいものとなっている。

◆GⅠ出走馬が勝てない

　このレースには実に不思議な傾向がある。下の表で明らかなように、前走GⅠ出走馬がとにかく勝てないのだ。

　なお2着は安田記念からのリスグラシュー、3着にはヴィクトリアマイルからのラッキーライラックとスマートレイアーがおり、かなりの名牝でも勝てない。叩き台としてのレースということか。

府中牝馬S・前走クラス別成績(2013～22年)

前走	1着	2着	3着	4着～
GⅠ	0	1	3	14
GⅡ	1	1	1	7
GⅢ	4	6	5	56
OP特別	3	1	0	9
3勝クラス	2	0	1	19

◆有力なクイーンS組から選ぶなら……

3着以内の回数として最多なのは、前走クイーンS組だ。4歳馬とそれ以外に分けると、4歳【3-2-2-9】に対し、それ以外は【0-1-1-13】と極端に差が出る。この組から軸を探すなら4歳馬しかない。

◆関屋記念組のヒットポイント

もうひとつ、ポイントとなるのは前走関屋記念組だ。意外にも？　かなりの確率で馬券圏に入ってくる。そこでの着順は不問で、6着以下でも【1-1-1-1】だ。また5歳馬に限れば【1-3-1-1】とほぼパーフェクト。前走関屋記念組の5歳馬は、着順が悪くても馬券に必須だ。

また、そこで上がり3F6位以下だった馬が、なぜか【1-2-1-1】と堅実。関屋記念で出した高速上がりはそれほど信頼できない。

◆アラカルト・データ

・OP特別では前走小倉日経OP組が【2-0-0-1】とよい。
・マーメイドSから直行すると【0-0-0-11】と全滅だ。
・アタマは4、5歳から選ぶべき。ここから10年間の勝ち馬がすべて出ている。なお6歳以上は【0-1-2-16】で苦戦。

●リピーターが頑張る

リピーターレースの傾向がある。近10年で複数回3着以内に入ったケースが4例あり、スマートレイアーのように3回3着以内に入った馬もいる。

NEW!★大型馬は不振

当日の馬体重500キロ以上の馬は【0-0-2-15】と連対できていない。

NEW!★外枠優勢の傾向

枠順別単勝平均人気順が1、2位の1、2枠が【0-5-2-20】なのに対し、3、5位の7、8枠が【4-2-5-30】。内枠はヒモまでの扱いとなり、アタマや軸馬は、いずれも外枠から選ぶのが効果的だ。

☆母父ダンチヒ系

強い血統傾向はないが、近年は「母父ダンチヒ系」がカギだ。該当馬が【2-2-1-8】である。なお近10年で産駒が複数回勝った種牡馬はおらず、これは珍しい現象といえる。

秋華賞

2023年10月15日・京都11R（3歳牝馬GⅠ、芝2000m）

秋華賞・過去10年の成績

年月日 天候・馬場・頭数 場所・コース	枠番	馬番	馬名	性齢	騎手	斤量	走破タイム 着差	人気	単勝 枠連 馬連	馬単 3連複 3連単
2013.10.13	8	16	メイショウマンボ	牝3	武幸四郎	55kg	1.58.6	3	¥520	¥2,250
晴・良・18頭立	1	1	スマートレイアー	牝3	武豊	55kg	1 1/4	2	¥630	¥50,030
京都・芝2000m	7	13	リラコサージュ	牝3	池添謙一	55kg	頭	15	¥950	¥233,560
2014.10.19	3	6	ショウナンパンドラ	牝3	浜中俊	55kg	1.57.0	3	¥1,010	¥2,050
晴・良・17頭立	2	4	ヌーヴォレコルト	牝3	岩田康誠	55kg	クビ	1	¥520	¥1,940
京都・芝2000m	6	12	タガノエトワール	牝3	小牧太	55kg	1 1/4	4	¥630	¥12,790
2015.10.18	8	18	ミッキークイーン	牝3	浜中俊	55kg	1.56.9	1	¥300	¥4,100
晴・良・18頭立	5	9	クイーンズリング	牝3	M.デムーロ	55kg	クビ	5	¥670	¥22,790
京都・芝2000m	3	6	マキシマムドパリ	牝3	幸英明	55kg	1 1/4	8	¥2,790	¥85,610
2016.10.16	4	7	ヴィブロス	牝3	福永祐一	55kg	1.58.6	3	¥630	¥6,170
晴・良・18頭立	2	3	パールコード	牝3	川田将雅	55kg	1/2	4	¥1,870	¥20,940
京都・芝2000m	7	15	カイザーバル	牝3	四位洋文	55kg	1/2	8	¥3,550	¥95,520
2017.10.15	7	14	ディアドラ	牝3	C.ルメール	55kg	2.00.2	3	¥630	¥2,900
雨・重・18頭立	4	7	リスグラシュー	牝3	武豊	55kg	1 1/4	4	¥1,100	¥3,180
京都・芝2000m	2	4	モズカッチャン	牝3	M.デムーロ	55kg	ハナ	5	¥1,510	¥14,760
2018.10.14	6	11	アーモンドアイ	牝3	C.ルメール	55kg	1.58.5	1	¥130	¥1,000
晴・良・17頭立	7	13	ミッキーチャーム	牝3	川田将雅	55kg	1.5	5	¥710	¥2,360
京都・芝2000m	1	2	カンタービレ	牝3	武豊	55kg	1	3	¥880	¥5,600
2019.10.13	3	5	クロノジェネシス	牝3	北村友一	55kg	1.59.9	4	¥690	¥4,950
晴・稍・17頭立	7	8	カレンブーケドール	牝3	津村明秀	55kg	2	2	¥1,680	¥15,170
京都・芝2000m	7	15	シゲルピンクダイヤ	牝3	和田竜二	55kg	1.5	10	¥2,180	¥70,970
2020.10.18	7	13	デアリングタクト	牝3	松山弘平	55kg	2.00.6	1	¥140	¥3,140
晴・稍・18頭立	6	12	マジックキャッスル	牝3	大野拓弥	55kg	1.25	10	¥2,580	¥17,920
京都・芝2000m	4	8	ソフトフルート	牝3	藤岡康太	55kg	3/4	9	¥2,670	¥44,110
2021.10.17	6	12	アカイトリノムスメ	牝3	戸崎圭太	55kg	2.01.2	4	¥890	¥4,890
晴・良・16頭立	7	14	ファインルージュ	牝3	C.ルメール	55kg	1/2	2	¥1,330	¥4,190
阪神・芝2000m	5	9	アンドヴァラナウト	牝3	福永祐一	55kg	1/2	4	¥2,250	¥26,410
2022.10.16	4	5	スタニングローズ	牝3	坂井瑠星	55kg	1.58.6	3	¥570	¥2,430
晴・良・16頭立	4	8	ナミュール	牝3	横山武史	55kg	1/2	2	¥1,040	¥1,090
阪神・芝2000m	5	9	スターズオンアース	牝3	C.ルメール	55kg	ハナ	1	¥990	¥6,900

◆データ集計期間……2013 〜 20 年

　牝馬三冠目のレースだが、京都芝内回りの2000m、つまり直線平坦で小回り、直線が短い舞台で、春の二冠とは対照的なコースで争われる。三冠達成の年にしても、勝ち馬が最も苦戦する傾向がある。また春のクラシック上位馬が凡走するケースも珍しくない。

　なお2021、22 年は阪神施行のため。それ以前の8回分をサンプルとする。GⅠだが新・京都競馬場が舞台のため、分量は少なめとなるがご了承を。

攻略ポイント Rank A

◆春の牝馬二冠とのリンク

まずは、先ほど触れた春のクラシックとの関連を探る（下の表）。

桜花賞1着馬は勝つか消えるか極端な結果。というか、勝ったのは三冠を達成したアーモンドアイとデアリングタクトだけなのだ。つまりオークスを勝てなかった桜花賞馬は消えているということ。

秋華賞・桜花賞、オークス連対馬成績（2013～20年）

	1着	2着	3着	4着～
桜花賞1着馬	2	0	0	3
桜花賞2着馬	0	1	1	2
オークス1着馬	4	1	0	0
オークス2着馬	0	1	1	2

また桜花賞2着馬は、期間内では京都施行の秋華賞を勝っていない。

対照的なのはオークスだ。コース形状を考えると意外な気もするが、オークス1着馬は完全連対を果たしているし、圧倒的に勝ち切りが多い。三冠馬2頭を除いても2勝していることになる（メイショウマンボ、ミッキークイーン）。そしてオークス2着馬は、桜花賞2着馬と同じ成績の数字になっているのが興味深い。

◆トライアルからの狙い

次はトライアルの2レース。まずはローズSの着順との関係を見ていこう（下の表）。

ローズS勝ち馬が勝てていないことはハッキリ覚えておきたい。そし

秋華賞・前走ローズS組着順別成績（2013～20年）

ローズS着順	1着	2着	3着	4着～
1着	0	1	1	5
2着	1	0	1	6
3着	0	1	1	5
4、5着	1	1	1	7
6着以下	0	0	2	24

秋華賞・前走紫苑S組着順別成績（2016～20年、紫苑Sの重賞昇格後）

紫苑S着順	1着	2着	3着	4着～
1着	1	0	0	3
2着	1	0	0	3
3～5着	0	3	0	8
6着以下	0	0	0	6

秋華賞

秋華賞・過去10年【3着以内馬の父と父系】一覧

		馬名	父	父系
2013	1着馬	メイショウマンボ	スズカマンボ	サンデーサイレンス系
	2着馬	スマートレイアー	ディープインパクト	サンデーサイレンス系
	3着馬	リラコサージュ	ブライアンズタイム	ロベルト系
2014	1着馬	ショウナンパンドラ	ディープインパクト	サンデーサイレンス系
	2着馬	ヌーヴォレコルト	ハーツクライ	サンデーサイレンス系
	3着馬	タガノエトワール	キングカメハメハ	キングマンボ系
2015	1着馬	ミッキークイーン	ディープインパクト	サンデーサイレンス系
	2着馬	クイーンズリング	マンハッタンカフェ	サンデーサイレンス系
	3着馬	マキシマムドパリ	キングカメハメハ	キングマンボ系
2016	1着馬	ヴィブロス	ディープインパクト	サンデーサイレンス系
	2着馬	パールコード	ヴィクトワールピサ	サンデーサイレンス系
	3着馬	カイザーバル	エンパイアメーカー	ミスプロ系
2017	1着馬	ディアドラ	ハービンジャー	ダンチヒ系
	2着馬	リスグラシュー	ハーツクライ	サンデーサイレンス系
	3着馬	モズカッチャン	ハービンジャー	ダンチヒ系
2018	1着馬	アーモンドアイ	ロードカナロア	キングマンボ系
	2着馬	ミッキーチャーム	ディープインパクト	サンデーサイレンス系
	3着馬	カンタービレ	ディープインパクト	サンデーサイレンス系
2019	1着馬	クロノジェネシス	バゴ	ナスルーラ系
	2着馬	カレンブーケドール	ディープインパクト	サンデーサイレンス系
	3着馬	シゲルピンクダイヤ	ダイワメジャー	サンデーサイレンス系
2020	1着馬	デアリングタクト	エピファネイア	ロベルト系
	2着馬	マジックキャッスル	ディープインパクト	サンデーサイレンス系
	3着馬	ソフトフルート	ディープインパクト	サンデーサイレンス系
2021	1着馬	アカイトリノムスメ	ディープインパクト	サンデーサイレンス系
	2着馬	ファインルージュ	キズナ	サンデーサイレンス系
	3着馬	アンドヴァラナウト	キングカメハメハ	キングマンボ系
2022	1着馬	スタニングローズ	キングカメハメハ	キングマンボ系
	2着馬	ナミュール	ハービンジャー	ダンチヒ系
	3着馬	スターズオンアース	ドゥラメンテ	キングマンボ系

て連対馬は5着以内に絞られる。

　続いて紫苑S。こちらは重賞に昇格してからの成績だ（前ページ下の表）。紫苑Sの場合は、本番で勝つには連対馬だけが対象となる。そして6着以下では馬券圏にも入っていない。

　小さめの馬でも好走できており、460キロ未満でも4勝している。反対に500キロ以上の、牝馬としては大柄な馬は【0－1－0－11】だ。なお4着以下11頭の中には、2番人気3頭も含まれている。

　ただし、当日馬体重減の馬は【1－1－3－40】。これは連軸という視点なら割り引くべきだ。

●不振血統はコレ！

　種牡馬のデータ（上の血統一覧）では、ハーツクライ産駒が【0－2－0－8】と今イチ。

　またステイゴールド、オルフェーヴル、ゴールドシッ

プ産駒を「ステイゴールド系」として合計すると【0－0－0－11】。こちらは小回り得意の系統なので意外であり、ここまで不振の理由がわからないが、気性的に難しい馬が多いので、一般戦や特別戦ならともかく、フルゲートの小回りだと揉まれるストレスが大きいのかもしれない。

● 外枠＞内枠の意外な傾向

　小回りコースではあるが、意外にも外枠が有利という傾向がある。下の表のように、枠順別単勝平均人気順が1、3位の1、2枠に勝利がなく、7、6位の7、8枠が2勝ずつ挙げているのだ。

　1枠の着外13頭は1、2番人気計4頭を含んでいる。内枠との比較で軸選びをする際は、迷わず外から取って、1、2枠は押さえでいい。

秋華賞・内枠外枠別成績（2013～20年）

枠	1着	2着	3着	4着～	枠別人気順
1枠	0	1	1	13	1位
2枠	0	2	1	12	3位
7枠	2	1	3	17	7位
8枠	2	0	0	22	6位

☆ 上がり3Fの脚がモノをいう

　前走で上がり3F3位以内の馬が7勝・2着5回とかなり好走している。上がりが出にくい小回りだけに意外な感があるが、ちょうどラスト3Fの起点が3コーナー手前あたりになるので、そこから仕掛けてもバテない能力が求められているのかもしれない。

☆ 京都芝2000mの注目種牡馬

　参考までに2017～20年の京都芝2000mの成績上位種牡馬をリストアップすると、すべての率がまんべんなく高いのはハービンジャー【19－13－21－88】、ハーツクライ【19－12－10－95】、キズナ【6－4－4－27】。だが、ハーツクライは秋華賞だけで見ると、前述のように成績が悪く、これは京都大賞典と同じ現象だ。

　おそらく、ハーツクライ産駒にとって京都2400mや2000mは、クラスの低いところではクリアできるが、メンバーレベルが上がると苦戦するコースということなのかもしれない。あと、出走数は少ないがエピファネイアは【3－4－1－17】で、複勝率は32％に達する。

富士S

2023年10月21日・東京11R（GⅡ、芝1600m）

富士S・過去5年の成績

年月日 天候・馬場・頭数 場所・コース	枠番	馬番	馬名	性齢	騎手	斤量	走破タイム着差	人気	単勝 枠連 馬連	馬単 3連複 3連単
2018.10.20	4	8	ロジクライ	牡5	C.ルメール	56kg	1.31.7	2	¥450	¥1,880
晴・良・18頭立	6	11	ワントゥワン	牝5	J.モレイラ	54kg	2	3	¥1,140	¥2,620
東京・芝1600m	7	14	レッドアヴァンセ	牝5	北村友一	54kg	ハナ	5	¥1,110	¥9,650
2019.10.19	8	16	ノームコア	牝4	C.ルメール	56kg	1.33.0	2	¥480	¥4,520
曇・稍・18頭立	5	9	レイエンダ	牡5	C.スミヨン	57kg	1/2	3	¥1,010	¥7,610
東京・芝1600m	1	2	レッドオルガ	牝5	福永祐一	54kg	アタマ	4	¥2,720	¥33,510
2020.10.24	5	5	ヴァンドギャルド	牡4	福永祐一	56kg	1.33.4	5	¥620	¥5,210
晴・良・12頭立	8	11	ラウダシオン	牡3	M.デムーロ	56kg	1 1/4	2	¥1,280	¥7,710
東京・芝1600m	7	9	ケイアイノーテック	牡5	津村明秀	57kg	1 1/4	6	¥2,430	¥44,730
2021.10.23	1	1	ソングライン	牝3	池添謙一	52kg	1.33.2	1	¥390	¥5,550
晴・良・17頭立	8	17	サトノウィザード	牡3	戸崎圭太	56kg	クビ	9	¥600	¥24,930
東京・芝1600m	4	7	タイムトゥヘヴン	牡3	柴田善臣	54kg	2	10	¥3,340	¥98,750
2022.10.22	5	10	セリフォス	牡3	藤岡佑介	54kg	1.32.0	1	¥230	¥950
曇・良・15頭立	7	13	ソウルラッシュ	牡4	松山弘平	57kg	クビ	3	¥290	¥650
東京・芝1600m	7	14	ダノンスコーピオン	牡3	川田将雅	56kg	クビ	2	¥590	¥2,550

◆データ集計期間……2013～22年

距離変更を重ねたが、2000年から今の時期に繰り上げられて距離も芝1600mになり、マイルCSの前哨戦として固定された。20年からGⅡに昇格している。馬質はGⅢ時代から高く、期間内の1着馬には、すでにGⅠを勝っていた馬が2頭、この後勝つことになる馬が3頭いる。

◆あまりアテにできないGⅠ勝ち馬

ここまでGⅠを勝っていた馬の総合成績は、近10年で【2-4-4-12】。好走例は多いが1着が少なく、アタマから信頼するには微妙な数字だ。2022年はダノンスコーピオンも僅差とはいえ3着に終わっている。

なお2勝はダノンプラチナとノームコアであり、関東馬という以外に共通項が見られない。

◆3、4歳が優勢

3歳馬と4歳馬が4勝ずつを挙げており、6歳以上は【0-1-0-44】と、即消しでもいいレベル。

◆安田記念圏外馬のリベンジ

富士S・前走主要レース別成績(2013～22年)

前走	1着	2着	3着	4着～
安田記念	2	3	0	4
ヴィクトリアM	1	0	2	0
京成杯オータムH	2	2	1	23
関屋記念	2	0	0	8

　上の表のように、安定しているのは前走安田記念組。ただし、連対した5頭はすべて安田記念4着以下だった。二ケタ着順からの連対馬もいる。

　前走ヴィクトリアM組は、ここまでのところは見かけたら必ず買いだ。

　京成杯オータムH組なら、【0－0－0－2】の1着馬よりも、2、3着だった馬が【2－1－1－6】なので、そこから狙うべき。6歳以上を引くと、【2－1－1－4】とさらにアップする。

　なおNHKマイルCから直行した3歳馬は【0－1－1－5】と今イチ。また意外と走っているのが、セントライト記念からの距離短縮組で【1－0－1－1】、同じマイルのOP特別ポートアイランドS組は【0－0－0－17】で全滅。

◆前走二ケタ着順でも走る

　前走着順は不問、前走が二ケタ着順だった馬も【2－3－4－37】だ。そのうち、前走が東京マイルだった馬は【1－1－1－0】と3頭すべて馬券になっている。その3頭は前走安田記念かヴィクトリアマイル。

●アラカルト・データ

・東京で行なうわりには、前走で上がり3F1位だった馬が【0－2－1－13】と苦戦している。

・ディープインパクト産駒がとにかく安定しており【4－3－4－12】。

・前走から馬体重減が【6－2－2－51】に対し、体重増は【2－8－7－53】。体重減が勝ち切り、体重増にヒモが多いという、真逆の傾向がくっきり出ている。

NEW!★距離延長馬は消し

　前走芝1500m以下は【0－0－1－10】だ。

☆東西イーブン

　関東馬、関西馬ともに10連対ずつという珍しい重賞。

菊花賞

2023年10月22日・京都11R（3歳GⅠ、芝3000m）

菊花賞・過去10年の成績

年月日 / 天候・馬場・頭数 / 場所・コース	枠番	馬番	馬名	性齢	騎手	斤量	走破タイム / 着差	人気	単勝 / 枠連 / 馬連	馬単 / 3連複 / 3連単
2013.10.20	2	3	エピファネイア	牡3	福永祐一	57kg	3.05.2	1	¥160	¥1,170
曇・不・18頭立	7	14	サトノノブレス	牡3	岩田康誠	57kg	5	5	¥420	¥3,910
京都・芝3000m	5	10	バンデ	牡3	松田大作	57kg	クビ	3	¥950	¥11,750
2014.10.26	1	2	トーホウジャッカル	牡3	酒井学	57kg	3.01.0	3	¥690	¥4,470
晴・良・18頭立	2	4	サウンズオブアース	牡3	蛯名正義	57kg	1/2	4	¥2,310	¥13,340
京都・芝3000m	5	10	ゴールドアクター	牡3	吉田隼人	57kg	3 1/2	7	¥2,640	¥59,220
2015.10.25	5	9	キタサンブラック	牡3	北村宏司	57kg	3.03.9	5	¥1,340	¥9,960
晴・良・18頭立	6	11	リアルスティール	牡3	福永祐一	57kg	クビ	2	¥1,430	¥4,640
京都・芝3000m	8	17	リアファル	牡3	C.ルメール	57kg	1/2	1	¥3,870	¥38,880
2016.10.23	2	3	サトノダイヤモンド	牡3	C.ルメール	57kg	3.03.3	1	¥230	¥4,720
曇・良・18頭立	6	11	レインボーライン	牡3	福永祐一	57kg	2 1/2	9	¥2,960	¥17,550
京都・芝3000m	7	13	エアスピネル	牡3	武豊	57kg	ハナ	6	¥3,510	¥69,380
2017.10.22	7	13	キセキ	牡3	M.デムーロ	57kg	3.18.9	1	¥450	¥15,890
雨・不・18頭立	2	4	クリンチャー	牡3	藤岡佑介	57kg	2	10	¥3,070	¥136,350
京都・芝3000m	7	14	ポポカテペトル	牡3	和田竜二	57kg	ハナ	13	¥10,660	¥559,700
2018.10.21	6	12	フィエールマン	牡3	C.ルメール	57kg	3.06.1	7	¥1,450	¥6,010
晴・良・18頭立	5	9	エタリオウ	牡3	M.デムーロ	57kg	ハナ	2	¥1,860	¥16,710
京都・芝3000m	4	7	ユーキャンスマイル	牡3	武豊	57kg	1.5	10	¥2,380	¥100,590
2019.10.20	3	5	ワールドプレミア	牡3	武豊	57kg	3.06.0	3	¥650	¥7,640
晴・良・18頭立	7	14	サトノルークス	牡3	福永祐一	57kg	クビ	8	¥610	¥3,070
京都・芝3000m	7	13	ヴェロックス	牡3	川田将雅	57kg	1	1	¥4,680	¥23,510
2020.10.25	2	3	コントレイル	牡3	福永祐一	57kg	3.05.5	1	¥110	¥1,010
晴・良・18頭立	5	9	アリストテレス	牡3	C.ルメール	57kg	クビ	4	¥510	¥3,810
京都・芝3000m	5	10	サトノフラッグ	牡3	戸崎圭太	57kg	3.5	5	¥910	¥8,740
2021.10.24	2	3	タイトルホルダー	牡3	横山武史	57kg	3.04.6	4	¥800	¥5,220
曇・良・18頭立	8	18	オーソクレース	牡3	C.ルメール	57kg	5	1	¥1,600	¥14,610
阪神・芝3000m	6	11	ディヴァインラヴ	牡3	福永祐一	55kg	頭	7	¥2,420	¥79,560
2022.10.23	7	14	アスクビクターモア	牡3	田辺裕信	57kg	3.02.4	2	¥410	¥3,370
晴・良・18頭立	2	4	ボルドグフーシュ	牡3	吉田隼人	57kg	ハナ	7	¥850	¥6,440
阪神・芝3000m	8	17	ジャスティンパレス	牡3	鮫島克駿	57kg	1/2	4	¥2,030	¥30,010

◆データ集計期間……2013～20年

　近年の長距離戦軽視の風潮により、年によりメンバーレベルの差が激しいが、大半の勝ち馬はその後の中央競馬の看板を背負う馬となっており、スタミナがいかに競馬において重要かを証明している。距離短縮論を嘲笑う、必要不可欠なクラシックレースとなっている。

　なお2021、22年は阪神芝3000mでの施行。ここでは京都施行の20年までをサンプルとする。

◆長距離戦の乗り替わりはマイナス

騎手と馬のコミュニケーションが重要な長距離戦でもあり、乗り替わりは勝ちづらい。【1－3－2－42】であり、買いたくてもヒモ扱いが妥当ではないだろうか。

◆ハーツクライ、ハービンジャーの不振

菊花賞というと、とかく血統に注目が集まるので、まずは種牡馬のデータから（P91の血統一覧）。

ディープインパクト産駒がもう出てこないので、今後の予測は困難なのだが、割り引くべきという意味で意外な2頭を挙げておく。

まず現在の長距離型種牡馬のトップというイメージのあるハーツクライが【0－0－0－10】と、まったく走れていないのだ。3番人気以内が3頭、5番人気も1頭いて、また全出走馬のうち、人気順の数字以上の着順に入った馬は1頭しかいない。

またハービンジャーは【0－0－0－8】でこちらも全滅。4番人気以内が3頭いて、その中には1番人気のブラストワンピースも含まれている。

◆前走上がり3F1位馬の明暗

前走の上がり3Fが1位だった馬が4勝、2位の馬が3勝している。つまり対象期間8年のうち7回で、前走上がり3F2位以内の馬が勝っていたことになる。

特に、前走神戸新聞杯の上がり1位は【3－2－0－3】、2位は【3－1－1－0】となっており、馬券には必須の存在といえる。

対照的に、前走セントライト記念の上がり3F1位馬は【0－0－1－9】と大苦戦。2位は【0－0－0－3】でこちらもアウトだ。

●神戸新聞杯組4着以下からの巻き返しはナシ

続いて前走別の成績だ。最も重要なトライアル、神戸新聞杯組は【6－4－3－42】となっている。その着順別成績は次ページ上の表の通り。

神戸新聞杯1着から連勝した馬は3頭いるが、いずれもダービー連対馬だった。例外は1頭だけでワンアンドオンリー。

勝ち切れないが連対なら多いのは2着馬だ。唯一の勝ち馬は1番人気

菊花賞・前走神戸新聞杯組着順別成績(2013～20年)

神戸新聞杯着順	1着	2着	3着	4着～
1着	3	0	1	1
2着	1	3	1	3
3着	2	1	0	4
4着以下	0	0	1	34

に応えたキセキ。ただ、人気順の数字以上の着順となったのは1頭だけだ。

　3着馬も意外と健闘しているが、共通項は見つけられなかった。そして4着以下はほぼ消しと断言する。

●ダービー馬が菊不在の年はセントライト記念組の出番

　セントライト記念組は【1－2－1－37】と基本的に買いづらい。

　こちらは3着以下は即消し状態。そしてセントライト記念組が連対した3回には共通項があった。

　それは「菊花賞にダービー馬の出走がなかった」ということである。これは阪神施行の2021、22年にも共通していたし、期間の1年前の12年にもいえたことだ。とにかくセントライト記念組を軸にしたいなら、ダービー馬が出ていないことが条件となる。

菊花賞・前走セントライト記念着順別成績(2013～20年)

セントライト記念着順	1着	2着	3着	4着～
1着	1	0	0	5
2着	0	1	1	4
3着以下	0	1	0	28

●アラカルト・データ

・関東馬は【1－0－2－39】でかなり苦戦。

・前走で2勝クラスを走っていた馬は【0－1－4－27】で、連対は厳しいがヒモならありだ。なお新潟芝2200mからの馬が【0－0－2－1】、中京芝2200mからは1頭いて2着。

・3勝クラスからは4頭出走して、すべて4着以下。

・長距離戦は細身の馬というイメージがあるが、菊花賞では480キロ未満が【1－4－3－48】と勝ち切れず、460キロ未満だと【1－1－0－22】とさらに下がる。

・それと関連して？　当日4キロ以上減ると、馬体重の大小に関わらず【0－2－1－23】と厳しい。

菊花賞・過去10年【3着以内馬の父と父系】一覧

		馬名	父	父系
2013	1着馬	エピファネイア	シンボリクリスエス	ロベルト系
	2着馬	サトノノブレス	ディープインパクト	サンデーサイレンス系
	3着馬	バンデ	Authorized	ノーザンダンサー系
2014	1着馬	トーホウジャッカル	スペシャルウィーク	サンデーサイレンス系
	2着馬	サウンズオブアース	ネオユニヴァース	サンデーサイレンス系
	3着馬	ゴールドアクター	スクリーンヒーロー	ロベルト系
2015	1着馬	キタサンブラック	ブラックタイド	サンデーサイレンス系
	2着馬	リアルスティール	ディープインパクト	サンデーサイレンス系
	3着馬	リアファル	ゼンノロブロイ	サンデーサイレンス系
2016	1着馬	サトノダイヤモンド	ディープインパクト	サンデーサイレンス系
	2着馬	レインボーライン	ステイゴールド	サンデーサイレンス系
	3着馬	エアスピネル	キングカメハメハ	キングマンボ系
2017	1着馬	キセキ	ルーラーシップ	キングマンボ系
	2着馬	クリンチャー	ディープスカイ	サンデーサイレンス系
	3着馬	ポポカテペトル	ディープインパクト	サンデーサイレンス系
2018	1着馬	フィエールマン	ディープインパクト	サンデーサイレンス系
	2着馬	エタリオウ	ステイゴールド	サンデーサイレンス系
	3着馬	ユーキャンスマイル	キングカメハメハ	キングマンボ系
2019	1着馬	ワールドプレミア	ディープインパクト	サンデーサイレンス系
	2着馬	サトノルークス	ディープインパクト	サンデーサイレンス系
	3着馬	ヴェロックス	ジャスタウェイ	サンデーサイレンス系
2020	1着馬	コントレイル	ディープインパクト	サンデーサイレンス系
	2着馬	アリストテレス	エピファネイア	ロベルト系
	3着馬	サトノフラッグ	ディープインパクト	サンデーサイレンス系
2021	1着馬	タイトルホルダー	ドゥラメンテ	キングマンボ系
	2着馬	オーソクレース	エピファネイア	ロベルト系
	3着馬	ディヴァインラヴ	エピファネイア	ロベルト系
2022	1着馬	アスクビクターモア	ディープインパクト	サンデーサイレンス系
	2着馬	ボルドグフーシュ	スクリーンヒーロー	ロベルト系
	3着馬	ジャスティンパレス	ディープインパクト	サンデーサイレンス系

NEW! ★人気馬も飛ぶ……8枠不利

長距離戦だから外枠の不利はカバーしやすいと考える人も多い。しかし8枠は【0－0－1－23】で、ヒモすら危うい。大半はニケタ人気だから4着以下の数の多さはそれほど深刻ではないのだが、1番人気が3着、2番人気が13着と7着に沈んでおり、能力が削がれることは確かだ。

☆春のクラシック上位馬のリンク

春のクラシック上位馬の出走がそもそも少ないが、参考までに挙げる。
・皐月賞1着馬は【1－0－0－3】で、昔よりは直結しない。皐月賞2着馬は【1－1－1－1】で、こちらのほうがむしろ狙いが立つ。
・ダービー1着馬は【1－0－0－1】で、出走数が極端に減った。勝ったのは三冠達成のコントレイル。
・ダービー2着馬は【2－0－0－2】で、勝率は1着馬と同じだ。

アルテミスS

2023年10月28日・東京11R（2歳牝馬GⅢ、芝1600m）

アルテミスS・過去5年の成績

年月日 天候・馬場・頭数 場所・コース	枠番	馬番	馬名	性齢	騎手	斤量	走破タイム 着差	人気	単勝 枠連 馬連	馬単 3連複 3連単
2018.10.27	2	3	シェーングランツ	牝2	武豊	54kg	1.33.7	6	¥1,360	¥11,760
晴・良・15頭立	6	11	ビーチサンバ	牝2	藤岡康太	54kg	1/2	1	¥1,300	¥7,640
東京・芝1600m	5	8	エールヴォア	牝2	浜中俊	54kg	1 1/4	2	¥5,420	¥64,280
2019.10.26	8	9	リアアメリア	牝2	川田将雅	54kg	1.34.3	1	¥130	¥300
晴・良・9頭立	8	8	サンクテュエール	牝2	C.ルメール	54kg	3/4	2	¥260	¥990
東京・芝1600m	5	5	ビッククインバイオ	牝2	大野拓弥	54kg	1/2	5	¥260	¥2,020
2020.10.31	7	14	ソダシ	牝2	吉田隼人	54kg	1.34.9	1	¥350	¥1,730
晴・良・16頭立	7	12	ククナ	牝2	ルメール	54kg	1 3/4	2	¥360	¥2,170
東京・芝1600m	7	13	テンハッピーローズ	牝2	田辺裕信	54kg	1/2	3	¥990	¥8,080
2021.10.30	6	7	サークルオブライフ	牝2	M.デムーロ	54kg	1.34.0	7	¥2,190	¥13,960
晴・良・11頭立	2	2	ベルクレスタ	牝2	松山弘平	54kg	クビ	2	¥510	¥19,850
東京・芝1600m	1	1	シゲルイワイザケ	牝2	福永祐一	54kg	3/4	8	¥4,870	¥164,230
2022.10.29	8	10	ラヴェル	牝2	坂井瑠星	54kg	1.33.8	3	¥790	¥1,970
晴・良・10頭立	3	3	リバティアイランド	牝2	川田将雅	54kg	クビ	1	¥260	¥1,810
東京・芝1600m	6	6	アリスヴェリテ	牝2	田辺裕信	54kg	クビ	6	¥460	¥14,700

◆データ集計期間……2013～22年

　阪神ＪＦへのステップレースとして最も重要なレース。過去10年の勝ち馬から3頭、2着馬から1頭の阪神ＪＦ優勝馬が出ており、また連対馬からは3頭の桜花賞馬が出ている。リスグラシューのように後に大成功を収めた馬、あるいはデンコウアンジュのように渋い脇役として地位を築いた馬も出ており、将来性を占ううえでも意義がある。

◆軸馬は前走の上がり３Ｆ２位以内から

　ここで上がり３Ｆ最速の脚を使った馬が【７－２－０－２】と、ほぼ確実に連対している。つまりスローからの切れ比べになりやすいということ。ちなみに、上がり２位は【１－４－０－６】で勝ち切れなくなるが5連対している。

　これを反映して、前走で上がり３Ｆ最速だった馬が12連対、上がり２位だった馬まで含めると計17連対で、1、2着馬の大半を占める。

◆前走なら断然、新馬・未勝利勝ち＞１勝クラス・ＯＰ特別

　前走のクラス別成績は右ページ上の表の通り。要注意なのは前走１勝クラスからの馬が０勝であること。2着も2回しかない。買いたい馬が

いてもヒモ付けが効果的。また前走OP特別からの馬はさらに不振だ。

格下に見える前走未勝利勝ちしたばかりの馬が意外と好成績で、これを距離短縮に絞ると【3－0－1－4】でさらに高確率となる。

また前走新馬勝ち組は、「前走もマイルを走った関西馬」に絞ると【2－2－1－6】とアップする。

アルテミスS・前走クラス別成績（2013〜22年）

前走	1着	2着	3着	4着～
新馬	3	3	1	38
未勝利	5	3	2	20
1勝クラス	0	2	4	21
OP特別	1	1	2	17
GⅢ	1	1	1	15

◆アラカルト・データ

・前走1着馬が全連対馬20頭のうち17頭を占めている。
・今回距離延長となった馬が【0－2－2－36】と極端に勝てない。反対に短縮馬は【5－1－3－20】だ。前走1800m組が狙い目か。

●東西なら断然、関西馬＞関東馬

関東馬9連対、関西馬11連対と数のうえではほぼ互角だが、率で見ると下の表のように大きな開きが出ている。

わざわざ関西からこの時期に持ってくるからには、勝算が立つ馬を絞って持ってくるということだし、またオークス前に一度東京を経験させたり、早い時期に東への輸送を経験させたりするために参戦してくるのだろう。つまり、西から来るのはそれだけの好素材というわけ。なお関西馬の単勝回収値は186円、複勝回収値は117円だ。

アルテミスS・東西別成績（2013〜22年）

	1着	2着	3着	4着～	勝率	連対率	複勝率
関東馬	4	5	3	75	4.6%	10.3%	13.8%
関西馬	6	5	7	37	10.9%	20.0%	32.7%

☆アラカルト・データ

・前走札幌2歳Sで3着以内だった馬は【1－1－1－1】だ。先の距離短縮馬と合わせても、該当馬は買いたい。
・前走阪神マイル出走馬は【1－1－2－2】だ。

MBS賞 スワンS

2023年10月28日・京都11R（GⅡ、芝1400m）

スワンS・過去5年の成績

年月日／天候・馬場・頭数／場所・コース	枠番	馬番	馬名	性齢	騎手	斤量	走破タイム／着差	人気	単勝／枠連／馬連	馬単／3連複／3連単
2018.10.27／晴・良・11頭立／京都・芝1400m	7	8	ロードクエスト	牡5	M.デムーロ	56kg	1.21.5	2	¥560	¥1,090
	8	10	モズアスコット	牡4	C.ルメール	58kg	ハナ	1	¥280	¥1,760
	5	5	グァンチャーレ	牡6	古川吉洋	56kg	1/2	8	¥320	¥9,820
2019.10.26／晴・稍・18頭立／京都・芝1400m	8	17	ダイアトニック	牡4	C.スミヨン	56kg	1.21.3	1	¥290	¥1,180
	5	10	モズアスコット	牡5	岩田康誠	57kg	ハナ	2	¥560	¥2,460
	4	8	マイスタイル	牡5	田中勝春	56kg	クビ	4	¥690	¥8,560
2020.10.31／晴・良・16頭立／京都・芝1400m	2	4	カツジ	牡5	岩田康誠	56kg	1.21.2	11	¥14,370	¥109,710
	8	16	ステルヴィオ	牡5	池添謙一	57kg	1	3	¥15,390	¥43,000
	1	2	アドマイヤマーズ	牡4	川田将雅	58kg	1/2	2	¥34,820	¥662,610
2021.10.30／晴・良・18頭立／阪神・芝1400m	5	9	ダノンファンタジー	牝5	川田将雅	55kg	1.20.7	1	¥370	¥4,030
	1	2	サウンドキアラ	牝6	松若風馬	54kg	3/4	5	¥1,180	¥6,180
	3	6	ホウオウアマゾン	牡3	坂井瑠星	54kg	1/2	3	¥2,520	¥30,750
2022.10.29／晴・良・18頭立／阪神・芝1400m	2	4	ダイアトニック	牡7	岩田康誠	56kg	1.19.8	4	¥660	¥18,520
	2	3	ララクリスティーヌ	牝4	菅原明良	54kg	1	10	¥10,730	¥71,930
	6	11	ルプリュフォール	セ6	武豊	56kg	頭	11	¥10,650	¥403,230

◆データ集計期間……2013〜20年

　現在はマイルＣＳの前哨戦となっているが、ここを叩いて同じGⅡでもさらに賞金の高い、年末の阪神カップへ向かう芝1400mのスペシャリストも多い。2023年は本来の舞台、京都芝外回り1400mに戻る。21、22年は阪神内回り1400mでの施行だったので、ここでは京都施行の13〜20年を対象とする。

◆勝ち切る3歳馬、不振の6歳以上

　年齢から見た明確な傾向がある。3歳馬が4勝で、年齢別に見ると最多勝（下の表）。勝つか消えるか極端ではあるのだが、古馬との比較で割り引く必要はない。なお勝った4頭に共通項はない。

スワンS・年齢別成績（2013〜20年）

年齢	1着	2着	3着	4着〜
3歳	4	0	0	9
4歳	1	2	2	12
5歳	3	4	5	34
6歳	0	2	1	23
7歳以上	0	0	0	20

また6歳になると急に好走できなくなり、7歳になると馬券圏にも入れなくなる。とにかく軸選びは5歳以下からとなる。

◆泣きの1枠、買いの6〜8枠

1枠がなぜかとても不利。【0-1-2-9】で、枠順別単勝平均人気が1位なのに1連対だけなのだ。3番人気以内も4頭いて、3着が最高。

対して6枠から外で、対象年8勝のうち6勝を占めている。

◆安田記念からの直行組を絞ると……

前走安田記念組が【2-3-3-6】で最も安定。そこでの着順は不問だが、牝馬と6歳以上をカットすると【2-2-3-1】と即買いのレベルとなる。なお前走スプリンターズS組は【0-1-1-17】とかなり不振だ。

●アラカルト・データ

・牝馬がなぜか苦戦。【1-0-1-24】だ。
・種牡馬ではディープインパクト産駒が【4-2-1-8】。まだしばらく産駒の影響力が高いので、見かけたら一考したい。

対してダイワメジャー産駒は、出走数が多いのにも関わらず【1-2-1-10】と今イチである。

☆リピーターの扱い

リピート好走があまりないレースだ。複数回3着以内に入ったのは2頭しかいない（フィエロが3→2着、モズアスコットが連続2着）。

☆岩田パパを狙え！

なぜか岩田康誠騎手が得意とするレース。【1-1-3-1】で、勝ち切った1回は11番人気だったカツジだ。

そもそも岩田康誠騎手は、近いところではダイアトニック（注・スワンS1着時はスミヨン騎乗）での手綱が思い出されるが、芝1400mはとても得意とする距離なのかもしれない。

☆前走スプリント戦出走馬はヒモまで

前走1200m出走で勝ったのは、先のカツジだけ。2着なら2頭いるが、基本的には軸にはしづらい。

スワンS

天皇賞・秋

2023年10月29日・東京11R（GⅠ、芝2000m）

天皇賞・秋・過去10年の成績

年月日 天候・馬場・頭数 場所・コース	枠番	馬番	馬名	性齢	騎手	斤量	走破 タイム 着差	人気	単勝 枠連 馬連	馬単 3連複 3連単
2013.10.27	4	7	ジャスタウェイ	牡4	福永祐一	58kg	1.57.5	5	¥1,550	¥4,510
晴・良・17頭立	5	9	ジェンティルドンナ	牝4	岩田康誠	56kg	4	1	¥1,110	¥1,400
東京・芝2000m	3	6	エイシンフラッシュ	牡6	M.デムーロ	58kg	2	3	¥1,190	¥14,310
2014.11.2	2	4	スピルバーグ	牡5	北村宏司	58kg	1.59.7	5	¥1,100	¥6,780
晴・良・18頭立	1	1	ジェンティルドンナ	牝5	戸崎圭太	56kg	3/4	2	¥1,340	¥2,850
東京・芝2000m	7	15	イスラボニータ	牡3	C.ルメール	56kg	頭	1	¥3,140	¥23,290
2015.11.1	4	8	ラブリーデイ	牡5	浜中俊	58kg	1.58.4	1	¥340	¥10,390
晴・良・18頭立	7	14	ステファノス	牡5	戸崎圭太	58kg	1/2	10	¥1,150	¥24,850
東京・芝2000m	8	16	イスラボニータ	牡4	蛯名正義	58kg	3/4	6	¥7,340	¥109,310
2016.10.30	5	8	モーリス	牡5	R.ムーア	58kg	1.59.3	1	¥360	¥3,700
曇・良・15頭立	7	12	リアルスティール	牡5	M.デムーロ	58kg	1 1/2	7	¥1,510	¥7,430
東京・芝2000m	8	14	ステファノス	牡5	川田将雅	58kg	1 1/4	6	¥2,420	¥32,400
2017.10.29	4	7	キタサンブラック	牡5	武豊	58kg	2.08.3	1	¥310	¥1,660
雨・不・18頭立	1	2	サトノクラウン	牡5	M.デムーロ	58kg	クビ	2	¥800	¥15,290
東京・芝2000m	4	8	レインボーライン	牡4	岩田康誠	58kg	2 1/2	13	¥900	¥55,320
2018.10.28	4	4	レイデオロ	牡4	C.ルメール	58kg	1.56.8	2	¥310	¥2,370
晴・良・12頭立	6	9	サングレーザー	牡4	J.モレイラ	58kg	1.25	4	¥720	¥6,420
東京・芝2000m	7	10	キセキ	牡4	川田将雅	58kg	ハナ	6	¥1,520	¥24,230
2019.10.27	1	2	アーモンドアイ	牝4	C.ルメール	56kg	1.56.2	1	¥160	¥1,170
晴・良・16頭立	7	14	ダノンプレミアム	牡4	川田将雅	58kg	3	3	¥220	¥3,210
東京・芝2000m	3	5	アエロリット	牝5	戸崎圭太	56kg	クビ	6	¥920	¥8,860
2020.11.1	7	9	アーモンドアイ	牝5	C.ルメール	56kg	1.57.8	1	¥140	¥1,180
曇・良・12頭立	5	6	フィエールマン	牡5	福永祐一	58kg	1/2	5	¥780	¥960
東京・芝2000m	6	7	クロノジェネシス	牝4	北村友一	56kg	クビ	2	¥970	¥4,130
2021.10.31	3	5	エフフォーリア	牡3	横山武史	56kg	1.57.9	3	¥340	¥850
曇・良・16頭立	1	1	コントレイル	牡4	福永祐一	58kg	1	1	¥400	¥350
東京・芝2000m	5	9	グランアレグリア	牝5	C.ルメール	56kg	クビ	2	¥390	¥2,040
2022.10.30	4	7	イクイノックス	牡3	C.ルメール	56kg	1.57.5	1	¥260	¥4,930
晴・良・15頭立	2	3	パンサラッサ	牡5	吉田豊	58kg	1	7	¥1,680	¥4,400
東京・芝2000m	3	5	ダノンベルーガ	牡3	川田将雅	56kg	クビ	4	¥3,330	¥23,370

◆データ集計期間……2013 ～ 22 年

　一時期はメンバーレベルが下がっていた時期もあったが、近年は3歳クラシックの連対馬が続けて参戦していることと、暮れの香港を目指す一流馬が秋初戦として使ってくるケースが増えており、レベルはかなり持ち直してきた。

　斤量は古馬牡馬58キロ、古馬牝馬56キロで、3歳馬はそれぞれ2キロ減となる定量戦。レースレコードは2011年トーセンジョーダンの1分56秒1となっている。

◆前走毎日王冠組では勝ち馬の連対ナシ

まずは前走についての項目をつぶさに見ていく（下の表）。主要な前走のレース別の出走数は毎日王冠が断然。また見かけの好走率の高さは安田記念組となる。ではレース別にさらに掘り下げていこう。

天皇賞・秋・前走主要レース別成績(2013～22年)

前走	1着	2着	3着	4着～
毎日王冠	2	1	5	35
安田記念	2	2	1	3
宝塚記念	1	3	2	12
札幌記念	1	2	0	16
オールカマー	1	0	0	18
京都大賞典	1	0	0	14

　トップバッターは毎日王冠組だ（下の表）。ここでは、前走毎日王冠の勝ち馬が連対していない点に注目。該当する4頭はすべて3番人気以内に支持されたが、3着が1回あるだけだ。やはり連勝というのはコンディションの維持も大変だし、また毎日王冠より格段に相手が強くなるということもあって、至難の業なのだろう。

　むしろ2、3着に負けていた「毎日王冠を叩き台とした一流馬」のほうが、【2－0－3－7】で好走率は高い。なお下の表の数字から6歳以上を除くと【2－0－3－3】まで絞り込める。

天皇賞・秋・前走毎日王冠組着順別成績(2013～22年)

前走	1着	2着	3着	4着～
1着	0	0	1	3
2、3着	2	0	3	7
4、5着	0	0	1	7
6着以下	0	1	0	18

◆前走安田記念組、6着以下からの巻き返しポイント

　前走安田記念組は、1着と4、5着からの出走がなく、2、3着馬が【2－0－1－1】、6着以下が【0－2－0－2】だ。ただし2、3着馬の2勝はともにアーモンドアイで、額面通り受け取れるかは微妙だ。

　また6着以下での2着2回は、2016年リアルスティールと19年ダノンプレミアム。リアルスティールはドバイデューティフリー（現ドバイターフ）1着→安田記念11着→天皇賞・秋2着、かつ皐月賞と菊花賞

で２着と幅広い距離適性を発揮していた。

　ダノンプレミアムも、安田記念までは朝日杯含む７戦６勝のスーパーホース、安田記念は出遅れての惨敗だった。先ほどもそうだったが、着順の悪い馬の巻き返しは、ＧⅠ実績の有無を参照したい。

◆宝塚記念からの直行組をフィルターにかける

　前走宝塚記念組は、そこで９着以内でさえあれば、着順は関係ない。

　では狙いをどう絞るかというと、まず関西馬に限れば【１−２−２−８】となり、続いて面白いことに、関西からの輸送がありながら、当日の馬体重が減っていなかった馬に限ると【１−２−２−３】と、かなりの高確率で馬券になっていたのだ。

　たとえ２キロであってもとにかく減っていたらダメで、宝塚から馬体重減だった馬は壊滅状態。この中にはスワーヴリチャード、アルアイン、ミッキーロケットなど、そこそこ人気になった馬たちも含まれている。

　宝塚記念９着以内の関西馬に買いたい馬がいたら、当日の馬体重発表を楽しみにしていただきたい。

◆近年不振の札幌記念、オールカマー組

　好走例の少ないレースに目を移すと、かつてはヘヴンリーロマンスやトーセンジョーダン、アーネストリーなど、好走馬を何頭も送り出して注目ローテだった時期もあった札幌記念からの直行組が挙げられる。しかし、この10年で馬券となったのはモーリス、サングレーザー、パンサラッサの３頭で、勢いが薄れている。

　前走オールカマーから馬券になったのは2018年１着のレイデオロだけ。アルアインとショウナンパンドラが４着になったものの、あとはすべて二ケタ着順。ＧⅠ馬であっても、よほどのことがないと買いづらいローテになっている。

◆トレンドはダービーから直行の３歳馬

　３歳馬については、ダービーからの直行馬は【２−０−１−２】で、22年はイクイノックスが１着、ダノンベルーガが３着。前書で書いたように、このローテは増えてきそうだ。そしてかなり確実に走ってくる。

◆６歳以上になると即消しレベル

　年齢別成績にもかなりハッキリした傾向がある。

下の表のように6歳以上は即消しでいいという結果。7歳ならともかく、6歳馬ならまだ好走しているイメージも個人的にはあったのだが、実際はまったく走れていない。

天皇賞・秋・年齢別成績（2013〜22年）

前走	1着	2着	3着	4着〜
3歳	2	0	2	8
4歳	3	6	4	30
5歳	5	4	3	38
6歳以上	0	0	1	51

●前走の上がりの脚に注目せよ

前走で上がり最速を出した馬は【7−2−2−21】で10年中7勝している。東京で速い決着になりやすいだけに、やはり前走で高速上がりを繰り出していた馬は重視したいところ。

●よほどの馬でないとリピート好走はならず

前年の天皇賞・秋で3着以内に入った馬の成績は、近10年で【1−1−2−7】だ。これだけ見ると可もなく不可もなくだが、連対した2頭はアーモンドアイとジェンティルドンナ、ともに三冠牝馬だ。となると、基本的にはそこまでの馬でないと連続圏内は難しいと考えるべき。リピーター色は薄く、買うにしても3着までが基本線となると考えたい。

●8枠不利の真偽

8枠は【0−0−2−22】。旧コース時代は、天皇賞・秋に限らず東京芝2000mでは8枠の不利が大きかったが、改修後はいくぶん改善された。それでいて連対ナシというのは、やはり不利なのかという気もするが、ただ枠順別単勝平均人気が7位の枠で、人気馬がほとんど入っていないのも事実。5番人気以内の馬はたった1頭だけだ。基本的には、今の天皇賞・秋では枠はそれほど気にしなくていいのではないか。

●アラカルト・データ

・休み明け3戦目以降の馬は【1−0−0−19】で、まず消しでいい。例外の1勝は4走目だった2013年のジャスタウェイ。

・偶然のように見えて偶然ではないかもしれないデータ。なぜかサンデーレーシングの馬が【0−4−3−7】と、好走率がとても高いのに勝て

天皇賞・秋・過去 10 年【3着以内馬の父と父系】一覧

		馬名	父	父系
2013	1着馬	ジャスタウェイ	ハーツクライ	サンデーサイレンス系
	2着馬	ジェンティルドンナ	ディープインパクト	サンデーサイレンス系
	3着馬	エイシンフラッシュ	King's Best	キングマンボ系
2014	1着馬	スピルバーグ	ディープインパクト	サンデーサイレンス系
	2着馬	ジェンティルドンナ	ディープインパクト	サンデーサイレンス系
	3着馬	イスラボニータ	フジキセキ	サンデーサイレンス系
2015	1着馬	ラブリーデイ	キングカメハメハ	キングマンボ系
	2着馬	ステファノス	ディープインパクト	サンデーサイレンス系
	3着馬	イスラボニータ	フジキセキ	サンデーサイレンス系
2016	1着馬	モーリス	スクリーンヒーロー	ロベルト系
	2着馬	リアルスティール	ディープインパクト	サンデーサイレンス系
	3着馬	ステファノス	ディープインパクト	サンデーサイレンス系
2017	1着馬	キタサンブラック	ブラックタイド	サンデーサイレンス系
	2着馬	サトノクラウン	Marju	ノーザンダンサー系
	3着馬	レインボーライン	ステイゴールド	サンデーサイレンス系
2018	1着馬	レイデオロ	キングカメハメハ	キングマンボ系
	2着馬	サングレーザー	ディープインパクト	サンデーサイレンス系
	3着馬	キセキ	ルーラーシップ	キングマンボ系
2019	1着馬	アーモンドアイ	ロードカナロア	キングマンボ系
	2着馬	ダノンプレミアム	ディープインパクト	サンデーサイレンス系
	3着馬	アエロリット	クロフネ	ヴァイスリージェント系
2020	1着馬	アーモンドアイ	ロードカナロア	キングマンボ系
	2着馬	フィエールマン	ディープインパクト	サンデーサイレンス系
	3着馬	クロノジェネシス	バゴ	ナスルーラ系
2021	1着馬	エフフォーリア	エピファネイア	ロベルト系
	2着馬	コントレイル	ディープインパクト	サンデーサイレンス系
	3着馬	グランアレグリア	ディープインパクト	サンデーサイレンス系
2022	1着馬	イクイノックス	キタサンブラック	サンデーサイレンス系
	2着馬	パンサラッサ	ロードカナロア	キングマンボ系
	3着馬	ダノンベルーガ	ハーツクライ	サンデーサイレンス系

ていないのだ。これだけヒモが多いことは一考に値するが、その理由は
後述する血統データゆえである。

・3着以内に入るための条件としては、東京でのGI5着以内か、東京
での重賞連対があるかだ。どちらかに該当した馬が9勝・2着8回・3
着9回。やはり東京実績は重要だ。ただし2022年2着のパンサラッサは、
貴重な例外となっていた。

●意外！ディープ産駒がなぜか勝てない

　ここからは血統を見ていく。過去10年の3着以内馬の父と母父は、
上の一覧の通り。

　意外なことに、ディープインパクト産駒の不振が目立つ。不振という
か、勝てないのだ。【1－8－2－44】という数字は、ほぼ万能のディー
プとしては異常事態である。これが先ほどのサンデーRが勝てない傾向
と関係しているのだ。サンデーRのディープ産駒での成績は【0－4－

1 − 4】で、勝てない原因はディープ産駒を抱えていたからともいえる。

ディープ産駒はもちろん人気になるわけで、例えば2022年のシャフリヤール、21年のコントレイルとグランアレグリア、17年のリアルスティール、16年のエイシンヒカリでも勝てなかった。

その理由は判然としないし、仮説も立てられないのだが、現実としてこうなっているからには、逆らう手もないだろう。

クラシックと違い、天皇賞・秋では、まだこの先2、3年は同産駒が出てくると思うので、「アタマはナシ」を決め打てる貴重なデータとして覚えておきたい。

●父キングマンボ系は警戒したい

好走血統といえるほど強いものはないのだが、「父キングマンボ系」は血統から推せる有効なデータだ。

この10年では2013年3着エイシンフラッシュ、15年1着ラブリーデイ、18年1着レイデオロと3着キセキ、19年&20年1着アーモンドアイ、22年2着パンサラッサとなっている。

なお対象期間外の12年には1、3着馬を出しており、このように長い期間断続的に出し続けているのは価値がある。なおキングマンボ系の該当種牡馬は巻末の種牡馬系統図をご参考に。

●デピュティミニスターの血も見逃せない

もうひとつの好走血統は「父か母の父がデピュティミニスター系」だ。

該当するのは、父だと2019年3着アエロリット　母の父だと2015年2着&16年3着ステファノス、17年3着レインボーライン、18年2着サングレーザー、20年3着クロノジェネシスとなっている。こちらも該当種牡馬は巻末をご覧いただきたい。

NEW! ★大型馬が勝ち切る

当日の馬体重が480キロ未満だった馬が【0 − 7 − 4 − 44】。ハッキリとした壁があるのだ。また460キロ未満まで下げると【0 − 0 − 1 − 14】。ここまで下がると連対どころか、圏内も難しくなる。つまり460〜478キロまでの馬は、買うにしてもヒモまでとなる。これは、牝馬の勝ち切りの有無を考える際に、大きなポイントとなるだろう。

京王杯2歳S

2023年11月4日・東京11R（2歳GⅡ、芝1400m）

京王杯2歳S・過去5年の成績

年月日 天候・馬場・頭数 場所・コース	枠番	馬番	馬名	性齢	騎手	斤量	走破タイム 着差	人気	単勝 枠連 馬連	馬単 3連複 3連単
2018.11.3	1	1	ファンタジスト	牡2	武豊	55kg	1.24.7	2	¥370	¥710
晴・良・8頭立	5	5	アウィルアウェイ	牝2	M.デムーロ	54kg	ハナ	1	―	¥1,170
東京・芝1400m	6	6	カルリーノ	牡2	三浦皇成	55kg	2	6	¥270	¥4,400
2019.11.2	4	4	タイセイビジョン	牡2	ルメール	55kg	1.20.8	1	¥210	¥860
晴・良・10頭立	7	8	ビアンフェ	牡2	藤岡佑介	55kg	2	3	¥540	¥990
東京・芝1400m	5	5	ヴァルナ	牡2	C.スミヨン	55kg	2	4	¥560	¥3,660
2020.11.7	3	6	モントライゼ	牡2	C.ルメール	55kg	1.21.8	2	¥300	¥8,480
曇・良・18頭立	8	17	ロードマックス	牡2	岩田望来	55kg	クビ	9	¥610	¥26,110
東京・芝1400m	8	16	ユングヴィ	牡2	柴田善臣	55kg	クビ	5	¥6,140	¥115,050
2021.11.6	3	3	キングエルメス	牡2	坂井瑠星	55kg	1.21.3	8	¥1,640	¥14,070
晴・良・14頭立	5	8	トウシンマカオ	牡2	戸崎圭太	55kg	1 1/4	4	¥7,040	¥19,130
東京・芝1400m	7	11	ラブリイユアアイズ	牝2	団野大成	54kg	3/4	3	¥7,450	¥113,390
2022.11.5	5	10	オオバンブルマイ	牡2	横山武史	55kg	1.20.9	10	¥5,100	¥133,430
晴・良・18頭立	4	7	フロムダスク	牡2	戸崎圭太	55kg	1	11	¥8,690	¥257,030
東京・芝1400m	8	16	スピードオブライト	牝2	石川裕紀人	54kg	ハナ	5	¥65,910	¥2,221,830

◆データ集計期間……2013〜22年

　現在では朝日杯フューチュリティSのステップレースとなっている。ただ近年は出走馬のレベル低下が顕著で、1着馬がマイル以上のGIを後に勝ったのは2010年のグランプリボスが最後だ（1200mGIなら17年タワーオブロンドンがいる）。

◆詰まったローテは危うい

　連闘馬の1勝はあるものの、中1週か中2週で臨んだ馬の成績は【0-0-2-33】とかなり不振。基本的に余裕があるローテを狙うべき。

◆小倉2歳Sと函館2歳S組

　前走のクラスについては、下の表の通り。未勝利戦や1勝クラスが不

京王杯2歳S・前走クラス別成績（2013〜22年）

前走	1着	2着	3着	4着〜
未勝利	0	2	2	24
1勝クラス	0	0	2	15
OP特別	2	3	2	32
GⅢ	5	4	3	17

振で、買いたい馬がいてもヒモまでだ。

対してOP特別からの馬が5連対、GⅢからの馬が9連対を占めている。OP特別組で凡走が多いのは、もみじS組【0－0－0－6】、カンナS組【0－2－0－10】だ。

また重賞からの場合は、小倉2歳S組が【3－1－2－5】、函館2歳S組が【2－2－1－4】で、この2レースが大半を占めている。

小倉2歳S1着馬は【1－1－1－2】で最も安定して走る。

そして函館2歳Sからの馬には面白い傾向があり、1着だった馬は【0－2－0－4】と勝っていないが、2着だった馬は【2－0－0－0】なのだ。

◆距離短縮組はなかなか勝てない

距離短縮となった馬は【1－3－3－26】で勝利を望みにくい。買うにしてもヒモまでか。

●関西馬が圧倒的だ！

関東馬【2－3－6－73】、複勝率13.1%に対し、関西馬が【8－7－4－31】で複勝率38.0%と3倍近い。

出走数の差から関東馬の率が下がるのはやむを得ないのだが、それにしても開きが大きいし、また東上してくるからには好走の公算が高いと見るべきだろう。単勝回収値247円、複勝回収値147円となっている。

●この種牡馬が飛車角！

ダイワメジャー産駒【2－1－1－7】、ロードカナロア産駒【2－0－1－2】で狙いが立つ種牡馬だ。

NEW! ★関西馬の体重増は買い

輸送があるにも関わらず、当日2キロでも馬体が増えていた関西馬は【6－3－1－18】である。単勝回収値は298円。なお輸送がないのに当日減っていた関東馬は【0－1－2－26】で連対も怪しくなる。

☆大敗でなければ買える

前走の着順は、二ケタでなければOK。また前走で0秒5以上負けていても問題ナシ。

京王杯2歳S 103

KBS京都賞ファンタジーS

2023年11月4日・京都11R（2歳牝馬GⅢ、芝1400m）

ファンタジーS・過去5年の成績

年月日 天候・馬場・頭数 場所・コース	枠番	馬番	馬名	性齢	騎手	斤量	走破タイム 着差	人気	単勝 枠連 馬連	馬単 3連複 3連単
2018.11.3	4	4	ダノンファンタジー	牝2	川田将雅	54kg	1.21.8	1	¥150	¥930
晴・良・9頭立	1	1	ベルスール	牝2	田辺裕信	54kg	1 3/4	4	¥600	¥2,370
京都・芝1400m	3	3	ジュランビル	牝2	和田竜二	54kg	クビ	6	¥700	¥5,890
2019.11.2	4	6	レシステンシア	牝2	北村友一	54kg	1.20.7	6	¥1,360	¥8,110
晴・良・15頭立	7	12	マジックキャッスル	牝2	戸崎圭太	54kg	1	1	¥1,140	¥5,700
京都・芝1400m	8	14	クリアサウンド	牝2	松山弘平	54kg	クビ	2	¥3,090	¥43,510
2020.11.7	7	10	メイケイエール	牝2	武豊	54kg	1.20.1	1	¥250	¥4,710
曇・良・12頭立	5	6	オパールムーン	牝2	横山典弘	54kg	3/4	7	¥570	¥5,400
阪神・芝1400m	7	9	ラヴケリー	牝2	川田将雅	54kg	1 1/4	5	¥3,310	¥25,620
2021.11.6	5	5	ウォーターナビレラ	牝2	武豊	54kg	1.21.1	2	¥380	¥920
曇・良・10頭立	2	2	ナムラクレア	牝2	浜中俊	54kg	3/4	1	¥440	¥530
阪神・芝1400m	8	9	ママコチャ	牝2	藤岡佑介	54kg	1 3/4	3	¥450	¥2,670
2022.11.5	6	8	リバーラ	牝2	石橋脩	54kg	1.21.3	10	¥7,070	¥39,960
晴・良・12頭立	5	5	ブトンドール	牝2	鮫島克駿	54kg	1 1/4	4	¥3,170	¥37,070
阪神・芝1400m	5	6	レッドヒルシューズ	牝2	酒井学	54kg	1	5	¥11,350	¥467,700

◆データ集計期間……2013～19年

　阪神ジュベナイルFのステップレースとして、1996年に京都芝外回りの1400mで創設。2000年代後半から10年代前半は、その後に直結しないレースとなっていたが、近年は勝ち馬が出世するケースが急激に増えてきた。通算して優勝馬から阪神JF勝ち馬が3頭、桜花賞馬も3頭出ている。

　2020、21年は阪神芝内回り1400mで代替。もちろん京都施行の年を対象とする。

攻略ポイント Rank A

◆前走重賞出走組は買いだが……

　前走クラス別の成績は右ページ上の表のようになっている。

　意外にも前走OP特別出走組や、1勝クラス組が勝てない。それならむしろ新馬戦や未勝利戦を勝ったばかりの昇級馬のほうが勝ち切れるという、不思議な重賞だ。

　ただし、前走重賞出走馬は好走率が高く、2勝はともに小倉2歳Sからの馬だ。そして新潟2歳Sからは【0－1－1－1】である。

ファンタジーS・前走クラス別成績(2013～19年)

前走	1着	2着	3着	4着～
新馬	3	1	0	19
未勝利	2	0	3	13
1勝クラス	0	3	0	13
OP特別	0	1	2	18
重賞	2	2	2	7

　前走新馬戦組の絞り方としては、中3週以内をカット→関東馬をカット→前走中京出走馬をカット→そして当日440キロ未満の馬をカットすると【2－1－0－2】まで絞り込める。

　また前走未勝利戦組は、中3週以内をカットするだけで【2－0－2－6】と、複勝圏としてならかなり的が絞れる。

◆前走マイル出走組が活躍

　前走芝1600m出走馬は【2－3－2－7】と好走率が高い。

　反対に前走も今回と同じ芝1400mに出走していた馬は【1－4－3－36】と極端な数字になっていて、同距離組がなぜか勝ちづらい。これも不思議な現象だ。

　また、前走から中1週以内は【0－0－0－11】。当然かもしれないが、間隔が詰まると無理。

●「継続騎乗＋1番人気」なら外れない!?

　前走から継続して同じ騎手が乗ると【5－4－4－33】で、期間内の全連対馬14頭のうち9頭を占める。単勝回収値245円、複勝回収値でも122円ある。

　さらに強力なデータにするなら、ここから1番人気だけを抽出すると【2－2－2－1】となり、ほぼ馬券圏パーフェクトに近い。

☆アラカルト・データ

・当日の馬体重は不問なのだが、500キロ以上だった馬は【0－0－0－3】で、出走数は少ないものの、ここまでは苦戦。

・新馬戦でも未勝利戦でも、前走が牝馬限定戦か、牡馬混合であったかは関係ない。牡馬相手に好走したことが、特に有利にはなっていない。

アルゼンチン共和国杯

2023年11月5日・東京11R（GⅡ ハンデ、芝2500m）

アルゼンチン共和国杯・過去5年の成績

年月日 天候・馬場・頭数 場所・コース	枠番	馬番	馬名	性齢	騎手	斤量	走破タイム着差	人気	単勝 枠連 馬連	馬単 3連複 3連単
2018.11.4	5	6	パフォーマプロミス	牡6	C.オドノヒュー	56kg	2.33.7	3	¥480	¥1,910
曇・良・12頭立	6	7	ムイトオブリガード	牡4	四位洋文	55kg	3/4	1	¥440	¥13,560
東京・芝2500m	5	5	マコトガラハッド	セ5	石川裕紀人	51kg	1/2	11	¥910	¥49,460
2019.11.3	5	7	ムイトオブリガード	牡5	横山典弘	56kg	2.31.5	2	¥480	¥5,590
曇・良・13頭立	2	2	タイセイトレイル	牡4	戸崎圭太	55kg	1 1/4	5	¥3,640	¥3,070
東京・芝2500m	1	1	アフリカンゴールド	セ4	C.ルメール	55kg	アタマ	1	¥3,120	¥23,070
2020.11.8	8	18	オーソリティ	牡3	C.ルメール	54kg	2.31.6	1	¥530	¥9,590
曇・良・18頭立	1	1	ラストドラフト	牡4	戸崎圭太	56kg	1 1/2	4	¥2,040	¥48,220
東京・芝2500m	5	10	サンアップルトン	牡4	柴田善臣	55kg	クビ	9	¥6,680	¥202,520
2021.11.7	6	10	オーソリティ	牡4	C.ルメール	57.5kg	2.32.4	1	¥300	¥2,060
晴・良・15頭立	7	12	マイネルウィルトス	牡5	M.デムーロ	56kg	2 1/2	4	¥800	¥2,640
東京・芝2500m	3	5	フライライクバード	牡4	岩田望来	55kg	3/4	3	¥1,420	¥10,930
2022.11.6	4	7	ブレークアップ	牡4	田辺裕信	54kg	2.31.1	6	¥1,770	¥15,430
晴・良・18頭立	8	17	ハーツイストワール	牡6	武豊	55kg	1 1/4	5	¥1,210	¥14,590
東京・芝2500m	8	16	ヒートオンビート	牡5	戸崎圭太	57kg	クビ	3	¥7,010	¥85,070

◆データ集計期間……2013～22年

　ハンデ戦でありながら、近年は勝ち馬からその後GⅠを制する馬が数々出ており、ジャパンCや有馬記念、あるいは翌年の中長距離路線の看板馬へ出世するレースとなっている。

　項目が多いので、GⅡだがページ数を拡大する。

◆3歳馬は押さえておきたい

　年齢で見ると、3歳馬が出てきたらまず買っておけともいえる結果が出ている。出走が少ないとはいえ、3歳は【2-0-2-1】で必ず馬券になっているのだ。ただし、この5頭はすべて3番人気以内だった。人気薄の3歳馬が出てきたらどうなるかだが、とりあえず押さえておくべきだろう。

　反対に7歳以上の高齢馬は【0-0-0-32】と全滅。もっとも、最上位人気は4番人気なのだが……。その後、GⅠを勝つ馬が多いということを考え合わせると、将来性が問われる重賞ということかもしれない。

◆重ハンデと軽ハンデ

　ハンデは軽すぎるのも重すぎるのもよくないようで、53キロ以下は【0

−1−1−27】、対して58キロ以上も【1−0−0−7】と今イチだ。

なおトップハンデは【2−1−1−10】で、克服して勝ったのは2016年シュヴァルグランと21年のオーソリティ。相当のレベルの馬でないと勝ち切れないと判断したい。

◆意外！ディープ産駒が走らない

種牡馬データとして、最も注目したいのはディープインパクト産駒の大不振である。なんと【0−1−0−23】であり、ソールインパクトが2着しただけだ。4着以下23頭の中には、1～4番人気の馬が4頭含まれている。

母の父ディープインパクトだと【0−1−1−2】だけに、この不振は父に限ったものである。まだしばらくは産駒の出走があると思うので、活用したい。

◆5番人気以内のハーツクライ産駒は買うべし

反対に好走例が多いのはハーツクライで【3−3−0−15】。連対した6頭はすべて異なる馬であり、信頼度は高い。ただし、すべて5番人気以内の人気どころだった。

●前走分析～好走率高いGⅠと不振のGⅡ

前走のクラス別で見た成績をまとめた（下の表）。

まず前走でGⅠを走っていた馬の好走率がとても高いことに注目したい。内訳はダービー【1−0−1−1】、宝塚記念【2−0−0−4】だ。そこでの着順はあまり気にしなくていい。

GⅡ出走馬の主力はオールカマー組なのだが【1−2−1−17】で強調はしづらい。オールカマーでの着順は一ケタならOK。

そして不振なのは、目黒記念からの休み明けが【1−0−0−7】、反対に間隔の詰まる京都大賞典組は【0−1−0−24】だ。

アルゼンチン共和国杯・前走クラス別成績(2013～22年)

前走	1着	2着	3着	4着～
GⅠ	4	1	1	8
GⅡ	3	4	2	52
GⅢ	0	0	2	14
OP特別	1	3	1	40
3勝クラス	2	2	4	16

●前走分析～GⅢ、OP特別も厳しい

　GⅢ組も不振で、その多くは新潟記念組【0－0－1－7】だ。2022年はヒートオンビートが初めて馬券圏に入ったが、連対は逃している。

　OP特別組もヒモまでとなっており、また特に不振なのは札幌芝2600mの丹頂S組で【0－1－0－26】というありさま。21年は人気の一角ボスジラが消えた。

●前走分析～東京3勝クラス出走馬をマークせよ！

　そして意外にも3勝クラスに出ていた馬、つまり今回が昇級戦か格上挑戦となった馬が好走している点に注目したい。

　近年のこの組の主力は六社特別(六社Sの名称も含む。東京芝2400m)から来る馬だ。ハンデ戦だった頃が【0－2－2－3】、そして別定戦となった2022年はブレークアップが連勝を果たした。

　前走東京以外の3勝クラス組は不振で、21年はフライライクバードが人気となったが消えた。

●リピーターには敬意を払っておこう

　特殊な東京芝2500mが舞台とあって、いかにもリピーターレースにふさわしいと思っていたのだが、近10年において、前年のアルゼンチン共和国杯で3着以内に入った馬が出てきたケースは【2－0－1－6】で、なんともいえない数字。

　ただし、4着以下6回の中には4着1頭、5着2頭がおり、掲示板に載った回数自体はそこそこ多い。とりあえず前年からのリピーターはマークしておきたい。

●目黒記念とのリンク、買っていい馬は……

　さらに、同じ東京芝2500mの目黒記念との関係をチェックしてみた。ほぼ半年前に行なわれた、同年の目黒記念の5着以内の馬が出走してきた場合の成績は【2－1－0－17】と意外とよくない。

　勝った2頭はパフォーマプロミス(目黒3着)、ムイトオブリガード(目黒5着)で、2着となったのはルルーシュ(目黒3着)。目黒記念の連対馬に絞ると【0－0－0－9】であり、買えない数字となっていた。

　これは目黒記念で連対したことにより、ハンデが重くなってしまったのが原因だろう。目黒記念掲示板組を買うなら、3～5着馬に限定して

もいいのではないだろうか。

NEW! ★ロベルト系に注目！

種牡馬データから強調したい傾向として、ロベルト系に注目したい。

同系スクリーンヒーロー産駒が【1－1－1－1】で、3着以内3頭はすべて異なる馬。

種牡馬としては現在、このレースでの父ロベルト系はスクリーンヒーロー産駒くらいしか出走はないのだが、そもそもスクリーンヒーロー自身がこのレースの勝ち馬でもあった。

また対象期間より前には、リアルシャダイやブライアンズタイムなど、ロベルト系での好走馬も多かったので、この系統は延々、好走馬を出し続けていることになる。

これは母の父でもいえることで、母の父シンボリクリスエスが【2－1－1－2】、タニノギムレットが【1－0－0－1】、ブライアンズタイムが【0－0－2－3】だ。なおロベルト系種牡馬については、巻末の父系表を参考にしていただきたい。

☆母父トニービンは全滅

補足だが、いかにも向いていそうな「母の父トニービン」は【0－0－0－7】だ。

NEW! ★前走の上がりに惑わされるな

東京の中距離戦で最後は切れ味勝負になると思いがちだが、前走の上がり3Fが最速だった馬は【1－0－2－20】と、ほとんど連対できない。スタミナへ振れるレースであることを裏付けている。

NEW! ★距離短縮馬はヒモまで

2500ｍが短縮になるということは、前走2600ｍ以上を使っていたということになるが【1－3－0－31】だ。ただし、500ｍ以上の短縮は【1－1－0－3】で変わり身を期待できる。

☆アラカルト・データ

・ブリンカー着用馬は【0－1－0－22】と買いづらい。
・牝馬は期間内に2頭しか出走しておらず、なんともいえない。その2頭はともに4着以下だった。

アルゼンチン共和国杯

みやこS

2023年11月5日・京都11R（GⅢ、ダ1800m）

みやこS・過去5年の成績

※2018年はJBC開催のため施行せず

年月日 天候・馬場・頭数 場所・コース	枠番	馬番	馬名	性齢	騎手	斤量	走破タイム 着差	人気	単勝 枠連 馬連	馬単 3連複 3連単
2017.11.5 晴・良・15頭立 京都・ダ1800m	8 5 6	16 10 12	テイエムジンソク ルールソヴァール キングズガード	牡5 セ5 牡6	古川吉洋 幸英明 藤岡佑介	56kg 56kg 57kg	1.50.1 2 1/2 1 1/4	2 9 3	¥310 ¥2,660 ¥9,480	¥13,360 ¥13,500 ¥68,120
2019.11.3 曇・良・16頭立 京都・ダ1800m	1 2 7	1 3 14	ヴェンジェンス キングズガード ウェスタールンド	牡6 牡6 セ7	幸英明 秋山真一郎 スミヨン	56kg 56kg 56kg	1.49.1 1/2 クビ	7 10 6	¥1,870 ¥2,190 ¥19,880	¥38,350 ¥62,920 ¥473,050
2020.11.8 晴・良・10頭立 阪神・ダ1800m	6 7 7	6 7 8	クリンチャー ヒストリーメイカー エイコーン	牡5 牡6 牡5	川田将雅 北村友一 高倉稜	57kg 56kg 56kg	1.49.9 3 4	1 4 9	¥340 ¥1,070 ¥1,110	¥2,000 ¥12,180 ¥41,220
2021.11.7 晴・良・16頭立 阪神・ダ1800m	2 3 3	3 6 5	メイショウハリオ ロードブレス アナザートゥルース	牡4 牡5 セ7	浜中俊 坂井瑠星 松山弘平	56kg 57kg 57kg	1.50.8 ハナ 2 1/2	5 6 10	¥1,300 ¥3,050 ¥6,680	¥14,370 ¥66,770 ¥369,130
2022.11.6 晴・良・16頭立 阪神・ダ1800m	7 6 2	14 12 3	サンライズホープ ハギノアレグリアス オメガパフューム	牡5 牡6 牡7	幸英明 福永祐一 横山和生	56kg 56kg 59kg	1.51.6 頭 クビ	11 2 1	¥9,070 ¥7,220 ¥17,220	¥57,110 ¥21,150 ¥267,560

◆データ集計期間……2013〜17、19年

　チャンピオンズC（当時はジャパンCダート）のステップレースとして2010年に創設。OP特別のトパーズSを昇格させる形だった。なお18年はJBCクラシックが京都で行なわれたために休止。2020、21、22年は阪神ダ1800mで施行。ここでは近10年から京都施行年の6回分をサンプルとする。

◆ 480キロ以上の馬から入りたい

　当日の馬体重が480キロ未満の馬は【0-3-1-13】。ダート重賞だから当然ではあるが、軽量気味では勝ち切れない。

◆前走二ケタ着順でなければ購入範囲

　前走着順は、10着以下でなければ不問。10着以下は【0-0-0-20】で全滅。

◆前走OP特別組が優勢

　対象年の6回分の1着馬は、OP特別組が4勝。中央のGⅢ組が2勝。それ以外からの勝利はない。これは重賞としては珍しい傾向だ。

●前走シリウスS組には期待できない

前走のレース別成績は下の表のようになっている。

東京ダ2100mのブラジルC組は、10着以下でなければ不問。なお連対した4頭はすべて3歳か4歳馬だった。エルムS組は勝ち馬の出走はなく、勝った2頭はともにエルムS2、3着馬だった。

中山ダ1800mのラジオ日本賞組は、少ないサンプルとはいえ確実に走っている。なお着順は不問だ。

目立つのはシリウスS組の不振。4着以下14回の中には人気どころも多く含まれており、シリウスS3着以内馬の成績は【0-0-1-6】なのだ。

みやこS・前走主要レース別成績 (2013～17、19年)

前走	1着	2着	3着	4着～
ブラジルC	2	2	0	10
エルムS	2	0	0	5
ラジオ日本賞	1	1	1	0
シリウスS	0	1	1	14
白山大賞典	0	0	0	7

●前走地方競馬出走馬も大不振

危険データとして有効なのは、帝王賞から直行してきた馬たちだ。実績馬が多く人気になるのだが危ない。そもそも前走地方競馬出走馬が【0-0-2-17】なのだ。

これは阪神施行年でも通用していたことで、2021年1番人気クリンチャーや3番人気オーヴェルニュが大敗している。

☆アラカルト・データ

前走好走馬が連続好走する傾向があった阪神施行時と違い、前走の着順はほとんど関係ない。

・レース間隔が詰まっても気にしなくていい。中1週でも【2-2-0-11】だ。

・勝ち馬は4～6歳から選びたい。3歳馬は【0-3-0-11】、7歳以上は【0-1-2-8】である。

みやこS　111

東京中日スポーツ杯 武蔵野S

2023年11月11日・東京11R（GⅢ、ダ1600m）

武蔵野S・過去5年の成績

年月日 天候・馬場・頭数 場所・コース	枠番	馬番	馬名	性齢	騎手	斤量	走破 タイム 着差	人気	単勝 枠連 馬連	馬単 3連複 3連単
2018.11.10	2	4	サンライズノヴァ	牡4	戸崎圭太	56kg	1.34.7	1	¥290	¥5,360
晴・稍・16頭立	2	3	クインズサターン	牡5	四位洋文	56kg	1 1/4	7	¥3,860	¥3,960
東京・ダ1600m	5	10	ナムラミラクル	牡5	C.ルメール	56kg	クビ	2	¥3,930	¥22,880
2019.11.9	4	7	ワンダーリーデル	牡6	横山典弘	56kg	1.34.6	9	¥2,520	¥45,590
晴・良・16頭立	5	9	タイムフライヤー	牡5	藤岡佑介	56kg	1 1/4	8	¥3,890	¥422,390
東京・ダ1600m	8	15	ダノンフェイス	牡6	大野拓弥	56kg	1/2	13	¥21,070	¥2,353,630
2020.11.14	3	6	サンライズノヴァ	牡6	松若風馬	58kg	1.35.0	3	¥510	¥17,080
晴・良・16頭立	6	12	ソリストサンダー	牡6	北村宏司	56kg	3/4	11	¥850	¥37,010
東京・ダ1600m	4	7	エアスピネル	牡7	三浦皇成	56kg	1 1/4	8	¥10,790	¥203,670
2021.11.13	8	16	ソリストサンダー	牡6	戸崎圭太	56kg	1.35.0	3	¥660	¥3,550
晴・稍・16頭立	7	14	エアスピネル	牡7	田辺裕信	56kg	1 1/4	2	¥1,370	¥5,840
東京・ダ1600m	6	11	オメガレインボー	牡5	横山和生	56kg	1/2	6	¥1,790	¥27,580
2022.11.12	6	11	ギルデッドミラー	牝5	三浦皇成	54kg	1.35.6	2	¥600	¥1,810
晴・良・16頭立	4	7	レモンポップ	牡4	戸崎圭太	56kg	ハナ	1	¥400	¥3,830
東京・ダ1600m	4	8	バスラットレオン	牡4	坂井瑠星	58kg	1/2	7	¥610	¥22,320

◆データ集計期間……2013〜22年

　一応、チャンピオンズCの前哨戦という位置付けではあるが、本番に直結することはほとんどなく、連勝したのは2013年のベルシャザールだけ。むしろ3カ月後の同舞台のGⅠ、フェブラリーSへ向けて、なんとか賞金を積んで出走可能にしたい馬が集まるレースになっている。

◆1枠不利は間違いない

　東京ダートマイルは1枠不利が定説だが、このレースにも当てはまっている。【0−1−0−18】と消しだ。

　ただし、枠順別の単勝平均人気が最低の8位であり、人気馬が入ったケースは少ないのだが、それらが揃って大敗した事実は見逃せない。前年の覇者だった2013年4番人気イジゲン、20年2番人気モズアスコット、そして21年1番人気タガノビューティーが二ケタ着順に沈んだ。

◆ヘニーヒューズ産駒がなぜか走らない

　いかにもこのコースが合いそうなヘニーヒューズ産駒（外国産含む）が、なぜか武蔵野Sに限っては苦戦している。フェブラリーSでは好走

が多いだけに不思議だが……。【0−0−1−11】であり、4着以下にはモーニン、タガノビューティーと2頭の1番人気がいた。

◆**前走OP特別組の取捨**

　前走OP特別組は【5−4−4−60】だが、東京でのレースに限ると【5−3−3−37】となる。その主力は【3−0−3−22】のグリーンチャンネルC組だ。東京以外のOP特別組は【0−1−1−13】で買いづらい。

◆**勝てない……アラカルト・データ**

・前走5着以下の馬は【0−4−4−60】と見事なまでに勝てていない。買いたい馬がいてもヒモまで。

・前走で中央の重賞に出走していた馬も【0−2−2−35】と勝てない。

● **差し追い込みが優位**

　スタート地点が芝なので前半が速くなり、差しや追い込みが決まりやすい。前有利のダートでありながら、4コーナーで7番手以降にいた馬が12連対している。

● **高齢馬はついていけない**

　またスピード寄りのレースであることを示す傾向として、若い馬の好走が多く、高齢馬が苦戦している。3歳馬【1−2−2−14】と好走率は高いのに対し、7歳以上は【1−1−1−31】だ。

● **JDDから直行の3歳馬が活躍！**

　前走交流重賞組では、南部杯組が【2−3−0−12】だが、そこで連対した馬は【0−1−0−3】とイマイチ。3歳馬の好走を支えているのは前走ジャパンダートダービー（JDD）組で【1−1−1−0】だ。

NEW! ★**関東馬は軸にしづらい**

　東京の重賞なのに、関東馬は【1−1−0−40】だ。2021年までは馬券になったのが15年1着ノンコノユメだけで即消しだったのだが、22年にレモンポップが2着。今後流れが変わるかどうかだが、好走例の圧倒的な少なさから、割り引きの新データに挙げておく。

☆**基本的に1番人気が危うい波乱レース**

　1番人気は4連対。3着も1回だけで、基本的には波乱傾向があるレースである。2番人気と1番人気で決着した2022年は珍しいパターン。

デイリー杯2歳S

2023年11月11日・京都11R（2歳GⅡ、芝1600m）

デイリー杯2歳S・過去5年の成績

年月日 天候・馬場・頭数 場所・コース	枠番	馬番	馬名	性齢	騎手	斤量	走破タイム 着差	人気	単勝 枠連 馬連	馬単 3連複 3連単
2018.11.10	3	3	アドマイヤマーズ	牡2	M.デムーロ	55kg	1.35.4	1	¥180	¥2,920
晴・良・9頭立	7	7	メイショウショウブ	牝2	池添謙一	54kg	3/4	6	¥2,360	¥3,960
京都・芝1600m	8	9	ハッピーアワー	牡2	秋山真一郎	55kg	2 1/2	5	¥2,080	¥15,040
2019.11.9	1	1	レッドベルジュール	牡2	武豊	55kg	1.34.5	3	¥770	¥18,060
晴・良・11頭立	8	10	ウイングレイテスト	牡2	松岡正海	55kg	1 1/2	7	¥6,270	¥9,560
京都・芝1600m	3	3	ペールエール	牡2	M.デムーロ	55kg	3/4	1	¥10,840	¥94,030
2020.11.14	2	2	レッドベルオーブ	牡2	福永祐一	55kg	1.32.4	1	¥130	¥340
晴・良・8頭立	1	1	ホウオウアマゾン	牡2	松山弘平	55kg	アタマ	2	—	¥430
阪神・芝1600m	3	3	スーパーホープ	牡2	川田将雅	55kg	1 1/4	4	¥270	¥890
2021.11.13	6	6	セリフォス	牡2	藤岡佑介	55kg	1.35.1	1	¥240	¥610
晴・良・7頭立	1	1	ソネットフレーズ	牝2	C.ルメール	54kg	クビ	2	—	¥7,190
阪神・芝1600m	5	5	カワキタレブリー	牡2	松山弘平	55kg	1 3/4	7	¥310	¥22,330
2022.11.12	8	10	オールパルフェ	牡2	大野拓弥	55kg	1.33.2	3	¥590	¥2,600
晴・良・10頭立	2	2	ダノンタッチダウン	牡2	川田将雅	55kg	1/2	1	¥1,170	¥2,220
阪神・芝1600m	1	1	ショーモン	牡2	横山武史	55kg	1	4	¥1,300	¥12,600

◆データ集計期間……2013〜19年

現在は朝日杯フューチュリティSの前哨戦であり、その後のNHKマイルCまでを目指す路線となっている。なおクラシック勝ち馬は2007年のキャプテントゥーレ（皐月賞馬）を最後に出ていない。

20〜22年は阪神芝1600mで施行。もちろん京都芝外回り1600mでの施行年のみをサンプルとする。

◆詰まったローテでは勝てない

中3週以内の詰まったローテーションだと【0−4−1−26】となっており、ハッキリと勝てない壁ができている。

◆前走勝利が必須の条件

前走1着馬しか連対できないという極端な結果になっている。前走1着馬は【7−7−4−34】、それ以外は【0−0−3−19】だ。

◆当日の馬体重で注意したいこと

馬体重減の馬には注意したい。当日、前走から4キロ以上減った馬は【0−1−1−9】で好走しづらい。

反対に、2キロであっても前走から増えていた馬は5勝・2着5回。つまり対象期間内の連対馬14頭の大半を占めていることになる。

●前走で注意すべきは、ききょうSと小倉2歳S

前走のクラス別成績は下の表のようになっている。

前走のクラスについては、あまり気にしなくていい。最多勝は新馬戦を勝ったばかりの馬だ。ただ、新馬戦の距離は芝1600mか1800mが望ましい。場については顕著な傾向はない。

未勝利戦からの場合は、芝1400mでも問題はない。

不思議なのは、1勝クラスからの馬が1頭も馬券になっていないことだ。理由は判然としない。

OP特別からの好走は多いが、特に阪神芝1400mのききょうSからの馬は【1-0-1-1】だ。3着以内の2頭はともに、ききょうS1着馬。

重賞からは小倉2歳S組が【1-1-0-2】。連対2頭はともに小倉2歳S1着馬。そもそも、前走芝1200m組は小倉2歳S上位馬のみ気にすればいい。

また同じマイルで直線の長い新潟2歳S組は【0-0-2-2】で、休み明けが響くのか、期間内では3着付けとなる。なお3着2頭は新潟2歳Sの2、3着馬だ。

デイリー杯2歳S・前走クラス別成績 (2013〜19年)

前走	1着	2着	3着	4着〜
新馬	3	2	1	13
未勝利	1	4	1	14
1勝クラス	0	0	0	6
OP特別	2	0	3	11
GⅢ	1	1	2	7

☆アラカルト・データ

・当日の馬体重の増減については先に述べたが、馬体重そのものについては消しデータがある。当日500キロ以上だった馬は【0-0-0-6】、440キロ未満だった馬は【0-1-0-9】で、大きすぎても小さくても苦戦となっている。

・牡牝の差はない。

・池江厩舎は1勝・2着2回。このレースに重きを置いているようだ。

エリザベス女王杯

2023年11月12日・京都11R（牝馬GⅠ、芝2200m）

エリザベス女王杯・過去10年の成績

年月日 / 天候・馬場・頭数 / 場所・コース	枠番	馬番	馬名	性齢	騎手	斤量	走破タイム / 着差	人気	単勝 / 枠連 / 馬連	馬単 / 3連複 / 3連単
2013.11.10	2	3	メイショウマンボ	牝3	武幸四郎	54kg	2.16.6	2	¥390	¥4,480
雨・重・18頭立	8	18	ラキシス	牝3	川田将雅	54kg	1 1/4	6	¥1,790	¥14,440
京都・芝2200m	4	7	アロマティコ	牝4	三浦皇成	56kg	クビ	5	¥2,780	¥64,840
2014.11.16	1	1	ラキシス	牝4	川田将雅	56kg	2.12.3	3	¥680	¥2,140
晴・良・18頭立	3	5	ヌーヴォレコルト	牝4	岩田康誠	54kg	クビ	1	¥610	¥3,030
京都・芝2200m	7	15	ディアデラマドレ	牝4	藤岡康太	56kg	1 1/4	6	¥970	¥15,570
2015.11.15	6	12	マリアライト	牝4	蛯名正義	56kg	2.14.9	6	¥1,520	¥4,730
晴・稍・18頭立	8	18	ヌーヴォレコルト	牝5	岩田康誠	56kg	クビ	1	¥1,470	¥3,770
京都・芝2200m	4	8	タッチングスピーチ	牝3	C.ルメール	54kg	ハナ	4	¥1,860	¥23,590
2016.11.13	2	3	クイーンズリング	牝4	M.デムーロ	56kg	2.12.9	3	¥610	¥22,570
晴・良・15頭立	5	9	シングウィズジョイ	牝4	C.ルメール	56kg	クビ	12	¥720	¥20,680
京都・芝2200m	1	1	ミッキークイーン	牝4	浜中俊	56kg	1 1/4	2	¥13,710	¥158,930
2017.11.12	3	5	モズカッチャン	牝3	M.デムーロ	54kg	2.14.3	5	¥770	¥15,890
晴・良・18頭立	2	4	クロコスミア	牝4	和田竜二	56kg	クビ	9	¥4,020	¥20,760
京都・芝2200m	5	10	ミッキークイーン	牝5	浜中俊	56kg	頭	1	¥8,030	¥127,540
2018.11.11	6	12	リスグラシュー	牝4	J.モレイラ	56kg	2.13.1	3	¥470	¥12,450
晴・良・17頭立	5	9	クロコスミア	牝5	岩田康誠	56kg	クビ	9	¥7,480	¥8,660
京都・芝2200m	4	7	モズカッチャン	牝4	M.デムーロ	56kg	3	1	¥9,800	¥56,370
2019.11.10	1	2	ラッキーライラック	牝4	C.スミヨン	56kg	2.14.1	3	¥540	¥5,440
晴・良・18頭立	3	6	クロコスミア	牝6	藤岡佑介	56kg	1.25	7	¥2,600	¥4,060
京都・芝2200m	8	11	ラヴズオンリーユー	牝4	M.デム	56kg	クビ	1	¥3,380	¥26,480
2020.11.15	8	16	ラッキーライラック	牝5	C.ルメール	56kg	2.10.3	1	¥330	¥3,610
晴・良・18頭立	7	13	サラキア	牝5	北村友一	56kg	クビ	5	¥1,260	¥4,260
阪神・芝2200m	6	11	ラヴズオンリーユー	牝5	M.デムーロ	56kg	クビ	3	¥2,290	¥21,050
2021.11.14	8	16	アカイイト	牝5	幸英明	56kg	2.12.1	10	¥6,490	¥137,500
晴・良・17頭立	3	5	ステラリア	牝4	松山弘平	54kg	2	7	¥2,610	¥282,710
阪神・芝2200m	1	2	クラヴェル	牝4	横山典弘	56kg	クビ	9	¥51,870	¥3,393,960
2022.11.13	8	18	ジェラルディーナ	牝4	C.デムーロ	56kg	2.13.0	4	¥410	注参照
曇・重・18頭立	7	11	ウインマリリン	牝5	D.レーン	56kg	1 3/4	5	¥850	¥6,440
阪神・芝2200m	7	15	ライラック	牝3	M.デムーロ	54kg	同着	12	注参照	注参照

注：2022年は2、3着同着。馬連¥1,920、¥15,500。馬単¥3,520、¥23,140。3連単¥206,260、¥289,250。

◆データ集計期間……2013〜19年

　世代を超えた牝馬ナンバーワン決定戦。競馬史に残る数々の名牝が勝ち馬に名を連ねているが、2010年と11年には英国から参戦した欧州最強牝馬、スノーフェアリーが連覇を果たして異彩を放っている。

　なお京都改修のため20〜22年は阪神の芝内回り2200mでの施行。京都では芝外回りの2200mで形状がまったく変わる。近10年のうちの京都施行年をサンプルとする。

◆断然！関西馬＞関東馬

　下の表のように、東西の成績の差が激しい。京都では、関東馬の勝ち切りは１回だけ。軸は関西馬から選ぶのが正解だ。

エリザベス女王杯・東西別成績(2013〜19年)

	1着	2着	3着	4着〜	勝率	連対率	複勝率
関東馬	1	2	0	29	3.1%	9.4%	9.4%
関西馬	6	5	7	72	6.7%	12.2%	20.0%

◆前走上がり３Ｆ１位馬の連対ナシ

　舞台は直線の長い外回りコースでありながら、前走で上がり３Ｆ１位だった馬が【０－０－３－16】でなんと連対していない。これは３コーナーからの下り坂を利用しての持続力レースになりがち、ということを表しているのだと思う。

◆５歳以降になると急降下

　年齢による成績は下の表の通り。なんと、５歳になるともう連対もおぼつかなくなってしまうのだ。古馬ＧⅠでありながら、ここまで顕著なのは特筆すべきデータである。

エリザベス女王杯・年齢別成績(2013〜19年)

年齢	1着	2着	3着	4着〜
3歳	2	2	2	20
4歳	5	3	4	30
5歳	0	1	1	36
6歳以上	0	1	0	15

◆前走ＧⅡ、ＧⅠ出走が連対条件

　連対馬には格が必要で、クラス別の成績を見ると、前走２勝クラスの２着が１回あるだけで（2013年ラキシス）、あとはすべて前走ＧⅡかＧⅠ出走馬が連対している。

◆アラカルト・データ

・前走で１〜３着に入っていた馬が７年中６勝。４着以下だった馬は１勝だけだ（2015年マリアライト）。

・レース間隔は詰まっていても空きすぎても厳しい。中２週以内は【０－０－０－11】と全滅。中９週以上になると【０－０－４－12】で３

エリザベス女王杯・過去10年【3着以内馬の父と父系】一覧

		馬名	父	父系
2013	1着馬	メイショウマンボ	スズカマンボ	サンデーサイレンス系
	2着馬	ラキシス	ディープインパクト	サンデーサイレンス系
	3着馬	アロマティコ	キングカメハメハ	キングマンボ系
2014	1着馬	ラキシス	ディープインパクト	サンデーサイレンス系
	2着馬	ヌーヴォレコルト	ハーツクライ	サンデーサイレンス系
	3着馬	ディアデラマドレ	キングカメハメハ	キングマンボ系
2015	1着馬	マリアライト	ディープインパクト	サンデーサイレンス系
	2着馬	ヌーヴォレコルト	ハーツクライ	サンデーサイレンス系
	3着馬	タッチングスピーチ	ディープインパクト	サンデーサイレンス系
2016	1着馬	クイーンズリング	マンハッタンカフェ	サンデーサイレンス系
	2着馬	シングウィズジョイ	マンハッタンカフェ	サンデーサイレンス系
	3着馬	ミッキークイーン	ディープインパクト	サンデーサイレンス系
2017	1着馬	モズカッチャン	ハービンジャー	ダンチヒ系
	2着馬	クロコスミア	ステイゴールド	サンデーサイレンス系
	3着馬	ミッキークイーン	ディープインパクト	サンデーサイレンス系
2018	1着馬	リスグラシュー	ハーツクライ	サンデーサイレンス系
	2着馬	クロコスミア	ステイゴールド	サンデーサイレンス系
	3着馬	モズカッチャン	ハービンジャー	ダンチヒ系
2019	1着馬	ラッキーライラック	オルフェーヴル	サンデーサイレンス系
	2着馬	クロコスミア	ステイゴールド	サンデーサイレンス系
	3着馬	ラヴズオンリーユー	ディープインパクト	サンデーサイレンス系
2020	1着馬	ラッキーライラック	オルフェーヴル	サンデーサイレンス系
	2着馬	サラキア	ディープインパクト	サンデーサイレンス系
	3着馬	ラヴズオンリーユー	ディープインパクト	サンデーサイレンス系
2021	1着馬	アカイイト	キズナ	サンデーサイレンス系
	2着馬	ステラリア	キズナ	サンデーサイレンス系
	3着馬	クラヴェル	エピファネイア	ロベルト系
2022	1着馬	ジェラルディーナ	モーリス	ロベルト系
	2着馬	ウインマリリン	スクリーンヒーロー	ロベルト系
	3着馬	ライラック	オルフェーヴル	サンデーサイレンス系

着までとなる。

●狙える前走重賞を着順で分析すると……

前走が重賞だった馬の、主要レース別の成績は下の表の通り。

府中牝馬S組は、1着馬は【1-1-1-3】と安定、6着以下は【0-1-1-17】で厳しい。

秋華賞組の連対3頭は、どれも秋華賞で3着以内だった。

オールカマー組の連対3頭は、どれもオールカマーで5着以内だった

エリザベス女王杯・前走主要重賞別成績(2013〜19年)

前走	1着	2着	3着	4着〜
府中牝馬S	3	4	2	32
秋華賞	2	1	1	16
オールカマー	2	1	0	3
京都大賞典	0	0	0	12

（2022年はジェラルディーナがオールカマーから連勝）。

　各レースからの選択は、このあたりを目安としたい。

●ミスプロ系産駒の不振

　父馬のうち、父ミスタープロスペクター系は【0-0-2-11】で連対できていない（左ページの血統一覧）。たくさんの種牡馬が該当するので、巻末の種牡馬系統表を見ていただきたい。

●リピーターの狙い方

　クロコスミアの3年連続2着という珍記録があり、リピーターレースと思われているが、そうとはいい切れない。前年の着順によってかなり変わる。

　下の表のように、前年1着馬は意外と苦戦。狙うなら前年2着馬だ。もちろんこの中には2回クロコスミアが入っているのだが、それ以外でも2頭が連対している。そして前年3着馬の巻き返しは厳しいという結果だ。

エリザベス女王杯・前年3着以内馬成績(2013～19年)

前年成績	1着	2着	3着	4着～
1着	0	0	1	5
2着	1	3	0	1
3着	0	0	1	2

NEW! ★GⅠ馬に1着ナシ!?

　「格が重要」と記したが、エリザベス女王杯を勝つ前にGⅠを勝っていた馬は2頭だけだ。リスグラシューを筆頭に、晩成タイプの名牝を送り出すレースなのである。

　もちろん1着がないというだけではあるが、「アタマ選びはGⅠ未勝利馬から」というのは、単純かつ有効な馬券戦術では。

☆アラカルト・データ

・当日の馬体重の増減は関係ない。
・1番人気は【0-2-2-3】で、意外にも勝てず、ヒモまでとなる。
・ミルコ・デムーロ騎手は【2-0-2-1】で、このレースと相性がよい。また岩田康誠騎手は、【0-3-0-3】で勝利はないが、連対率は5割だ（注・京都のみ）。

農林水産省賞典 福島記念

2023年11月12日・福島11R（GⅢハンデ、芝2000m）

福島記念・過去5年の成績

年月日 天候・馬場・頭数 場所・コース	枠番	馬番	馬名	性齢	騎手	斤量	走破タイム 着差	人気	単勝 枠連 馬連	馬単 3連複 3連単
2018.11.11 晴・良・16頭立 福島・芝2000m	1	2	スティッフェリオ	牡4	丸山元気	55kg	1.58.3	2	¥450	¥2,250
	3	6	マイスタイル	牡4	田中勝春	55kg	1 1/4	3	¥430	¥1,430
	1	1	エアアンセム	牡7	田辺裕信	57kg	クビ	1	¥1,130	¥7,540
2019.11.10 晴・良・16頭立 福島・芝2000m	5	10	クレッシェンドラヴ	牡5	内田博幸	55kg	1.59.5	1	¥390	¥3,380
	5	9	ステイフーリッシュ	牡4	中谷雄太	57.5kg	1 1/4	6	¥2,210	¥2,740
	6	12	ミッキースワロー	牡5	菊沢一樹	58.5kg	クビ	2	¥2,070	¥13,360
2020.11.15 晴・良・16頭立 福島・芝2000m	2	3	バイオスパーク	牡5	池添謙一	55kg	1.59.6	2	¥640	¥2,430
	5	9	ヴァンケドミンゴ	牡4	酒井学	55kg	クビ	1	¥740	¥4,050
	4	7	テリトーリアル	牡6	石川裕紀人	56.5kg	1	5	¥1,130	¥19,170
2021.11.14 晴・良・16頭立 福島・芝2000m	4	8	パンサラッサ	牡4	菱田裕二	56kg	1.59.2	5	¥900	¥8,200
	6	12	ヒュミドール	セ5	吉田豊	55kg	4	6	¥2,560	¥7,500
	5	10	アラタ	牡4	大野拓弥	56kg	1/2	1	¥4,470	¥52,260
2022.11.13 曇・良・16頭立 福島・芝2000m	2	2	ユニコーンライオン	牡6	国分優作	57kg	2.00.2	10	¥2,430	¥22,760
	4	7	サトノセシル	牝6	古川吉洋	53kg	1 3/4	3	¥750	¥13,320
	1	1	アラタ	牡5	大野拓弥	56kg	3/4	1	¥10,200	¥107,530

◆データ集計期間……2013～22年

　かつては秋の福島は連続開催で、このレースが行なわれる頃は芝が荒れ果て、レースも荒れていたのだが、近年は3週しか開催がないのでさほど荒れた芝にはならない。それに伴い波乱傾向もかなり薄れている。

攻略ポイント Rank A

◆勝ち馬は6歳まで

　3歳から高齢馬まで幅広く好走できる。ただし、7歳以上は勝ち切れなくなり、【0－1－2－35】だ。

◆重ハンデと軽ハンデ

トップハンデは【1－2－1－8】で、期間内は1勝しかしていない。嫌うとまではいえなくても、過信はできない。

　一方、53キロ以下の軽ハンデは【0－1－1－30】で、こちらは明らかに割り引き、買うにしてもヒモまでだ。

◆ディープ、ハービンジャー産駒は絶不調

　福島芝中距離に良績を挙げているディープインパクト産駒だが、このレースでは【0－1－1－18】とかなり不振。よほど買いたい馬がいてもヒモで。またハービンジャー産駒も【0－0－0－6】と厳しい。

◆アラカルト・データ
・中９週以上空くと【０－４－３－49】で、かなり強いヒモ傾向だ。
・前走ローカル５場（札幌、函館、福島、新潟、小倉）に出走していた馬は【０－４－３－50】で、これまたかなり強いヒモ傾向が出ている。
・前走２、３着馬は【０－５－２－８】と、またまた不思議なデータが出ている。これもヒモになる率がかなり高い。

●牝馬不調には理由があった！

牝馬は【０－１－１－25】だ。ただし３番人気になった２頭は２、３着になっており、４着以下の最高人気は４番人気。これは考えてみれば当然で、近い時期に府中牝馬Ｓやエリザベス女王杯など、近い距離の牝馬限定重賞が組まれていることによるものだろう。

●前走10着以下からの巻き返し

前走10着以下だった馬が【４－２－３－47】で６連対もしており、前走の好走歴はまったく当てにならない。近年はそれでいて配当がおとなしいのだから、巻き返しがけっこう見え見えだったということか。

なお、前走東京出走馬に絞ると【３－０－０－18】だが、ここから前走ＯＰ特別、距離短縮、７歳以上、当日460キロ未満を消していくと【３－０－０－４】にまで絞れる。前走10着以下から買える馬を探すときの目安として活用していただきたい。

一方、前走阪神出走馬は【１－１－０－０】なのだが、この２頭はともに阪神施行の京都大賞典出走馬で、2023年以降使えるかは疑問だ。

●８枠に入ると買い目ナシ

８枠は苦戦しており【０－０－０－20】。１番人気のサンマルティン、３番人気のウインマーレライらが二ケタ着順に沈んだ。

NEW！★前走オールカマー・札幌記念組が安定

前走オールカマー５着以内の馬は【１－１－２－２】と馬券になる率は高い。また、札幌記念組（着順不問）は【０－２－２－４】だ。

NEW！★今回斤量増はヒモまで

今回斤量が増えた馬は、【１－２－４－15】で、ヒモなら買える。

福島記念　121

東京スポーツ杯2歳S

2023年11月18日・東京11R（2歳GⅡ、芝1800m）

東京スポーツ杯2歳S・過去5年の成績

年月日 天候・馬場・頭数 場所・コース	枠番	馬番	馬名	性齢	騎手	斤量	走破タイム着差	人気	単勝 枠連 馬連	馬単 3連複 3連単
2018.11.17	1	2	ニシノデイジー	牡2	勝浦正樹	55kg	1.46.6	8	¥3,840	¥57,730
晴・良・16頭立	2	4	アガラス	牡2	W.ビュイック	55kg	ハナ	7	¥4,510	¥58,480
東京・芝1800m	3	5	ヴァンドギャルド	牡2	C.デムーロ	55kg	アタマ	4	¥24,750	¥593,030
2019.11.16	6	6	コントレイル	牡2	R.ムーア	55kg	1.44.5	1	¥250	¥640
晴・良・8頭立	5	5	アルジャンナ	牡2	川田将雅	55kg	5	2		¥330
東京・芝1800m	1	1	ラインベック	牡2	W.ビュイック	55kg	4	3	¥360	¥1,330
2020.11.23	3	3	ダノンザキッド	牡2	川田将雅	55kg	1.47.5	1	¥170	¥1,580
曇・良・10頭立	2	2	タイトルホルダー	牡2	戸崎圭太	55kg	1 1/4	4	¥1,370	¥2,170
東京・芝1800m	8	10	ジュンブルースカイ	牡2	武豊	55kg	3/4	3	¥1,330	¥7,080
2021.11.20	1	1	イクイノックス	牡2	C.ルメール	55kg	1.46.2	1	¥260	¥1,580
晴・良・12頭立	3	3	アサヒ	牡2	田辺裕信	55kg	2 1/2	4	¥1,140	¥2,800
東京・芝1800m	2	2	テンダンス	牡2	和田竜二	55kg	3/4	6	¥1,200	¥9,350
2022.11.19	3	3	ガストリック	牡2	三浦皇成	55kg	1.45.8	5	¥1,240	¥5,680
晴・良・11頭立	6	6	ダノンタイガー	牡2	川田将雅	55kg	クビ	2	¥2,360	¥1,200
東京・芝1800m	7	8	ハーツコンチェルト	牡2	松山弘平	55kg	1/2	1	¥2,430	¥13,870

◆データ集計期間……2013〜22年

　これまでの通算27頭の勝ち馬のうち、半数以上の14頭が後にGⅠ馬となっているという、異常なまでの出世レースで、2021年にGⅡへ昇格したのが遅すぎたほど。勝ち馬から皐月賞馬が2頭（イスラボニータ、コントレイル）、ダービー馬も2頭（ワグネリアン、コントレイル）。また、2着馬からはジャパンCを勝ったスワーヴリチャード、菊花賞、天皇賞・春、宝塚記念を勝ったタイトルホルダーが出ている。

　ただし、出世した馬が何頭も同じ年にいるわけではなく、勝ち馬、あるいは2着馬だけがGⅠ馬になって、それ以外の馬は重賞も勝てないまま終わったケースも少なくない。とはいえ2歳戦の中では、現状GⅠに匹敵するくらい注目度の高いレースで、スペースを拡大した。

攻略ポイント Rank A

◆前走新馬戦勝利からの連覇

　前走3着以下だった馬は【0-0-1-22】と消していい。やはり前走連対は必須だ。

　前走クラス別の成績を見てみよう（右ページ上の表）。前走新馬戦から連勝した馬が、半数の5勝を占めている。特に近4年

は、連対馬8頭のうち6頭が前走新馬戦勝ちだ。このところ急速に成績を上げており、軸選びはここからとしていい。

そのうち、阪神芝1800mの新馬戦が【2－0－1－2】、東京芝1800mが【2－0－0－3】だ。開催は春秋を問わない。2022年、5番人気1着のガストリックは東京1800mの新馬戦勝ちだった。その一方で、1番人気のハーツコンチェルトは中京の新馬戦勝ちから臨み3着に敗れている。

未勝利戦勝ちからの馬は、ヒモには入れても1着は取れていない。2022年2番人気のダノンザタイガーは、僅差ではあったが2着止まり。

東スポ杯2歳S・前走クラス別成績(2013～22年)

前走	1着	2着	3着	4着～
新馬	5	3	3	22
未勝利	0	3	2	22
1勝クラス	0	0	0	11
OP特別	3	2	5	19
GⅢ	2	1	0	9

◆前走1勝クラス組は消し

不思議なのは、前走1勝クラスからの馬が壊滅状態であること。理由は定かではないが、現実として即消しだ。よく、同じ東京の百日草特別勝ち馬がクローズアップされるが、当然消えている。

OP特別組は分散しているのだが、この中には現在はなくなっている、いちょうS【1－0－1－1】も含まれていて、これを除くと【2－2－4－18】となる。

重賞組にも、特にレースの偏りは見られない。主要の札幌2歳S組は【1－0－0－5】、新潟2歳S組は【0－1－0－3】である。

基本的に軸選びには、阪神や東京での新馬戦勝ちの馬をまず考えたい。

◆前走が同距離の芝1800m組が断トツ！

前走距離別に分けると下の表のようになる。

東スポ杯2歳S・前走距離別成績(2013～22年)

前走	1着	2着	3着	4着～	勝率	連対率	複勝率
1700m以下	1	2	3	18	4.2%	12.5%	25.0%
1800m	9	5	6	45	13.8%	21.5%	30.8%
2000m以上	0	3	1	20	0.0%	12.5%	16.7%

前走も同じ芝1800mを走っている馬が9勝、対して距離を変化させた馬は1勝だけ。アタマに置くなら断然、前走も1800mに出走していた馬だ。

　また、前走2000mに出走すると勝てない。2着3回には2、4番人気が含まれており、さらに3着1回は1番人気だ。人気馬がこれに該当していたら、下げる理由として考えたい。人気になりがちな百日草特別1着馬も当然含まれる。

●詰まったローテは不振

　中2週以内の馬は【1-0-1-20】。消しとはいい切れないが、軸にはできない。やはりゆったりしたローテで臨む馬のほうが信頼できる。

●前走阪神出走馬が優勢

　前走阪神出走馬が【3-2-3-8】と実に安定している。唯一、不振気味の野路菊S組の成績を除くと【2-2-3-4】となり、さらに信頼できる。なお前走新馬出走馬に限ると【2-1-2-2】だ。

●前走圧勝馬と大敗馬

　前走0秒6以上離して圧勝した馬は【1-1-2-10】で、意外と走れていない。また0秒3以上負けた馬は【0-0-0-18】。たとえ前走2着であっても、消すための基準としてよさそうだ。

NEW! ★前走の上がり3F2位以内が軸馬

　前走の上がり3F1位だった馬は【5-6-7-35】、そして2位だった馬は【5-1-1-18】という成績。勝ち馬はすべてこのどちらかであり、2着馬も例外は3頭だけだった。

　これと関連して、4コーナーで2番手以内にいた馬は【0-1-2-19】と苦戦傾向が強い。スローであっても、差し込める瞬発力が問われるレースだ。

NEW! ★意外と厳しいハーツクライ産駒

　ハーツクライ産駒は、2022年のハーツコンチェルトやダノンザタイガーのように人気になることが多いが、もともと晩成型の種牡馬のためか、勝ち切れないことが多い。【0-2-1-6】で、ヒモ傾向が強い。

ただし、ハーツクライ産駒の種牡馬、ジャスタウェイになると【2－0－1－2】で、一転して買いとなる。

☆母父アンブライドルズソング

母の父アンブライドルズソングは、早期に完成させる要素を伝える血のようで、コントレイルを始めとして【1－1－1－1】だ。父不問で見かけたら押さえておきたい。

☆前走が少頭数レース

出走頭数のバラツキが年により激しいレースではあるが、前走8頭立て以下のレースから臨んだ馬は【1－1－3－20】となっている。

東スポ杯に限ったことではないが、プレッシャーの少ないレースから一転すると、とまどうことが多いようで、軸には置きづらくなる。

☆関東馬＞関西馬

関東関西で分けると、意外にも？　関東が優勢だ。出走数にそれほど差がないのに、関東馬13連対、関西馬6連対。ただ、その後出世できなかった馬は、関東馬の勝ち馬のほうが多い。

☆馬体重の増減

当日の馬体重で見ると、関西馬は輸送があるのだが、増減は気にしなくていい。20キロ増での1着もいれば（24キロ増のダノンザキッド）、二ケタ減で当日428キロでの3着（10キロ減のジュンブルースカイ）もいる。

では輸送のない関東馬はどうかというと、こちらも増減はあまり関係ないのだが、6勝のうち4勝はわずかでも当日プラスであった馬。マイナスだった馬は2勝で、やはり増えていたほうがやや買いやすいということはあるようだ。

☆内枠が有利

3枠以内が7勝している。特に1枠は【4－0－3－4】だ。これは枠順別単勝平均人気順2位ということもあるのだが、ただ4、8番人気の1着、6番人気の3着もあり、人気以上に走るケースも多い。明らかに有利である。

☆小柄な馬は不振

当日の馬体重440キロ未満は【0－0－1－8】で厳しい。

マイルチャンピオンシップ

2023年11月19日・京都11R（GⅠ、芝1600m）

マイルチャンピオンシップ・過去10年の成績

年月日／天候・馬場・頭数／場所・コース	枠番	馬番	馬名	性齢	騎手	斤量	走破タイム／着差	人気	単勝／枠連／馬連	馬単／3連複／3連単
2013.11.17	3	5	トーセンラー	牡5	武豊	57kg	1.32.4	2	¥470	¥3,250
晴・良・18頭立	2	4	ダイワマッジョーレ	牡4	蛯名正義	57kg	1	3	¥1,630	¥2,090
京都・芝1600m	7	13	ダノンシャーク	牡5	福永祐一	57kg	3/4	1	¥1,930	¥12,450
2014.11.23	6	12	ダノンシャーク	牡6	岩田康誠	57kg	1.31.5	8	¥1,810	¥11,460
晴・良・17頭立	4	8	フィエロ	牡5	福永祐一	57kg	ハナ	3	¥1,970	¥25,760
京都・芝1600m	2	3	グランデッツァ	牡5	秋山真一	57kg	1 1/2	9	¥3,890	¥193,290
2015.11.22	8	16	モーリス	牡4	R.ムーア	57kg	1.32.8	4	¥570	¥3,400
曇・良・18頭立	5	10	フィエロ	牡6	M.デムーロ	57kg	1 1/4	1	¥1,270	¥2,000
京都・芝1600m	3	5	イスラボニータ	牡4	蛯名正義	57kg	クビ	1	¥1,780	¥12,000
2016.11.20	8	16	ミッキーアイル	牡5	浜中俊	57kg	1.33.1	3	¥590	¥3,390
曇・良・18頭立	4	8	イスラボニータ	牡4	C.ルメール	57kg	頭	2	¥830	¥8,360
京都・芝1600m	7	15	ネオリアリズム	牡5	R.ムーア	57kg	3/4	7	¥1,590	¥40,290
2017.11.19	8	18	ペルシアンナイト	牡3	M.デムーロ	56kg	1.33.8	4	¥880	¥5,520
晴・稍・18頭立	6	11	エアスピネル	牡4	R.ムーア	57kg	ハナ	3	¥820	¥9,300
京都・芝1600m	2	3	サングレーザー	牡3	福永祐一	56kg	1/2	7	¥2,480	¥55,890
2018.11.18	1	1	ステルヴィオ	牡3	W.ビュイック	56kg	1.33.3	5	¥870	¥6,350
晴・良・18頭立	1	2	ペルシアンナイト	牡4	M.デムーロ	57kg	頭	3	¥3,200	¥5,480
京都・芝1600m	2	3	アルアイン	牡5	川田将雅	57kg	1.1/4	4	¥3,220	¥29,790
2019.11.17	3	5	インディチャンプ	牡4	池添謙一	57kg	1.33.0	3	¥640	¥2,040
晴・良・17頭立	7	14	ダノンプレミアム	牡4	川田将雅	57kg	1.5	1	¥860	¥3,200
京都・芝1600m	4	7	ペルシアンナイト	牡5	O.マーフィー	57kg	クビ	6	¥840	¥16,580
2020.11.22	2	4	グランアレグリア	牝4	C.ルメール	55kg	1.32.0	1	¥160	¥790
曇・良・17頭立	4	8	インディチャンプ	牡5	福永祐一	57kg	3/4	3	¥370	¥1,610
阪神・芝1600m	4	7	アドマイヤマーズ	牡4	川田将雅	57kg	クビ	5	¥620	¥4,480
2021.11.21	6	12	グランアレグリア	牝5	C.ルメール	55kg	1.32.6	1	¥170	¥540
曇・良・16頭立	2	3	シュネルマイスター	牡3	横山武史	56kg	3/4	2	¥270	¥1,960
阪神・芝1600m	7	13	ダノンザキッド	牡3	川田将雅	56kg	1/2	1	¥370	¥5,460
2022.11.20	5	10	セリフォス	牡3	D.レーン	56kg	1.32.5	6	¥920	¥19,920
曇・良・17頭立	2	3	ダノンザキッド	牡4	北村友一	57kg	1 1/4	8	¥1,410	¥20,530
阪神・芝1600m	3	6	ソダシ	牝4	吉田隼人	55kg	1/2	2	¥11,870	¥142,650

◆**データ集計期間……2013～19年**

　京都芝外回りの1600mが舞台。連覇する馬が多く、これまでにニホンピロウイナー、ダイタクヘリオス、タイキシャトル、デュランダル、ダイワメジャー、グランアレグリア（阪神施行年）の6頭を数えている。

　この後の香港へは中2週しかないので、そこへ臨む馬はあまりいないが、翌年のドバイターフやゴドルフィンマイルへ向かう馬が近年は増えている。

　近10年のうち、京都施行年だけを対象とする。

◆最低でも前走で５着以内

単純だが、前走６着以下からの巻き返しは厳しい。【１－０－０－45】だ。唯一の例外は、大混戦だった2014年のダノンシャーク。

◆馬体重の条件

大きすぎても小柄でも勝ち切れない。これは阪神施行とは真逆である。500キロ以上は【１－３－２－41】、460キロ未満は【１－１－１－17】だ。

◆スワンＳとのリンク

レース創設時からトライアル的な位置にあるのが、京都芝外回り1400mのスワンＳだが、昔と異なり今はつながりが薄れてきた。【０－３－１－23】であり、買うにしてもヒモまでとなる。なお２着の３頭は、スワンＳの勝ち馬ではなく２、３着馬だった。

●前走分析〜富士Ｓ下位からの巻き返し？

前走を主要レース別で見たのが下の表だ。

阪神では不振だった富士Ｓ組が、京都では一応の主流となっている。なお富士Ｓ連対馬は【０－２－１－６】、３、４着馬は【０－０－０－８】だったが、５〜９着馬が【２－１－０－12】となっていて、巻き返すケースが多い。

とはいえ、この巻き返した３頭のうち２頭は、前の年にすでに３着以内を経験していた馬。もう１頭は、皐月賞連対の実績があった若い３歳馬だった。このような特殊な背景があるかどうかはチェックしておきたい。つまり、実績のまったくない５着以下では走れないと考えるべきだ。なお10着以下は【０－０－０－６】。

そしてもう１点、前走富士Ｓ組の関東馬は【０－１－０－10】と苦戦

マイルＣＳ・前走主要レース別成績 (2013〜19年)

前走	１着	２着	３着	４着〜
富士Ｓ	2	3	1	32
毎日王冠	2	0	2	15
スワンＳ	0	3	1	23
天皇賞・秋	0	1	2	5
スプリンターズＳ	1	0	0	4
府中牝馬Ｓ	0	0	0	7
京成杯オータムＨ	0	0	0	5

マイルチャンピオンシップ　127

マイルチャンピオンシップ・過去10年【3着以内馬の父と父系】一覧

		馬名	父	父系
2013	1着馬	トーセンラー	ディープインパクト	サンデーサイレンス系
	2着馬	ダイワマッジョーレ	ダイワメジャー	サンデーサイレンス系
	3着馬	ダノンシャーク	ディープインパクト	サンデーサイレンス系
2014	1着馬	ダノンシャーク	ディープインパクト	サンデーサイレンス系
	2着馬	フィエロ	ディープインパクト	サンデーサイレンス系
	3着馬	グランデッツァ	アグネスタキオン	サンデーサイレンス系
2015	1着馬	モーリス	スクリーンヒーロー	ロベルト系
	2着馬	フィエロ	ディープインパクト	サンデーサイレンス系
	3着馬	イスラボニータ	フジキセキ	サンデーサイレンス系
2016	1着馬	ミッキーアイル	ディープインパクト	サンデーサイレンス系
	2着馬	イスラボニータ	フジキセキ	サンデーサイレンス系
	3着馬	ネオリアリズム	ネオユニヴァース	サンデーサイレンス系
2017	1着馬	ペルシアンナイト	ハービンジャー	ダンチヒ系
	2着馬	エアスピネル	キングカメハメハ	キングマンボ系
	3着馬	サングレーザー	ディープインパクト	サンデーサイレンス系
2018	1着馬	ステルヴィオ	ロードカナロア	キングマンボ系
	2着馬	ペルシアンナイト	ハービンジャー	ダンチヒ系
	3着馬	アルアイン	ディープインパクト	サンデーサイレンス系
2019	1着馬	インディチャンプ	ステイゴールド	サンデーサイレンス系
	2着馬	ダノンプレミアム	ディープインパクト	サンデーサイレンス系
	3着馬	ペルシアンナイト	ハービンジャー	ダンチヒ系
2020	1着馬	グランアレグリア	ディープインパクト	サンデーサイレンス系
	2着馬	インディチャンプ	ステイゴールド	サンデーサイレンス系
	3着馬	アドマイヤマーズ	ダイワメジャー	サンデーサイレンス系
2021	1着馬	グランアレグリア	ディープインパクト	サンデーサイレンス系
	2着馬	シュネルマイスター	Kingman	ダンチヒ系
	3着馬	ダノンザキッド	ジャスタウェイ	サンデーサイレンス系
2022	1着馬	セリフォス	ダイワメジャー	サンデーサイレンス系
	2着馬	ダノンザキッド	ジャスタウェイ	サンデーサイレンス系
	3着馬	ソダシ	クロフネ	ヴァイスリージェント系

がかなり目立っている。

●前走分析〜毎日王冠組は2〜5着馬に狙い目

　毎日王冠組は、2、3着馬が2勝。また3着2回はともに毎日王冠4、5着馬だった。

　なお、前走3歳限定のGIから直行してきた馬は少ないが、4例すべて沈んでいる。

●不振のダイワメジャー、ミスプロ系

　種牡馬で見ると、ダイワメジャー産駒が【0−1−0−10】とかなり苦戦（上の血統一覧）。唯一の例外は、10年前のダイワマッジョーレだ。

　また父ミスタープロスペクター系は【1−1−0−12】。ただしロードカナロアは、【1−0−0−1】で、まだ2頭しか出走がないものの1勝しており、例外と考えるほうがいいかもしれない。ミスプロ系の種牡馬については、巻末の父系図を参考にしていただきたい。

128

●リピーターの扱い

冒頭に記したように連勝は多いのだが、近年はリピーターにはヒモ傾向が強まってきた。

前年1着馬は【0-1-0-1】、2着馬は【0-1-1-4】、3着馬は【1-1-0-1】だ。馬券には当然、一考を要する。

●安田記念とのリンク

また、阪神施行時は同年の安田記念の上位馬が好走することが多かったのだが、京都ではやや厳しい。

安田記念1着馬は【2-0-0-2】で勝ったのはモーリス、インディチャンプ。2着馬【0-0-0-3】、3着馬は【0-0-1-2】だ。

●馬体重のマイナス

当日の馬体重は増えている分には構わないが、4キロ以上マイナスだと【1-0-0-15】で苦戦傾向が出ている。

☆高齢馬もそこそこ走る

年齢には意外と偏りがない（下の表）。3歳でも2勝、6歳以上も確率は低いとはいえ2連対している。

☆乗り替わりのほうが勝ち切る

乗り替わりは6勝・2着1回。対して継続騎乗は1勝・2着6回だ。多くのGIでは継続騎乗のほうがいいか、あるいは互角だが、このレースに関してはハッキリと乗り替わりのほうが勝ち切れている。理由はわからないが……。

マイルCS・年齢別成績 (2013〜19年)

年齢	1着	2着	3着	4着〜
3歳	2	0	1	20
4歳	2	4	2	16
5歳	2	2	4	39
6歳以上	1	1	0	28

☆単勝4倍未満はなぜか勝てない

これもまた面白いことだが、単勝オッズが3.9倍以内（4.0倍未満）、つまり人気が集まると【0-1-2-4】で、勝てないどころか連対も怪しくなる。勝つのは単勝4倍以上だ。なお、これら7頭はすべて1番人気であり、その中にはスワンS組も3頭いた。

ラジオNIKKEI杯 京都2歳S

2023年11月25日・京都11R（2歳GⅢ、芝2000m）

京都2歳S・過去5年の成績

年月日 天候・馬場・頭数 場所・コース	枠番	馬番	馬名	性齢	騎手	斤量	走破タイム 着差	人気	単勝 枠連 馬連	馬単 3連複 3連単
2018.11.24 晴・良・9頭立 京都・芝2000m	1	1	クラージュゲリエ	牡2	J.モレイラ	55kg	2.01.5	1	¥280	¥1,300
	6	6	ブレイキングドーン	牡2	福永祐一	55kg	1/2	4	¥810	¥720
	2	2	ワールドプレミア	牡2	武豊	55kg	3 1/2	2	¥730	¥3,840
2019.11.23 晴・良・9頭立 京都・芝2000m	8	8	マイラプソディ	牡2	武豊	55kg	2.01.5	1	¥150	¥240
	6	6	ミヤマザクラ	牝2	O.マーフィー	54kg	2	2	¥150	¥310
	4	4	ロールオブサンダー	牡2	松山弘平	55kg	3	3	¥170	¥640
2020.11.28 晴・良・10頭立 阪神・芝2000m	7	8	ワンダフルタウン	牡2	和田竜二	55kg	2.01.6	3	¥440	¥1,630
	8	9	ラーゴム	牡2	武豊	55kg	3/4	2	¥610	¥4,420
	6	6	マカオンドール	牡2	岩田康誠	55kg	3/4	7	¥710	¥18,890
2021.11.27 曇・良・10頭立 阪神・芝2000m	7	8	ジャスティンロック	牡2	松山弘平	55kg	2.03.3	5	¥910	¥34,940
	3	3	ビーアストニッシド	牡2	岩田康誠	55kg	1/2	9	¥7,260	¥20,700
	7	7	フィデル	牡2	川田将雅	55kg	ハナ	2	¥18,920	¥243,030
2022.11.26 晴・良・15頭立 阪神・芝2000m	4	7	グリューネグリーン	牡2	M.デムーロ	55kg	2.00.5	5	¥1,440	¥11,320
	3	4	トップナイフ	牡2	横山典弘	55kg	頭	3	¥620	¥52,300
	5	9	ヴェルテンベルク	牡2	西村淳也	55kg	1 1/4	11	¥4,750	¥285,520

◆データ集計期間……2014～19年

2014年に突然重賞へ昇格し、17年にホープフルSがGIとなったことに伴って、現在はそのステップレースとなっている。

OP特別時代はシャダイカグラ、ナリタブライアン、アドマイヤドン、ヴィクトワールピサ、エピファネイアらそうそうたる馬が勝っていたが、重賞へ昇格してからのほうがスケールダウンという珍しいレース。勝ち馬がその後GIを勝ったことはまだない。またホープフルSについても、17年2着馬タイムフライヤーが制しただけとなっている。20年から3年間は阪神で代替。重賞昇格後の京都施行年を分析する。

◆芝1800m以上での実績が必要

全3着以内馬は、すべて芝1800m以上で勝ち鞍のあった馬だった。これは阪神施行でも例外が1頭あるだけで、かなり強力なデータ。

◆キャリア5走以上は多すぎる

2歳重賞に多いことではあるが、キャリア5走以上の馬は【0－0－0－7】。

◆ハーツクライとハービンジャー産駒

ハーツクライ産駒が【3−1−2−3】とかなりの安定度。阪神施行では結果が出ていないので、これは京都に戻って強調できるデータだ。もう残された新しい世代数は少ないが、2023年も出てきたら重視したい。

そしてハービンジャー産駒は少ないながら【1−1−0−2】だ。ディープインパクトやキングカメハメハの2歳産駒がいない今なら、もっと数字は上がってくるだろう。

◆前走上がり3F1位馬の活躍

小回りコースが舞台ながら、前走で上がり3F1位だった馬が【5−4−2−9】と、高確率で馬券になる。なお連対はすべて芝1800mか2000mでマークしたもの。また上がり3F2位以下は【1−1−4−38】で、ヒモ傾向が強まる。

●中4週以上がベスト

レース間隔は不問だが、最も好走確率が高いのは中4週以上空けた馬で【4−3−5−9】だ。

●前走デイリー杯、紫菊賞組は鬼門

前走のクラスは傾向が分散するが、前走新馬戦勝ちが【2−1−2−5】で率は高い。未勝利戦勝ちは【0−1−1−7】で苦戦。

なお京都芝1800mのOP特別・萩Sからは【0−3−0−4】で勝てないが好走率は高い。阪神1800mのOP特別・野路菊Sは【1−1−0−0】で、こちらも買いだ。

同じ京都2000mの1勝クラス・黄菊賞組は【1−0−1−4】で、1着は黄菊賞も勝った馬。3着以下に落ちているのは負けていた馬だ。

反対に意外な苦戦レースは、前走デイリー杯2歳S組で【0−0−0−4】、そして同じ京都2000mの1勝クラス・紫菊賞組が【0−0−1−3】だ。この4頭の中には、1番人気含め4番人気以内に支持された馬が3頭おり、危険な人気馬ローテといえる。

☆アラカルト・データ

・出走数が少ないのでなんともいえないが、牝馬は【0−1−0−5】、関東馬は【0−1−0−5】である。

・当日460キロ未満の馬は【0−0−1−8】で苦戦。

ジャパンC

2023年11月26日・東京12R（GⅠ、芝2400m）

ジャパンC・過去10年の成績

年月日 天候・馬場・頭数 場所・コース	枠番	馬番	馬名	性齢	騎手	斤量	走破タイム 着差	人気	単勝 枠連 馬連	馬単 3連複 3連単
2013.11.24	4	7	ジェンティルドンナ	牝4	R.ムーア	55kg	2.26.1	1	￥210	￥3,330
晴・良・17頭立	5	9	デニムアンドルビー	牝3	浜中俊	53kg	ハナ	7	￥2,090	￥63,800
東京・芝2400m	3	5	トーセンジョーダン	牡7	W.ビュイック	57kg	クビ	11	￥2,500	￥224,580
2014.11.30	2	4	エピファネイア	牡4	C.スミヨン	57kg	2.23.1	4	￥890	￥7,800
晴・良・18頭立	1	1	ジャスタウェイ	牡5	福永祐一	57kg	4	3	￥970	￥19,750
東京・芝2400m	7	15	スピルバーグ	牡5	北村宏司	57kg	1/2	6	￥4,120	￥91,790
2015.11.29	7	15	ショウナンパンドラ	牝4	池添謙一	55kg	2.24.7	4	￥920	￥18,510
晴・良・18頭立	3	6	ラストインパクト	牡5	R.ムーア	57kg	クビ	7	￥6,230	￥6,350
東京・芝2400m	1	1	ラブリーデイ	牡5	川田将雅	57kg	クビ	1	￥10,160	￥53,920
2016.11.27	1	1	キタサンブラック	牡4	武豊	57kg	2.25.8	1	￥380	￥3,990
小雨・良・17頭立	6	12	サウンズオブアース	牡5	M.デムーロ	57kg	2 1/2	5	￥2,340	￥8,050
東京・芝2400m	8	17	シュヴァルグラン	牡5	福永祐一	57kg	クビ	6	￥2,570	￥36,260
2017.11.26	1	1	シュヴァルグラン	牡5	H.ボウマン	57kg	2.23.7	5	￥1,130	￥5,250
晴・良・17頭立	1	2	レイデオロ	牡3	C.ルメール	55kg	1 1/4	1	￥1,780	￥1,300
東京・芝2400m	2	4	キタサンブラック	牡5	武豊	57kg	クビ	1	￥1,770	￥13,340
2018.11.25	1	1	アーモンドアイ	牝3	C.ルメール	53kg	2.20.6	1	￥140	￥700
晴・良・14頭立	5	8	キセキ	牡4	川田将雅	57kg	1.75	4	￥600	￥960
東京・芝2400m	7	11	スワーヴリチャード	牡4	M.デムーロ	57kg	3.5	2	￥590	￥2,690
2019.11.24	3	5	スワーヴリチャード	牡5	O.マーフィー	57kg	2.25.9	3	￥510	￥4,810
曇・重・15頭立	1	1	カレンブーケドール	牝3	津村明秀	53kg	3/4	5	￥2,050	￥2,900
東京・芝2400m	2	2	ワグネリアン	牡4	川田将雅	57kg	1.5	2	￥2,900	￥19,850
2020.11.29	2	2	アーモンドアイ	牝5	C.ルメール	55kg	2.23.0	1	￥220	￥610
曇・良・15頭立	4	6	コントレイル	牡3	福永祐一	55kg	1.25	2	￥350	￥300
東京・芝2400m	3	5	デアリングタクト	牝3	松山弘平	53kg	クビ	3	￥330	￥1,340
2021.11.28	1	2	コントレイル	牡4	福永祐一	57kg	2.24.7	1	￥160	￥670
晴・良・18頭立	4	7	オーソリティ	牡4	C.ルメール	57kg	2	5	￥530	￥510
東京・芝2400m	2	4	シャフリヤール	牡3	川田将雅	55kg	1.5	2	￥530	￥1,780
2022.11.27	3	5	ヴェラアズール	牡5	R.ムーア	57kg	2.23.7	3	￥450	￥1,920
晴・良・18頭立	7	15	シャフリヤール	牡4	C.デムーロ	57kg	3/4	1	￥470	￥2,360
東京・芝2400m	2	3	ヴェルトライゼンデ	牡5	D.レーン	57kg	クビ	4	￥940	￥9,850

◆データ集計期間……2013～22年

　創設以来、日本競馬の国際化の象徴として君臨していたのだが、2005年のアルカセットを最後に外国馬の優勝はない。今は来日すらおぼつかなくなっており、国際競走としての地位は急落。代わりに、唯一の東京芝2400mにおける世代対決のGⅠという意義が強まっている。

◆軸は4、5歳馬だが、3歳牝馬も走る！

　3歳馬は1勝だけだが、複勝率は高く、少ない出走数だが圏内には入りやすい（右ページの表）。

これを性別で分けると、牡馬【0－2－1－10】に対し、牝馬が【1－2－1－6】であり、勝利数、連対数、3着以内数、すべて牝馬のほうが高い。これは、なんといっても3歳牝馬の斤量利が大きいと見る。

軸は明らかに4歳か5歳から選ぶべき。そして6歳以上はこのように3着以内がわずか1頭だけ。消しでもいい。

ジャパンC・年齢別成績（2013～22年）

年齢	1着	2着	3着	4着～	勝率	連対率	複勝率
3歳	1	4	2	16	4.3%	21.7%	30.4%
4歳	5	3	3	37	10.4%	16.7%	22.9%
5歳	4	3	4	35	8.7%	15.2%	23.9%
6歳以上	0	0	1	49	0.0%	0.0%	2.0%

◆1枠有利、8枠不利はホント

1枠が【4－3－1－9】で他の枠を圧倒している。これをダービーの1枠有利と結び付けて、東京芝2400mの1枠の優位さをアピールする記事もこの時期よく見られるが、人気馬が多く入っていることも大きい。枠順別の単勝平均人気は1位の枠である。

とはいえ、5番人気以内になった馬8頭のうち7頭は、人気順と同じか、それよりも上の着順に入っていることもまた事実。これを踏まえると、1枠の利は確かにあると考えるべきだろう。

また8枠は【0－0－1－26】で馬券にほとんどなっていない。枠順別の単勝平均人気はワーストで、5番人気以内になった馬も2頭だけしかいないが、ともに人気を下回る着順に終わっている。

◆詰まりすぎても空きすぎてもダメ

レース間隔は詰まりすぎても空きすぎてもダメで、中2週以内は【0－2－1－33】だ。また中9週以上空くと【0－0－0－13】。10年間で13頭しかいないのだからレアケースなのだが、とかく間隔を空けたほうが結果を出しがちな昨今のGIと違い、ジャパンCでは不振だ。

◆前走分析～天皇賞・秋①秋天1、2着馬の厳しい現実

続いて前走のレース別のデータだ（次ページ上の表）。

このように、当然ながら最も出走数が多いのは天皇賞・秋組である。そこでの着順別にまとめたのが、さらに下の表だ。

まず目をひくのは前走1着、つまり秋の天皇賞馬が勝ち切れていない

ジャパンC　133

ジャパンC・前走主要レース別成績（2013〜22年）

前走	1着	2着	3着	4着〜
天皇賞・秋	6	3	6	36
京都大賞典	3	1	0	17
秋華賞	1	1	1	3
AR共和国杯	0	1	1	16
凱旋門賞	0	1	0	5
菊花賞	0	1	0	3

ジャパンC・前走天皇賞・秋着順別成績（2013〜22年）

天皇賞・秋着順	1着	2着	3着	4着〜
1着	1	0	3	0
2着	2	0	0	3
3着	0	1	0	4
4、5着	1	1	1	6
6着以下	2	1	2	23

こと。連対も厳しいという現実だ。連勝したのは2020年のアーモンドアイのみ。1頭も4着以下に落ちていないのはさすがなのだが、やはり天皇賞・秋を勝っての中3週では、基本的には厳しいと考えるべきか。

　天皇賞・秋2着馬は2勝しているが、2、3着がなくて他は馬券圏から消えている。この2勝はジェンティルドンナとコントレイル。先ほどのアーモンドアイと合わせると、天皇賞・秋連対からジャパンCで勝利を収めるには、三冠級の能力がないと難しいといえる。

◆前走分析〜天皇賞・秋②秋天6着以下からの巻き返し

　人気面から狙いに妙味が出てくるのは、天皇賞・秋3着以下からだろう。これらのうちポイントとなるのは、天皇賞で掲示板を外したことで侮られがちな6着以下からの馬だ。

　まず天皇賞・秋で6〜9着のゾーンでジャパンCを制した2頭を分析すると、2014年エピファネイアの天皇賞・秋は、春の香港遠征からの直行で6カ月ぶり。19年スワーヴリチャードは天皇賞・秋が4カ月ぶりでありながら馬体重10キロ減と、調整が上手くいっていなかったフシがあった。それぞれ敗因はハッキリしていたのだ。

◆前走分析〜天皇賞・秋③さらに、秋天10着以下からの巻き返し

　前項のように、天皇賞・秋の敗戦が客観的に見て仕方ないとも思える状況だったのは、10着以下から巻き返してきた馬にも通じること。

ジャパンC・過去10年【3着以内馬の父と父系】一覧

		馬名	父	父系
2013	1着馬	ジェンティルドンナ	ディープインパクト	サンデーサイレンス系
	2着馬	デニムアンドルビー	ディープインパクト	サンデーサイレンス系
	3着馬	トーセンジョーダン	ジャングルポケット	グレイソヴリン系
2014	1着馬	エピファネイア	シンボリクリスエス	ロベルト系
	2着馬	ジャスタウェイ	ハーツクライ	サンデーサイレンス系
	3着馬	スピルバーグ	ディープインパクト	サンデーサイレンス系
2015	1着馬	ショウナンパンドラ	ディープインパクト	サンデーサイレンス系
	2着馬	ラストインパクト	ディープインパクト	サンデーサイレンス系
	3着馬	ラブリーデイ	キングカメハメハ	キングマンボ系
2016	1着馬	キタサンブラック	ブラックタイド	サンデーサイレンス系
	2着馬	サウンズオブアース	ネオユニヴァース	サンデーサイレンス系
	3着馬	シュヴァルグラン	ハーツクライ	サンデーサイレンス系
2017	1着馬	シュヴァルグラン	ハーツクライ	サンデーサイレンス系
	2着馬	レイデオロ	キングカメハメハ	キングマンボ系
	3着馬	キタサンブラック	ブラックタイド	サンデーサイレンス系
2018	1着馬	アーモンドアイ	ロードカナロア	キングマンボ系
	2着馬	キセキ	ルーラーシップ	キングマンボ系
	3着馬	スワーヴリチャード	ハーツクライ	サンデーサイレンス系
2019	1着馬	スワーヴリチャード	ハーツクライ	サンデーサイレンス系
	2着馬	カレンブーケドール	ディープインパクト	サンデーサイレンス系
	3着馬	ワグネリアン	ディープインパクト	サンデーサイレンス系
2020	1着馬	アーモンドアイ	ロードカナロア	キングマンボ系
	2着馬	コントレイル	ディープインパクト	サンデーサイレンス系
	3着馬	デアリングタクト	エピファネイア	ロベルト系
2021	1着馬	コントレイル	ディープインパクト	サンデーサイレンス系
	2着馬	オーソリティ	オルフェーヴル	サンデーサイレンス系
	3着馬	シャフリヤール	ディープインパクト	サンデーサイレンス系
2022	1着馬	ヴェラアズール	エイシンフラッシュ	キングマンボ系
	2着馬	シャフリヤール	ディープインパクト	サンデーサイレンス系
	3着馬	ヴェルトライゼンデ	ドリームジャーニー	サンデーサイレンス系

　10着以下から馬券圏に入った3頭について見ると、2015年2着のラストインパクトは、川田騎手が乗り札幌記念6着→天皇賞・秋では菱田騎手に手替わりして12着大敗→しかしジャパンCでは「世界の」ムーア騎手を起用していた。この年はメンバーレベルが今イチだったのだが、それを見込んだ分、ここなら勝てるという判断をしていたと思われる。

　また13年3着のトーセンジョーダンには、2年前の2着馬という実績があったし、天皇賞・秋では札幌記念大敗後のマイナス18キロと明らかに本調子を欠いていた。それが今回はビュイック騎手を起用して、体重も輸送がありながらのプラス4キロで、トレセンに入った段階ではかなり戻していたことがうかがえた。

　18年3着のスワーヴリチャードは、天皇賞・秋は1番人気に支持されたが4カ月半ぶりで10着。5カ月ぶりでのGⅢ勝ちがあるものの、休み明けはパフォーマンスが下がる傾向はあって、明らかに狙いをこちら

ジャパンC　135

に定めていたフシがあった。

　このように天皇賞・秋組の4着以下については、その着順にとらわれず、敗因を詳細に分析して変わり身が見込めるかどうかを判断したい。
　なお天皇賞・秋での上がり3F最速馬は【2－0－2－3】で要一考。

◆前走分析〜秋華賞・京都大賞典

・続いては前走秋華賞組。ここからジャパンCで馬券対象になるには、秋華賞で連対していることが条件となる。なおジャパンCで連対した2頭は、ともにオークスでも連対していた馬だった。ちなみに京都施行の秋華賞組は【1－1－1－2】、阪神施行は1頭のみの出走で圏外だった。

・京都大賞典組は、阪神施行に絞ると【1－0－0－4】で、2022年ヴェラアズールが勝った。「コース設定がタフな阪神だけに、消耗度の点で割り引きとなるか」と前書で書いたが、勝たれてしまった。ちなみに今後は京都となるわけだが、京都施行では【2－1－0－13】となっている。

◆前走分析〜凱旋門賞・アルゼンチン共和国杯・菊花賞

・前走凱旋門賞組は、日本馬のみを対象としている。海外帰りとしては間隔がやや詰まっているだけあって、さすがに厳しい。2着になったのは2014年のジャスタウェイだ。なお、参考までに凱旋門賞を使って来日した外国馬については【0－0－0－4】である。

・アルゼンチン共和国杯組からは、東京芝2500mの舞台設定から、いかにも伏兵が台頭しそうな気がするが、意外と好走例は少ない。かつてはスクリーンヒーローが勝ったりしたものだが、近10年では2、3着が1回だけで、連対は21年のオーソリティのみだ。中2週のレース間隔が厳しいか。

・菊花賞からの出走は意外と少ない。連対したのは三冠達成直後のコントレイルのみだ。4着以下の3頭には、ダービー馬ワンアンドオンリー、皐月賞馬ディーマジェスティを含んでいる。基本的にコントレイルに比肩するようなレベルの馬でない限りは、軽視でいいだろう。

攻略ポイント B

◆伏兵が走る父サンデー系×母父ミスプロ系

　次は近10年の上位3着までの父と父系を見てみよう。
　前ページの一覧から好成績の種牡馬を抽出すると、単体の種牡馬として最も好走の回数が多いのは、もちろん

ディープインパクトで【3 - 5 - 3 - 22】、次いでハーツクライの【2 - 1 - 2 - 15】である。

ともに今後は産駒の出走数が減っていくわけだが、まだ当面は影響力を発揮するはずで、特にジャパンCにおいては重視すべき種牡馬だろう。

配合面からの好走パターンとして指摘したいのは、父サンデーサイレンス系×母の父ミスタープロスペクター系の配合だ。【3 - 3 - 4 - 14】で複勝率41.7％の高確率で馬券になるのだ。

人気薄での好走例が多く、7番人気で2着となったデニムアンドルビーとラストインパクト、6番人気3着となったスピルバーグ、5番人気で1着となったシュヴァルグランなどを含んでいる。

なお、それぞれの系統の該当種牡馬については、巻末の父系図をご覧いただきたい。

◆外国馬は全滅状態

外国馬についてはいうまでもなく【0 - 0 - 0 - 27】という惨状だ。来日すらない年も散見されるし、無理に招待した……としか思えないケースもあり、ここを狙ってくる馬は皆無に等しい。

また昔はビッグネームも毎年のように出走したものだが、今は日本で負けては種牡馬価値に関わるので、物見遊山での来日もなくなった。

もし重・不良馬場になれば、時計のかかる馬場に慣れ切っている欧州からの馬に限りチャンスはあるかもしれないが、良馬場ではスピードや切れという点で、日本の馬場では太刀打ちできないと判断する。

☆社台・ノーザンF系の傾向

ノーザンF生産馬が【6 - 4 - 7 - 46】と連対馬の半数を占めていて、白老F生産馬も【2 - 2 - 0 - 3】と健闘。2勝はショウナンパンドラとヴェラアズールで、混戦模様の年だった。

一方、社台F生産馬は【0 - 2 - 1 - 12】と勝ち切れない傾向だ。ここ2、3年の復権ぶりから、ジャパンCでも逆襲なるか。

☆直線の追い込みも限界アリ

4コーナーで5番手以内にいた馬が7勝している。直線だけでの後方一気は決まりにくいことは頭に置いておくべき。

京阪杯

2023年11月26日・京都12R（GⅢ、芝1200m）

京阪杯・過去5年の成績

年月日 天候・馬場・頭数 場所・コース	枠番	馬番	馬名	性齢	騎手	斤量	走破タイム 着差	人気	単勝 枠連 馬連	馬単 3連複 3連単
2018.11.25	2	3	ダノンスマッシュ	牡3	北村友一	55kg	1.08.0	1	¥340	¥23,220
晴・良・18頭立	3	6	ナインティナイルズ	牡7	岩田康誠	56kg	1 3/4	12	¥3,550	¥90,040
京都・芝1200m	4	8	ダイアナヘイロー	牝5	菱田裕二	55kg	ハナ	11	¥14,990	¥541,480
2019.11.24	3	6	ライトオンキュー	牡4	古川吉洋	56kg	1.08.8	2	¥550	¥3,530
曇・良・18頭立	6	12	アイラブテーラー	牝3	和田竜二	53kg	1 3/4	3	¥1,280	¥7,560
京都・芝1200m	4	7	カラクレナイ	牝5	大野拓弥	54kg	1/2	7	¥1,930	¥32,470
2020.11.29	5	10	フィアーノロマーノ	牡6	吉田隼人	57kg	1.08.2	3	¥570	¥3,230
晴・良・16頭立	7	13	カレンモエ	牝4	松若風馬	54kg	クビ	11	¥860	¥18,990
阪神・芝1200m	4	7	ジョーアラビカ	牡6	和田竜二	56kg	クビ	12	¥1,500	¥85,070
2021.11.28	1	2	エイティーンガール	牝5	秋山真一郎	55kg	1.08.8	10	¥2,250	¥19,160
晴・良・16頭立	3	5	タイセイビジョン	牡4	幸英明	57kg	1	3	¥1,540	¥32,790
阪神・芝1200m	4	7	ファストフォース	牡6	小崎綾也	56kg	クビ	6	¥8,480	¥222,660
2022.11.27	7	14	トウシンマカオ	牡3	鮫島克駿	55kg	1.07.2	1	¥380	¥6,590
晴・良・16頭立	3	6	キルロード	セ7	福永祐一	57kg	1 1/4	10	¥1,070	¥12,580
阪神・芝1200m	2	4	スマートクラージュ	牡5	岩田望来	56kg	1 3/4	4	¥4,090	¥60,910

◆データ集計期間……2013～19年

舞台は京都芝内回りの1200m。スプリンターにとって、この時期使うレースがないので、毎年ほぼフルゲートとなる。

出世する勝ち馬は少ないのだが、3歳馬が勝った例はロードカナロア、ハクサンムーン、ダノンスマッシュであり、いずれもその後大飛躍している。3歳で勝った馬は追いかける価値がある。

近3年は阪神代替だったため、京都施行年のみを分析する。なお2016年は3着同着のため、そこだけはサンプル数がひとつ多くなっている。

◆関西馬が圧倒的に優勢

関東馬【0－0－1－15】に対し、関西馬は【7－7－7－83】で、出走数の差だけではない圧倒ぶりだ。関東馬唯一の3着は、2017年14番人気のイッテツ。

◆牝馬がなぜか不振

牝馬は勝ち切りという視点では、かなり劣勢である。【1－2－2－40】であり、牝馬の活躍が多い芝短距離重賞にしては珍しい。

◆前走アラカルト・データ

・前走10着以下の巻き返しは望み薄で【0 - 0 - 2 - 31】だ。
・前走新潟出走組は【0 - 1 - 0 - 11】で苦戦。また、京都と異なりゴール前に急坂がある中山と阪神出走馬は【1 - 0 - 3 - 17】で、連対はかなり厳しい。
・前走から距離を短縮してきた馬は【1 - 3 - 0 - 29】で勝ち切れない。

●前走OP特別組はヒモでいい

　前走をレース別に見ると、キーンランドCの1着2回はともに4着以内。なお前走キーンランドC4着以内からの出走は、期間内ではこの2頭だけである（下の表）。

スワンS組の2着3回はスワンS3、4着馬だった。

オパールS（京都芝1200mのOP特別）は、別定戦のときは【0 - 2 - 0 - 3】ながら、ハンデ戦になったら【0 - 0 - 2 - 12】で苦戦。

同じ京都1200mのOP特別・京洛S組は【0 - 0 - 2 - 12】で連対ナシ。前走OP特別組自体が【1 - 3 - 4 - 44】で勝ち切れないのだが、京都のOP特別だと【0 - 2 - 4 - 30】でさらに極端な数字となる。買いたくてもヒモに回すのが正解だろう。

京阪杯・前走主要レース別成績 (2013〜19年)

前走	1着	2着	3着	4着〜
キーンランドC	2	0	0	2
スワンS	1	3	0	18
スプリンターズS	1	0	1	13
オパールS	0	2	2	15
京洛S	0	0	2	12
セントウルS	0	0	2	3

☆5〜8枠は勝ち切れない

　不思議なのだが、5枠から外が【0 - 3 - 3 - 59】である。枠順別の単勝平均人気は5〜8位と低めなのだが、それにしても0勝であることには驚いた。

特に8枠には1番人気2頭、2番人気1頭いて勝てていない。5〜8枠に広げると1、2番人気ともに3頭ずついる。

☆**不振な種牡馬**

　種牡馬ではダイワメジャーが【0 - 1 - 0 - 8】、アドマイヤムーンが【0 - 0 - 1 - 8】だ。

スポーツニッポン賞 ステイヤーズS

2023年12月2日・中山11R（GⅡ、芝3600m）

ステイヤーズS・過去5年の成績

年月日 天候・馬場・頭数 場所・コース	枠番	馬番	馬名	性齢	騎手	斤量	走破タイム 着差	人気	単勝 枠連 馬連	馬単 3連複 3連単
2018.12.1 晴・良・13頭立 中山・芝3600m	7	11	リッジマン	牡5	蛯名正義	56kg	3.45.2	1	¥390	¥1,430
	7	12	アドマイヤエイカン	牡5	田辺裕信	56kg	2 1/2	2	¥730	¥1,490
	3	3	モンドインテロ	牡6	W.ビュイック	56kg	クビ	4	¥760	¥5,760
2019.11.30 晴・良・13頭立 中山・芝3600m	8	12	モンドインテロ	牡7	W.ビュイック	56kg	3.46.1	6	¥1,250	¥6,140
	7	11	アルバート	牡8	O.マーフィー	56kg	3/4	1	¥800	¥39,100
	4	4	エイシンクリック	牡5	津村明秀	56kg	1	11	¥2,120	¥257,890
2020.12.5 小雨・稍・15頭立 中山・芝3600m	6	11	オセアグレイト	牡4	横山典弘	56kg	3.52.0	3	¥1,380	¥22,550
	7	13	タガノディアマンテ	牡5	津村明秀	56kg	アタマ	8	¥5,890	¥13,890
	2	2	ポンデザール	牡5	C.ルメール	54kg	1 1/2	1	¥11,100	¥121,150
2021.12.4 晴・良・13頭立 中山・芝3600m	7	11	ディバインフォース	牡5	田辺裕信	56kg	3.47.6	6	¥770	¥4,110
	4	5	アイアンバローズ	牡4	石橋脩	56kg	1/2	4	¥770	¥4,420
	8	13	シルヴァーソニック	牡5	内田博幸	56kg	1 1/2	5	¥1,800	¥25,870
2022.12.3 曇・良・14頭立 中山・芝3600m	5	7	シルヴァーソニック	牡6	D.レーン	56kg	3.46.3	3	¥540	¥4,630
	7	12	ブリュームドール	牝4	横山武史	54kg	3/4	5	¥2,400	¥5,770
	6	9	ディバインフォース	牡6	戸崎圭太	57kg	1 1/4	4	¥2,720	¥30,240

◆データ集計期間……2013～22年

　1997年、GⅡに格上げされた際に別定戦となって、連続好走する馬が急増した（連続好走しても斤量が微増程度のため・後述）。このレースだけを目標に出てくる、特殊な適性の馬が集まるレースとなっている。

◆リピーターが走る、走る！

　近10年での前年の5着以内馬は【6-0-4-12】。3着以内は【6-0-2-5】と、さらに高確率となる。

　以前からアルバートやトウカイトリックらでおなじみのリピーターレースで、その後はなぜか複数回出走が減っていたのだが、2022年は前年上位馬が複数連続好走。リピーターにはやはり注意を。

◆ダイヤモンドS3着以内馬がここでも激走！

　ステイヤーズSと同じく、天皇賞・春より長い距離の重賞としてダイヤモンドSがある。東京芝3400mのハンデ戦だが、ここで上位3着までの馬が、同一年のステイヤーズSに出走したときは【3-2-0-3】だ。

　距離こそ1Fの差だが、形状がまったく異なるだけに、成績のリンクはなさそうに思えるのだが、少ない出走数で5割を超える連対率、しか

もすべて異なる馬で挙げていた。馬券対象として重視したい。

◆内枠・外枠の意外な傾向

　1枠は単勝人気の枠別平均順位が3位で【1－0－1－8】はなんともいえないのだが、2位の2枠が【0－1－2－10】と低調。

　反対に7枠は、順位1位だから【2－5－1－12】の好走は当然としても、2021年6、8番人気が連対。そして8枠は順位ワーストの8位ながら【2－1－1－16】。こちらも5、6番人気の連対がある。内枠であることは不利とはいえないまでも、有利にはならないし、逆に外枠だから割り引くのも間違いだ。

◆アラカルト・データ

・長距離戦だけあって、高齢馬も割り引く必要はない。7歳以上が【1－3－1－31】だ。

・500キロ以上の馬体重は【0－2－1－28】と好走例は少ない。

●好走率が高いアルゼンチン共和国杯組の絞り方

　出走数も好走数も、圧倒的に多いのは前走アルゼンチン共和国杯組で【5－1－4－32】である。好走確率が高いのは、そこでの2～5着馬で【2－0－2－3】なのだが、10着以下でも圏内には来ている。

　このアルゼンチン組の総数を、4～6歳に絞り、かつ馬体重500キロ以上をカットすると【5－0－2－12】まで絞れてくる。

　前走京都大賞典組は【0－3－2－9】で、ヒモとしては必須。これは阪神施行の時が【0－0－1－2】、京都施行が【0－3－1－7】であり、複勝率としてはそれほど変わらない。

●オルフェーヴル産駒が活躍

　ハーツクライ産駒にはステイヤーのイメージがあるが、このレースでは坂がこたえるのか【0－2－1－9】である。近年台頭はオルフェーヴルで【2－2－1－4】。3着以内5回のうち4回は異なる馬による。

NEW! ★前走3勝クラスの狙い方

　前走3勝クラスの馬も出走してくるが、関西馬に限定すると【1－2－1－9】となる。格下や昇級で狙いが難しいのだが、関西馬なら一応押さえたい。

チャレンジC

2023年12月2日・阪神11R（GⅢ、芝2000m）

チャレンジC・過去5年の成績

年月日 天候・馬場・頭数 場所・コース	枠番	馬番	馬名	性齢	騎手	斤量	走破 タイム 着差	人気	単勝 枠連 馬連	馬単 3連複 3連単
2018.12.1	7	9	エアウィンザー	牡4	M.デムーロ	56kg	1.58.3	2	¥270	¥2,230
晴・良・12頭立	2	2	マウントゴールド	牡5	武豊	56kg	3	4	¥1,540	¥5,260
阪神・芝2000m	7	10	ステイフーリッシュ	牡3	藤岡佑介	56kg	1 1/2	5	¥1,620	¥19,540
2019.11.30	4	4	ロードマイウェイ	牡3	C.ルメール	54kg	1.59.1	2	¥470	¥7,510
晴・良・12頭立	6	7	トリオンフ	セ5	岩田康誠	56kg	アタマ	8	¥3,750	¥8,830
阪神・芝2000m	1	1	ブレステイキング	牡4	R.ムーア	56kg	1/2	3	¥4,840	¥43,330
2020.12.5	6	7	レイパパレ	牝3	川田将雅	53kg	1.59.9	1	¥160	¥290
晴・良・11頭立	8	11	ブラヴァス	牡4	福永祐一	56kg	1 1/2	2	¥190	¥270
阪神・芝2000m	1	1	ヒンドゥタイムズ	牡4	武豊	56kg	1/2	3	¥220	¥620
2021.12.4	8	11	ソーヴァリアント	牡3	C.ルメール	55kg	2.01.0	1	¥170	¥1,010
曇・良・11頭立	6	6	ヒートオンビート	牡4	川田将雅	56kg	3 1/2	4	¥400	¥1,990
阪神・芝2000m	6	7	ペルシアンナイト	牡7	岩田望来	57kg	アタマ	5	¥830	¥5,860
2022.12.3	6	10	ソーヴァリアント	牡4	C.ルメール	56kg	1.57.5	1	¥190	¥1,780
晴・良・14頭立	2	2	ルビーカサブランカ	牝5	川田将雅	54kg	1 3/4	4	¥1,260	¥4,350
阪神・芝2000m	3	3	エヒト	牡5	田中勝春	56kg	クビ	8	¥1,480	¥14,180

◆データ集計期間……2017～22年

　それまでの2000mから、2012年に1800m（芝外回り）に短縮。しかし17年からは2000m（芝内回り）に戻されて現在に至る。時期的につながるGⅠが近くになく、翌年の大阪杯への路線へ乗せたい有望株に、初タイトルを獲らせるためのレースという意味を持ちつつある。ここでは、現行のコースである17年以降の6回分を対象とする。

◆走りまくる3歳、とにかく勝てない5歳以上

　まずは年齢だ。3歳馬がとにかくよく走る重賞という点が最大の特徴。下の表のように、3歳馬は出てきたらとにかく買っておきたい。世代が強いとか関係なく、3歳馬が活躍するレースなのである。特に前走菊花賞組は【1－0－2－

チャレンジC・年齢別成績 (2017～22年)

年齢	1着	2着	3着	4着～	勝率	連対率	複勝率
3歳	4	0	2	5	36.4%	36.4%	54.5%
4歳	2	2	2	14	10.0%	20.0%	30.0%
5歳	0	3	1	14	0.0%	16.7%	22.2%
6歳以上	0	1	1	21	0.0%	4.3%	8.7%

1】とかなりの確率で馬券になる。なお3着以内3頭はすべて菊花賞10着以下からの巻き返しで、複勝回収値は182円に達する。

　そしてもう1点、5歳以上の馬が勝っていないのだ。これは芝1800m時代も同じ。5歳以上が1勝もしていない3歳古馬混合重賞はおそらくこれだけだろう。とはいえ、6歳以上も2頭馬券圏には入っており、即高齢馬を消しとはならない。あくまで勝てない、ということ。

◆中3週以内は大不振

　中3週以内は近10年通じて【0-2-0-25】とかなり厳しい。これより空く分には、前走との間隔は問わない。

●キンカメ産駒が好走

　芝2000mになってから顕著なのは、キングカメハメハ産駒の好走例が急に増えたことで【1-3-0-2】。すべて異なる馬による連対だ。ただし今後は数が減少の一途となるので、もうひとつ血統傾向を加えておくと、ヒモ傾向が強いのだが母の父ディープインパクトは【0-2-2-5】で常に一考。

●3勝クラスからの昇級馬の扱い

　芝1800m時代は、前走で1600万（現3勝クラス）を勝った馬の好走が珍しくなく、2012～16年の5年間に1勝・2着1回・3着2回だったのだが、2000mになった17年以降の5年間は1勝・3着1回とやや減った。勝ったのは後にGI馬となるレイパパレだ。21年は上位人気のジェラルディーナも圏内に入れず、少し割り引いたほうがいいかも。

NEW! ★当日の馬体重増はヒモに回す

　該当馬は【1-4-2-31】で、馬券にはよくなっているのだが1勝しかしていない。偶然ではないだろう。

NEW! ★なぜか勝てない前走2000m組

　同じ距離でありながら、該当馬は【0-3-4-27】なのだ。単なる偶然のようにも思えるが、それでもここまで2、3着が増えているのに未勝利というのは何かあるのかもしれない。

☆前走福島記念組は消し

　不振なのは前走福島記念組で【0-0-0-10】。しかし間隔が空く、夏以来の新潟記念組は【0-1-1-2】で、そこでの着順は問わない。

チャンピオンズC

2023年12月3日・中京11R（GⅠ、ダ1800m）

チャンピオンズC・過去10年の成績

※2013年はジャパンカップダート

年月日 天候・馬場・頭数 場所・コース	枠番	馬番	馬名	性齢	騎手	斤量	走破タイム 着差	人気	単勝 枠連 馬連	馬単 3連複 3連単
2013.12.1	6	12	ベルシャザール	牡5	Cルメール	57kg	1.50.4	3	¥840	¥9,810
晴・良・16頭立	4	8	ワンダーアキュート	牡7	武豊	57kg	クビ	6	¥2,490	¥2,160
阪神・ダ1800m	3	6	ホッコータルマエ	牡4	幸英明	57kg	1/2	1	¥4,850	¥24,440
2014.12.7	4	8	ホッコータルマエ	牡5	幸英明	57kg	1.51.0	2	¥590	¥9,020
晴・良・16頭立	2	4	ナムラビクター	牡5	小牧太	57kg	1/2	8	¥1,900	¥11,730
中京・ダ1800m	6	12	ローマンレジェンド	牡6	岩田康誠	57kg	3/4	3	¥5,470	¥70,890
2015.12.6	2	3	サンビスタ	牝6	M.デムーロ	55kg	1.50.4	12	¥6,640	¥36,260
曇・良・16頭立	1	1	ノンコノユメ	牡3	C.ルメール	56kg	1 1/2	3	¥4,180	¥27,320
中京・ダ1800m	1	2	サウンドトゥルー	セ5	大野拓弥	57kg	クビ	5	¥11,040	¥318,430
2016.12.4	5	8	サウンドトゥルー	セ6	大野拓弥	57kg	1.50.1	6	¥1,590	¥4,800
曇・良・15頭立	2	2	アウォーディー	牡6	武豊	57kg	クビ	1	¥520	¥11,180
中京・ダ1800m	3	4	アスカノロマン	牡6	和田竜二	57kg	1/2	10	¥1,390	¥85,980
2017.12.3	5	9	ゴールドドリーム	牡4	R.ムーア	57kg	1.50.1	8	¥1,300	¥9,400
晴・良・15頭立	7	13	テイエムジンソク	牡5	古川吉洋	57kg	クビ	1	¥1,570	¥27,350
中京・ダ1800m	1	1	コパノリッキー	牡7	田辺裕信	57kg	クビ	9	¥4,140	¥158,490
2018.12.2	2	2	ルヴァンスレーヴ	牡3	M.デムーロ	56kg	1.50.1	1	¥190	¥3,890
晴・良・15頭立	7	12	ウェスタールンド	セ6	藤岡佑介	57kg	2.5	8	¥2,250	¥6,090
中京・ダ1800m	5	9	サンライズソア	牡5	J.モレイラ	57kg	クビ	3	¥3,000	¥27,310
2019.12.1	3	5	クリソベリル	牡3	川田将雅	55kg	1.48.5	2	¥440	¥1,820
晴・良・16頭立	7	11	ゴールドドリーム	牡6	C.ルメール	57kg	クビ	1	¥490	¥1,900
中京・ダ1800m	2	4	インティ	牡5	武豊	57kg	1.25	3	¥960	¥8,980
2020.12.6	6	11	チュウワウィザード	牡5	戸崎圭太	57kg	1.49.3	4	¥1,330	¥11,170
晴・良・16頭立	1	2	ゴールドドリーム	牡7	和田竜二	57kg	2.5	3	¥3,040	¥35,310
中京・ダ1800m	7	13	インティ	牡6	武豊	57kg	クビ	10	¥4,010	¥206,940
2021.12.5	3	6	テーオーケインズ	牡4	松山弘平	57kg	1.49.7	1	¥330	¥1,100
曇・良・16頭立	7	13	チュウワウィザード	牡6	戸崎圭太	57kg	6	3	¥600	¥17,650
中京・ダ1800m	6	11	アナザートゥルース	セ7	坂井瑠星	57kg	3/4	14	¥610	¥52,660
2022.12.4	3	5	ジュンライトボルト	牡5	石川裕紀人	57kg	1.51.9	3	¥790	¥10,130
晴・良・16頭立	5	10	クラウンプライド	牡3	福永祐一	56kg	クビ	4	¥2,180	¥14,020
中京・ダ1800m	2	3	ハピ	牡3	横山典弘	56kg	1 1/4	6	¥4,850	¥81,360

◆データ集計期間……2014〜22年

　東京ダート2100mにおける「ジャパンカップダート」として創設され、その後、阪神ダート1800mに移り、2014年から中京に固定された。

　上半期のダート中距離最強馬決定戦の帝王賞（大井）に対し、こちらは下半期の最強馬決定戦である。1800mということでマイルの実績馬が参戦することもあり、メンバー的にはバリエーションが出ている。また翌春のドバイワールドC出走へのステップとする陣営も増えている。

　もちろん中京に移った14年以降をデータの対象とする。

◆なぜか4歳馬が地盤沈下

　3～6歳については、4歳馬を除き成績の偏りは小さい。ダート重賞では、まだ完成していない3歳馬は古馬相手に苦戦するものだが、このレースでは出走数が少ないとはいえ、好走する率は高い。4歳馬だけ率が大きく下がっていることについては、いくら考えても理由がわからない。現実としてこうなっている以上、過信はできないと見るべきだろう。一方、7歳以上になると、さすがにヒモが精一杯となっている。

チャンピオンズC・年齢別成績(2014～22年)

年齢	1着	2着	3着	4着～	勝率	連対率	複勝率
3歳	2	2	1	11	12.5%	25.0%	31.3%
4歳	2	0	1	31	5.9%	5.9%	8.8%
5歳	3	2	3	23	9.7%	16.1%	25.8%
6歳	0	4	2	22	6.7%	20.0%	26.3%
7歳以上	0	1	2	27	0.0%	3.3%	10.0%

◆1、8枠が苦戦

　枠順別の成績では、最内と大外の成績が下がっている。8枠は【0－0－0－17】だ。枠順別の平均単勝人気では8位なのだが、人気馬であっても、その人気順を下回る着順が多かった。

　また1枠は【0－2－2－12】でアタマには置きづらい。21年2番人気ソダシが12着、そして22年は2番人気グロリアムンディ12着と、人気馬でも苦戦が続いている。

◆前走分析～JBCクラシックなら3、4着馬をマーク

　主な前走レース別の成績は次ページの表の通り。出走数、好走頭数なら、前走JBCクラシックが断然であり、また好走率ならマイルチャンピオンシップ南部杯（以下略して南部杯）組となる。

　なお出走数が少ないので表には入れなかったが、残る2勝は日本テレビ杯とJBCレディースクラシックからの馬が1回ずつだった。

　そしてJBCクラシック（地方施行）の着順別成績は下の表のようになっている。意外なのは、前走JBCクラシックで連対していた馬が不振ということ。特に勝ち馬はかなり危険だ。好走は3、4着馬に集中していて、5着以下では消しとなる。これは、高レベルのダート中距離戦

チャンピオンズC・前走主要レース別成績 (2014〜22年)

前走	1着	2着	3着	4着〜
JBCクラシック	4	3	1	24
JBC（中央）	0	0	1	5
南部杯	2	2	1	6
シリウスS	1	1	0	6
みやこS	0	2	4	27
武蔵野S	0	2	0	24

JBC（中央）は2018年の中央開催となったJBCクラシック。

チャンピオンズC・前走JBCクラシック（地方施行）着順別成績 (2014〜17、19〜22年)

JBCC着順	1着	2着	3着	4着〜
1着	0	1	0	6
2着	0	1	1	3
3着	2	1	0	3
4着	2	0	0	2
5着以下	0	0	0	10

で勝ったことの反動が、想像以上に出るということだろう。

◆前走分析〜南部杯を叩いて上昇する馬

　南部杯組は出走数が少ないだけに、出てきたらとりあえず買っておきたい。悪い着順でも敗因がハッキリしていたら軽視しないこと。年齢も不問だ。ただ、南部杯が休み明けで、チャンピオンズCが叩き2走目となる馬は【2-2-1-3】で、さらに確率が上がる。

◆前走分析〜ヒモに必須のみやこS、軽視でいい武蔵野S組

　ＪＲＡの重賞では、みやこＳ組の好走数が最も多い。1着はないのだが、表の数字を5歳馬に絞ると【0-2-2-7】とかなり買いやすくなる。この中には10番人気での3着、8番人気での2着も含んでいる。5歳馬以外は【0-0-2-20】だ。

　武蔵野Ｓは芝スタート、かつ砂質が違うので、ほとんどつながらない。ウェスタールンドがここから2着になったが、明らかに武蔵野Ｓを叩き台に使っていて、スピードについていけず大敗し、距離延長の本番で一変した。こういう特殊な意図が見えない限りは、軽視でいいだろう。

●ジュンライトボルトが"壁"を破ったが……

　前書で「前走がＪＲＡの重賞だった馬が勝っていない」としたのだが、2022年はとうとうジュンライトボルトがシリウスＳから連勝したのでＢランクのデータとする。

チャンピオンズC・過去10年【3着以内馬の父と父系】一覧

		馬名	父	父系
2013	1着馬	ベルシャザール	キングカメハメハ	キングマンボ系
	2着馬	ワンダーアキュート	カリズマティック	ノーザンダンサー系
	3着馬	ホッコータルマエ	キングカメハメハ	キングマンボ系
2014	1着馬	ホッコータルマエ	キングカメハメハ	キングマンボ系
	2着馬	ナムラビクター	ゼンノロブロイ	サンデーサイレンス系
	3着馬	ローマンレジェンド	スペシャルウィーク	サンデーサイレンス系
2015	1着馬	サンビスタ	スズカマンボ	サンデーサイレンス系
	2着馬	ノンコノユメ	トワイニング	ミスプロ系
	3着馬	サウンドトゥルー	フレンチデピュティ	ヴァイスリージェント系
2016	1着馬	サウンドトゥルー	フレンチデピュティ	ヴァイスリージェント系
	2着馬	アウォーディー	Jungle Pocket	グレイソヴリン系
	3着馬	アスカノロマン	アグネスデジタル	ミスプロ系
2017	1着馬	ゴールドドリーム	ゴールドアリュール	サンデーサイレンス系
	2着馬	テイエムジンソク	クロフネ	ヴァイスリージェント系
	3着馬	コパノリッキー	ゴールドアリュール	サンデーサイレンス系
2018	1着馬	ルヴァンスレーヴ	シンボリクリスエス	ロベルト系
	2着馬	ウェスタールンド	ネオユニヴァース	サンデーサイレンス系
	3着馬	サンライズソア	シンボリクリスエス	ロベルト系
2019	1着馬	クリソベリル	ゴールドアリュール	サンデーサイレンス系
	2着馬	ゴールドドリーム	ゴールドアリュール	サンデーサイレンス系
	3着馬	インティ	ケイムホーム	ミスプロ系
2020	1着馬	チュウワウィザード	キングカメハメハ	キングマンボ系
	2着馬	ゴールドドリーム	ゴールドアリュール	サンデーサイレンス系
	3着馬	インティ	ケイムホーム	ミスプロ系
2021	1着馬	テーオーケインズ	シニスターミニスター	ボールドルーラー系
	2着馬	チュウワウィザード	キングカメハメハ	キングマンボ系
	3着馬	アナザートゥルース	アイルハヴアナザー	ミスプロ系
2022	1着馬	ジュンライトボルト	キングカメハメハ	キングマンボ系
	2着馬	クラウンブライド	リーチザクラウン	サンデーサイレンス系
	3着馬	ハピ	キズナ	サンデーサイレンス系

　ただ、それでも【1－4－6－69】と1勝だけであり、また帝王賞勝ち馬の出走がなかった（JBCクラシックの勝ち馬はいたが、前述のように連勝できない）。依然、ヒモ扱いが妥当としたい。

●フェブラリーS、帝王賞とのリンク

　前走にこだわらず、他のダートの大レースとの成績のリンクを見る。
・同年のフェブラリーS5着以内馬は【2－1－2－17】、3着以内馬は【2－1－2－12】となり、いずれも強調も軽視もしづらい数字だ。一応、同年のフェブラリーS3着以内だった馬は、馬質の高さで通用の可能性はあると見たい。
・同年の帝王賞3着以内馬の成績は【3－0－0－13】で極端。2020、21年は帝王賞3着以内から連勝したが、なんともいえないところ。

●キンカメ、そして母父キングマンボ系

　強い血統傾向は出ていないのだが、キングカメハメハ産駒は【3－1

－0－10】で勝ち切りという意味では多い（前ページの血統一覧）。勝ったのはホッコータルマエ、チュウワウィザード、ジュンライトボルトであり、2014〜22年まで広く渡っている。キングカメハメハ以外の父ミスタープロスペクター系は【0－1－4－15】なのだから、その突出度がわかる。ただ残された産駒の世代数は少ない。

　母方を「母の父がキングマンボのラインの種牡馬」に広げると、ここに1着としてクリソベリル（母の父エルコンドルパサー）と、2着ならクラウンプライド、3着でハピ（ともに母の父キングカメハメハ）が加わる。キングカメハメハ産駒か、母の父キングマンボ系を一応の推奨血統としたい。そして「キングカメハメハ以外の父ミスプロ系」は、傾向が破れるまではヒモで扱いたい。

●母父サンデー系にも注意したい

　もう1点、母の父から見た血統傾向としては、「母の父サンデーサイレンス系」の好走例が多い。【5－3－3－24】であり、買いたい馬が該当していたらプラス材料としていいだろう。前記の系統も含め、該当馬については巻末の父系図を参考にしていただきたい。

●アラカルト・データ

・リピーターについては、前年5着以内に入っていた馬が出てくると【3－2－1－16】。これだけ見るとまずまずだが、前年連対馬に絞ると【0－2－0－8】と地味。狙うなら4頭が馬券圏に入っている前年3〜5着馬となる。

・馬体重については、これまでのダート重賞では500キロ以上の大型馬に利がハッキリと出ていたが、チャンピオンズCでは460キロ以上あれば問題ナシ。

・ダートは上がりがかかるものだが、中京はその中でも上がり3Fの時計がかかる部類のコースだ。それを反映してか、あくまで前走がJRAの馬に限ると、前走上がり3F3位以内を出していた馬が勝ったのは、2022年のジュンライトボルトだけだ。

・中2週以内の間隔で出てくると【0－2－0－29】とかなり不振。そもそも、この詰まったローテでは人気にならないことが多いのだが、16年2番人気のゴールドドリームが、この間隔で12着と大敗している。

☆当日の馬体重に注意せよ

今回、当日の馬体重がたとえ2キロでも減っていた馬は【0－2－4－29】でアタマはナシ。

☆逃げたら消える

基本的には前有利の中京ダートだが、このレースに限っては、前に行く馬は厳しくなっている。4コーナーで1、2番手にいた馬は【1－2－5－14】で勝ち切れず。そして4コーナー先頭だった馬は連対ゼロだ。

☆ダ1800m重賞での勝ちが必須

シンプルだが、ダート1800m以上で重賞を勝っている経験（地方、海外含む）は必須。3着以内の全27頭のうち、例外はウェスタールンド1頭だけだ。

このような馬は、人気にならないようにも思えるのだが、2022年は重賞勝ちのなかったハピ、グロリアムンディが上位人気になり、1400m以下の経験しかなかったシャマルにもそこそこ印がついていた。

☆牝馬の扱い

牝馬は出走数が少なく【1－0－0－4】で、これだけだとなんともいえないが、4着以下4回のうち2回は4着で、圏内まであと一歩だった。軸にはしづらいとしても、買いたい馬がいたら嫌うことはないだろう。

☆前走芝、前走海外出走は消し

出走数は少ないが、前走芝は【0－0－0－5】、また前走海外出走組は【0－0－0－4】だ。ここまでは圏内に入れていない。

☆この着順が問われる

前走6着以下の馬は【0－2－3－39】であり、掲示板を前走で外した馬の巻き返しは難しい。

その一方で、前走0秒6以上負けていた馬は4勝している。つまり前走の着差よりも着順が重要で、とにかく軸は5着以内から選ぶべきである。

☆斤量の扱い

今回、前走よりも斤量が軽くなっていた馬は【0－1－3－20】で、意外だが連対も厳しい。ただ今年はからは斤量規定が変わり、前走で重い斤量を背負う例が増えることが予想され、つまりは前走より斤量が軽くなる馬が急増する可能性もある。ということで補足程度に考えたい。

チャンピオンズC

中日新聞杯

2023年12月9日・中京11R（GⅢハンデ、芝2000m）

中日新聞杯・過去5年の成績

年月日 天候・馬場・頭数 場所・コース	枠番	馬番	馬名	性齢	騎手	斤量	走破 タイム 着差	人気	単勝 枠連 馬連	馬単 3連複 3連単
2018.12.8	5	7	ギベオン	牡3	C.デムーロ	56kg	1.59.3	1	¥370	¥23,420
晴・良・14頭立	6	10	ショウナンバッハ	牡7	鮫島克駿	54kg	ハナ	12	¥2,090	¥46,690
中京・芝2000m	7	12	ストロングタイタン	牡5	B.アヴドゥラ	57kg	4	7	¥15,830	¥264,000
2019.12.7	2	4	サトノガーネット	牝4	坂井瑠星	53kg	1.59.2	8	¥1,400	¥15,120
曇・良・16頭立	5	9	ラストドラフト	牡4	O.マーフィー	55kg	アタマ	3	¥2,530	¥13,240
中京・芝2000m	4	7	アイスストーム	牡4	吉田隼人	54kg	クビ	2	¥6,980	¥105,620
2020.12.12	1	2	ボッケリーニ	牡4	松山弘平	55kg	2.00.1	2	¥430	¥8,180
晴・良・18頭立	7	14	シゲルピンクダイヤ	牡4	和田竜二	54kg	クビ	9	¥2,540	¥7,870
中京・芝2000m	5	9	ヴェロックス	牡4	川田将雅	57kg	3/4	1	¥5,200	¥47,130
2021.12.11	1	2	ショウナンバルディ	牡5	岩田康誠	55kg	1.59.8	8	¥1,970	¥161,580
曇・良・18頭立	3	6	アフリカンゴールド	セ6	国分恭介	54kg	1/2	17	¥7,840	¥374,280
中京・芝2000m	5	9	シゲルピンクダイヤ	牡5	和田竜二	54kg	クビ	10	¥106,010	¥2,368,380
2022.12.10	1	1	キラーアビリティ	牡3	団野大成	56kg	1.59.4	5	¥760	¥5,770
晴・良・18頭立	8	16	マテンロウレオ	牡3	横山典弘	56kg	クビ	4	¥2,120	¥34,010
中京・芝2000m	5	9	アイコンテーラー	牝4	菱田裕二	52kg	クビ	10	¥2,920	¥151,620

◆データ集計期間……2017～22年

距離は2006年から芝2000mに固定されているが、開催時期は目まぐるしく動いていて、存在意義について、JRAの考え方を問われるレースとなっている。そもそも勝ち馬がその後、頭打ちになるケースも多い。ここでは、現在の時期に固定された17年以降を対象とする。

◆年齢を見ると歴然！

年齢別に見ると、ハッキリとした傾向がある。下の表のように、連軸を選ぶなら3歳か4歳という事実が浮かび上がる。

5歳でも勝ちはあるが、軸にはとても置けない。

中日新聞杯・年齢別成績 (2017～22年)

年齢	1着	2着	3着	4着～
3歳	2	2	0	5
4歳	3	2	4	23
5歳	1	0	2	30
6歳以上	0	2	0	26

◆「前走が京都出走馬」をマークせよ

前走の場別でも面白い数字が出てくる（下の表）。

福島組はまったく馬券にならず、東京と阪神組はほとんど1着が望めない。一方、3年空いた京都組がこの数字なのだから、2023年以降は上昇していきそうだ。

中日新聞杯・前走主要場別成績(2017〜22年)

前走場	1着	2着	3着	4着〜	複勝率
京都	2	1	1	14	22.2%
東京	1	4	2	29	19.4%
阪神	0	1	1	13	13.3%
福島	0	0	0	14	0.0%

◆前走同距離の馬は勝ち切れない

・前走が同じ芝2000mの場合は【1－5－4－51】で、これも極端に勝っていない。なお距離延長、短縮については差がない。

◆不振の前走重賞だけはハッキリわかる

前走のレース別で見ても、特定のレースに好走例が集中していることはない。不振なのは福島記念組【0－0－0－13】、アルゼンチン共和国杯組【1－0－0－10】あたり。ＯＰ特別のアンドロメダＳ組は【0－2－2－14】で、ヒモなら。

●アラカルト・データ

・推せるほどのサンプル数がないが、参考までに比較的安定しているのは天皇賞・秋組【0－1－1－1】、府中牝馬Ｓ組【0－1－1－1】だ。

・勝ち馬6頭のうち4頭は中京未経験だった。

・今回斤量増となった馬は【1－2－0－11】で、なかなか勝ち切れない。

NEW! ★1枠有利の傾向強まる

枠順別の単勝平均人気が5位である1枠が【3－0－0－8】。勝つか消えるか極端だが、2021年5番人気馬、22年は8番人気馬と、人気薄が連勝中。近年強まってきた特筆傾向として挙げておく。

NEW! ★間隔が詰まると苦戦

中3週以内は【1－2－2－36】で、買うにしても押さえ程度でいいだろう。

カペラS

2023年12月10日・中山11R（GⅢ、ダ1200m）

カペラS・過去5年の成績

年月日 天候・馬場・頭数 場所・コース	枠番	馬番	馬名	性齢	騎手	斤量	走破タイム着差	人気	単勝 枠連 馬連	馬単 3連複 3連単
2018.12.9	1	2	コパノキッキング	セ3	柴田大知	55kg	1.10.2	1	¥360	¥12,060
曇・良・16頭立	6	11	サイタスリーレッド	牡5	津村明秀	56kg	3/4	11	¥2,390	¥18,840
中山・ダ1200m	1	1	キタサンミカヅキ	牡8	森泰斗	58kg	クビ	2	¥8,260	¥89,030
2019.12.8	4	7	コパノキッキング	セ4	藤田菜七子	58kg	1.09.3	2	¥340	¥1,550
晴・良・16頭立	6	12	テーオージーニアス	牡4	丸山元気	56kg	2 1/2	3	¥1,070	¥6,640
中山・ダ1200m	7	14	シュウジ	牡4	三浦皇成	57kg	ハナ	7	¥900	¥24,080
2020.12.13	7	13	ジャスティン	牡4	坂井瑠星	58kg	1.09.8	4	¥780	¥3,020
曇・良・16頭立	6	12	レッドルゼル	牡4	川田将雅	56kg	クビ	1	¥520	¥1,400
中山・ダ1200m	5	9	ダンシングプリンス	牡4	三浦皇成	56kg	クビ	2	¥1,080	¥12,910
2021.12.12	2	4	ダンシングプリンス	牡5	三浦皇成	56kg	1.09.5	3	¥640	¥2,960
晴・良・16頭立	1	1	リュウノユキナ	牡6	石橋脩	57kg	1/2	1	¥830	¥3,970
中山・ダ1200m	5	9	オメガレインボー	牡5	岩田康誠	56kg	2	6	¥1,250	¥16,910
2022.12.11	3	6	リメイク	牡3	福永祐一	55kg	1.08.9	2	¥520	¥2,200
曇・良・16頭立	1	1	リュウノユキナ	牡7	柴田善臣	56kg	4	1	¥740	¥2,800
中山・ダ1200m	2	3	ジャスティン	牡6	T.マーカンド	57kg	頭	7	¥1,000	¥11,080

◆データ集計期間……2013～22年

　ＪＲＡ唯一のダート1200ｍ重賞であり、直後に目標となるレースもなく路線的には浮いているが、開催時期が早まったことにより、近年は3月末のドバイ・アルクォーツスプリントや、2月末のサウジ・リヤドダートスプリントへ遠征する上位馬が急増している。

◆**主流は前走ＪＢＣスプリント組**

　前走の主なレース別で見た成績は下の表の通り。

　ＪＢＣスプリント組が主流で、そこでの着順や年齢、またＪＢＣが行なわれた競馬場は不問。またＪＢＣスプリント以外の地方交流重賞は【1－1－0－18】で今イチ。

　意外なのは今回マイルから2Ｆの距離短縮となる武蔵野Ｓ組の堅実

カペラＳ・前走主要レース別成績（2013～22年）

前走	1着	2着	3着	4着～
JBCスプリント	2	4	2	7
武蔵野S	1	0	2	2
室町S	0	1	2	22
オータムリーフS	2	1	1	16
霜月S	1	1	1	15

室町Ｓは別定時代、ハンデ時代を合わせた数字。オータムリーフＳは2013年施行の「オータムリーフプレミアム」は時期がまったく異なるので除外してある。

さ。ただし、馬券になった3頭はすべて1400m以下の実績が豊富だった。
　ＯＰ特別では、室町Ｓがご覧のように不振。オータムリーフＳは2勝を挙げＪＢＣスプリントと並ぶ好成績だ。

◆牝馬は不振傾向
　牝馬は19頭出走しているが3着が1回だけ。

◆高齢馬は割り引きたい
　7歳以上は【0－2－3－34】であり、ＪＢＣスプリント組以外の高齢馬は割り引き必要だ。3～5歳は、複勝率に差はほとんどない。

●レース間隔不問、詰まっても走る！
　中1週でも【3－2－1－23】、中2週が【2－1－1－20】と走れていて、詰まった間隔でここまで数字がある重賞は珍しい。それでありながら、中9週以上空いても【2－2－1－22】であり、レース間隔不問の珍しいレースである。

●大型馬には合わないコース？
　馬体重460キロ未満【1－0－0－11】に対し、520キロ以上も【1－0－2－23】でそれほどよくない。これは、芝からのスタートダッシュの際に巨漢馬は加速がつきにくく、その分の不利が出ると推測される。

●セオリー破り!? 1枠がなぜか強い
　中山ダート1200mは外枠有利が常識だが、このレースについてはなぜか1枠が最多の4勝となっている。3番人気以内の3頭はすべて3着以内になっているし、それでいて12番人気や、6番人気など人気薄も勝っているのだ。理由はわからないが、内枠だからと割り引いてはいけない。

●意外！ミスプロ系が不振
　ダート短距離ならミスタープロスペクター系の天下となりそうなものだが、なんとダンシングプリンスの1勝のみ（父パドトロワ）。2着は4回あるので、ヒモでの狙いとなる。長く中山ダート1200mの代名詞的存在だったサウスヴィグラスも【0－0－1－11】と意外な不振。

☆1番人気がなかなか連対できないレース
　1番人気は、第1回までさかのぼっても1勝だけ。2着も2頭だけ。人気が割れ気味ということはあるが、過信禁物だ。

カペラＳ　153

阪神ジュベナイルフィリーズ

2023年12月10日・阪神11R（2歳牝馬GⅠ、芝1600m）

阪神ジュベナイルフィリーズ・過去10年の成績

年月日 天候・馬場・頭数 場所・コース	枠番	馬番	馬名	性齢	騎手	斤量	走破タイム 着差	人気	単勝 枠連 馬連	馬単 3連複 3連単
2013.12.8	4	8	レッドリヴェール	牝2	戸崎圭太	54kg	1.33.9	5	¥1,460	¥4,250
曇・良・18頭立	5	10	ハープスター	牝2	川田将雅	54kg	ハナ	1	¥670	¥6,220
阪神・芝1600m	3	6	フォーエバーモア	牝2	蛯名正義	54kg	クビ	8	¥1,240	¥42,130
2014.12.14	8	16	ショウナンアデラ	牝2	蛯名正義	54kg	1.34.4	5	¥980	¥5,110
晴・良・18頭立	6	11	レッツゴードンキ	牝2	浜中俊	54kg	1/2	2	¥1,130	¥3,530
阪神・芝1600m	2	4	ココロノアイ	牝2	横山典弘	54kg	1/2	4	¥2,200	¥22,780
2015.12.13	1	2	メジャーエンブレム	牝2	C.ルメール	54kg	1.34.5	1	¥250	¥4,950
晴・良・18頭立	7	14	ウインファビラス	牝2	松岡正海	54kg	2	10	¥910	¥7,640
阪神・芝1600m	6	11	ブランボヌール	牝2	岩田康誠	54kg	1 1/4	3	¥3,500	¥39,480
2016.12.11	1	2	ソウルスターリング	牝2	C.ルメール	54kg	1.34.0	1	¥280	¥900
晴・良・18頭立	8	18	リスグラシュー	牝2	戸崎圭太	54kg	1 1/4	2	¥300	¥1,210
阪神・芝1600m	2	4	レーヌミノル	牝2	蛯名正義	54kg	1 3/4	3	¥510	¥4,250
2017.12.10	6	11	ラッキーライラック	牝2	石橋脩	54kg	1.34.3	2	¥410	¥1,820
晴・良・18頭立	4	7	リリーノーブル	牝2	川田将雅	54kg	3/4	3	¥720	¥2,160
阪神・芝1600m	2	4	マウレア	牝2	戸崎圭太	54kg	1/2	4	¥920	¥8,560
2018.12.9	7	13	ダノンファンタジー	牝2	C.デムーロ	54kg	1.34.1	1	¥260	¥1,190
晴・良・18頭立	5	9	クロノジェネシス	牝2	北村友一	54kg	1/2	2	¥520	¥1,310
阪神・芝1600m	6	11	ビーチサンバ	牝2	福永祐一	54kg	クビ	4	¥640	¥5,020
2019.12.8	2	4	レシステンシア	牝2	北村友一	54kg	1.32.7	4	¥1,120	¥20,410
曇・良・16頭立	5	9	マルターズディオサ	牝2	田辺裕信	54kg	5	5	¥600	¥8,560
阪神・芝1600m	5	10	クラヴァシュドール	牝2	藤岡佑介	54kg	ハナ	3	¥10,000	¥86,720
2020.12.13	3	6	ソダシ	牝2	吉田隼人	54kg	1.33.1	1	¥320	¥1,290
曇・良・18頭立	4	7	サトノレイナス	牝2	C.ルメール	54kg	ハナ	2	¥620	¥5,020
阪神・芝1600m	6	11	ユーバーレーベン	牝2	M.デムーロ	54kg	クビ	6	¥690	¥17,260
2021.12.12	5	10	サークルオブライフ	牝2	M.デムーロ	54kg	1.33.8	3	¥560	¥16,540
晴・良・18頭立	6	11	ラブリイユアアイズ	牝2	団野大成	54kg	1/2	8	¥7,580	¥16,850
阪神・芝1600m	7	13	ウォーターナビレラ	牝2	武豊	54kg	1/2	4	¥12,470	¥114,300
2022.12.11	5	9	リバティアイランド	牝2	川田将雅	54kg	1.33.1	1	¥260	¥9,980
晴・良・18頭立	2	3	シンリョクカ	牝2	木幡初也	54kg	2 1/2	12	¥3,920	¥64,960
阪神・芝1600m	7	13	ドゥアイズ	牝2	吉田隼人	54kg	クビ	10	¥7,550	¥178,460

◆データ集計期間……2013〜22年

　ＪＲＡの公式資料では、1949年に創設された関西圏の３歳馬（現２歳）の頂点を決めるレースだった「阪神３歳Ｓ」が前身となっている。しかし、牝馬限定戦であるからには、混合戦だった阪神３歳Ｓとはまったくの別物である。だから施行回数が通し番号になっているのは、本当は間違いであることを主張しておきたい。

　これまでの優勝馬から桜花賞馬が７頭、オークス馬が５頭、ダービー馬が１頭出ており、２歳女王決定戦にふさわしい格を備えた大一番である。

◆小柄な馬はなかなか勝てない

まず体重比較を見てもらいたい（下の表）。2歳牝馬とはいえ、馬格はある程度ほしいところで、馬体重460キロ未満だと2着は多いものの、ほぼ勝ち切れない。460キロ以上ある馬から軸を選びたい。

ただし、今回馬体重増だった馬は【0-4-3-43】で勝っていない点は見逃せない。当日の馬体重チェックは特に重要なレースである。

ジャパンC・前走天皇賞・秋着順別成績 (2013～22年)

馬体重	1着	2着	3着	4着～	勝率	連対率	複勝率
460キロ未満	1	6	5	94	0.9%	6.6%	11.3%
460キロ以上	9	4	5	54	12.5%	18.1%	25.0%

◆前走分析〜最重要！アルテミスS組

続いて、前走のクラス別成績と、重賞をさらに細かく分類したデータを見てみよう（下の2つの表）。

1連対のみの前走GⅡは主に京王杯2歳S組。牡馬と戦ってきたことは、あまりアドバンテージにならない。

阪神JF・前走クラス別成績 (2013～22年)

前走	1着	2着	3着	4着～
GⅡ	0	1	1	7
GⅢ	8	4	7	60
OP特別	1	1	0	12
1勝クラス	1	3	2	44
新馬	0	1	0	12
未勝利	0	0	0	10

阪神JF・前走主要重賞別成績 (2013～22年)

前走	1着	2着	3着	4着～
アルテミスS	5	3	3	18
ファンタジーS	2	0	2	31
札幌2歳S	1	0	1	2
京王杯2歳S	0	1	1	3
新潟2歳S	0	1	0	4

前走GⅢの最主要ローテであるアルテミスS。この成績（次ページの表）は2014年に重賞に昇格してからのものである。

このように、勝ち切りはアルテミスS1着馬に多いが、馬券圏という

意味では、2着馬までは差がない。そして3着以下になると急に好走できなくなってくる。

ただし、2着1回は2015年アルテミスS5着のウインファビュラス、3着1回は20年のアルテミスS9着だったユーバーレーベンで、2頭とも夏の重賞ですでに阪神JF出走に必要な賞金を稼いでおり、アルテミスSは休み明けで叩き台のフシがあった。このようなケースなら、3着以下からの巻き返しも可能だろう。

またアルテミスSの上がり3Fが最速だったかどうかは、あまり阪神JFの結果に関係ない。

アルテミスSで勝った馬については、2着との着差の大小も関係ない。

阪神JF・前走アルテミスS着順別成績(2013～22年)

アルテミスS着順	1着	2着	3着	4着～
1着	3	1	1	4
2着	2	1		2
3着以下	0	1	1	12

◆前走分析～京都に戻るファンタジーS組はコワい！

続いてはファンタジーS組。こちらは、特に好走と凡走を分けるファクターが見当たらないのだが、軽視していいのは関東馬【0-0-0-4】、またキャリアが今回4戦以上だった馬が【0-0-0-15】と全滅している。

逆に狙えるのは、「当日4番人気以内に支持されたファンタジーS組」で、【2-0-2-1】とかなりの確率で馬券になる。

また阪神施行時のファンタジーS組は【0-0-1-10】と論外の成績だった。京都1400mの芝外回りに戻る2023年以降は、近年の印象以上に走ってくることが予測される。

◆前走分析～アイビーS組の狙い目

出走数は3回しかないものの、そのうち2頭が連対し、前走OP特別組の全連対を占めているのは、東京芝1800mのアイビーSだ。連対した2頭（2016年ソウルスターリング、18年クロノジェネシス）はともに新馬戦勝ちであり、着外1頭は未勝利戦勝ちという違いがあったことを一応挙げておく。

◆前走分析～1勝クラスで注目すべきはサフラン賞組

阪神ジュベナイルフィリーズ・過去10年【3着以内馬の父と父系】一覧

		馬名	父	父系
2013	1着馬	レッドリヴェール	ステイゴールド	サンデーサイレンス系
	2着馬	ハープスター	ディープインパクト	サンデーサイレンス系
	3着馬	フォーエバーモア	ネオユニヴァース	サンデーサイレンス系
2014	1着馬	ショウナンアデラ	ディープインパクト	サンデーサイレンス系
	2着馬	レッツゴードンキ	キングカメハメハ	キングマンボ系
	3着馬	ココロノアイ	ステイゴールド	サンデーサイレンス系
2015	1着馬	メジャーエンブレム	ダイワメジャー	サンデーサイレンス系
	2着馬	ウインファビラス	ステイゴールド	サンデーサイレンス系
	3着馬	ブランボヌール	ディープインパクト	サンデーサイレンス系
2016	1着馬	ソウルスターリング	Frankel	ノーザンダンサー系
	2着馬	リスグラシュー	ハーツクライ	サンデーサイレンス系
	3着馬	レーヌミノル	ダイワメジャー	サンデーサイレンス系
2017	1着馬	ラッキーライラック	オルフェーヴル	サンデーサイレンス系
	2着馬	リリーノーブル	ルーラーシップ	キングマンボ系
	3着馬	マウレア	ディープインパクト	サンデーサイレンス系
2018	1着馬	ダノンファンタジー	ディープインパクト	サンデーサイレンス系
	2着馬	クロノジェネシス	バゴ	ナスルーラ系
	3着馬	ビーチサンバ	クロフネ	ヴァイスリージェント系
2019	1着馬	レシステンシア	ダイワメジャー	サンデーサイレンス系
	2着馬	マルターズディオサ	キズナ	サンデーサイレンス系
	3着馬	クラヴァシュドール	ハーツクライ	サンデーサイレンス系
2020	1着馬	ソダシ	クロフネ	ヴァイスリージェント系
	2着馬	サトノレイナス	ディープインパクト	サンデーサイレンス系
	3着馬	ユーバーレーベン	ゴールドシップ	サンデーサイレンス系
2021	1着馬	サークルオブライフ	エピファネイア	ロベルト系
	2着馬	ラブリイユアアイズ	ロゴタイプ	ノーザンダンサー系
	3着馬	ウォーターナビレラ	シルバーステート	サンデーサイレンス系
2022	1着馬	リバティアイランド	ドゥラメンテ	キングマンボ系
	2着馬	シンリョクカ	サトノダイヤモンド	サンデーサイレンス系
	3着馬	ドゥアイズ	ルーラーシップ	キングマンボ系

　前走1勝クラスは6回馬券対象になっているが、そのうち半分を占めているのは前走サフラン賞（牝馬限定戦）組である。この3頭はすべてサフラン賞の勝ち馬で、見かけたら押さえておきたい。

　なお現在のサフラン賞は中山芝1600mだが、馬券になった3頭のうち1頭は東京芝1400m時代の勝ち馬だった。となると、コース形状よりもレース間隔が合っているのかもしれない。

◆前走分析〜新馬、未勝利戦組の扱い

　前走新馬戦勝ちと未勝利戦勝ちは、ともに買いづらい。ただ新馬戦組は2022年、シンリョクカが2着に激走した。対象期間外ながら、かつてはジョワドヴィーヴルが新馬から連勝し、未勝利勝ちからはブエナビスタが制したことはあるので、素質を認めた馬については押さえておいてもいいが、基本的には苦戦傾向。

◆アラカルト・データ

阪神ジュベナイルフィリーズ

・単純だが鉄壁なデータとしては、前走3着以下が【0－2－2－54】と勝てない。1着馬は前走連対馬に限定される。

・前走阪神出走馬は【0－0－1－22】。同じ場だけに。これは意外だ。

・前走芝1200m戦出走馬は【0－0－0－12】で馬券圏ナシ。

・騎手が継続か、あるいは乗り変わりかで見た成績は下の表の通り。継続騎乗のほうが圧倒的に好走率は高く、軸馬はこちらを優先したい。

　なお、面白いことにサンデーRの乗り替わりは【0－0－0－8】と、ここまではまったく走れていない。この中には2番人気1頭、3番人気2頭、4番人気1頭を含んでいて、人気でも危険といえる。

阪神JF・乗り替わり有無別成績 (2013〜22年)

	1着	2着	3着	4着〜	勝率	連対率	複勝率
継続騎乗	8	6	7	63	9.5%	16.7%	25.0%
乗り替わり	2	4	3	85	2.1%	6.4%	9.6%

攻略
ポイント
RANK
B

●詰まったローテは不振

　中3週以内のローテは【1－1－1－54】で、ほとんど買えない。

　ただし、空いていればいいというわけでもなく、10月以降に一度は実戦に出走している馬のほうが好走しやすい。近10年の3着以内馬30頭のうち、26頭がこれに該当していた。ただ2022年の3着馬ドゥアイズは9月以来だった。勝ち切りはほぼないと見ていいが、押さえなら。

●ヒモで期待できるルーラーシップ産駒

　近10年の上位馬の父と母父は前ページの血統一覧の通り。

　父馬としてはすでに種牡馬をリタイア、あるいはもう亡くなっている種牡馬の好走馬が多く、今後の参考にしづらいのだが、意外なところで不振な種牡馬を挙げておこう。

　ハーツクライが【0－1－1－5】、ロードカナロアが【0－0－0－6】、モーリスが【0－0－0－5】あたりで、注意が必要。

　ロードカナロア産駒には2、3番人気もいた。一方、モーリス産駒はここまで人気薄が多く、判断は留保したい。

　今後注目されそうなのは、これまで産駒を2頭出走させて2、3着と

なっているルーラーシップ。決め手に乏しい種牡馬なので、勝ち切りは出にくいが、ヒモなら増加していくかもしれない。

NEW! ★「前走完敗」は巻き返し困難

前走で0秒3以上負けていた馬は【0－2－1－52】だ。よほど気になる馬だけ押さえる程度でいいだろうが、基本は消し。

☆アタマには、マイル以上の実績が必要

かつては、芝1400m以下の経験しかない馬はヒモまでの傾向がとても強かったのだが、2019年のレシステンシアがジンクスを破って勝った。とはいえ、全体から見れば特例的なもので、アタマ選びにはやはりマイル以上の経験、そして実績を重視したい。

☆前走少頭数戦の明暗

前走8頭立て以下が【0－0－0－14】。9頭立てだと、急に普通の数字になるので、8頭と9頭の間に馬の頭数経験の壁のようなものがあるのかもしれない。

しかし、前走で多い頭数を経験すればいいというわけではなく。前走17頭か18頭立てだった馬は【0－3－2－20】で、まだ勝ち星がないのだ。

もちろん、ここまで頭数が揃うレースには新馬戦や未勝利戦が多いので、馬のレベルのほうが結果に表れているのだが、ただ3着以内5頭のうち3頭は、前走8枠だった。つまりストレスの少ない競馬をしていたことも確かである。

☆枠の有利不利はなさそう

過去10年、1～8枠すべての枠からまんべんなく勝ち馬が出ている。これは重賞では珍しいことだ。なお1枠は2勝しているが、その2頭は1番人気だったので、特に内が有利とはいい切れない。

☆アラカルト・データ

・あまり出走数はないのだが、キャリア4戦以上を消化した馬は【0－1－0－51】で、ほぼ消しでいい。

・関東馬が9連対、関西馬11連対で、ほぼ互角。初の関西遠征でも結果を出す関東馬は多い。

阪神ジュベナイルフィリーズ　159

ターコイズS

2023年12月16日・中山11R（牝馬GⅢハンデ、芝1600m）

ターコイズS・過去5年の成績

年月日 天候・馬場・頭数 場所・コース	枠番	馬番	馬名	性齢	騎手	斤量	走破タイム 着差	人気	単勝 枠連 馬連	馬単 3連複 3連単
2018.12.15 晴・良・16頭立 中山・芝1600m	2	3	ミスパンテール	牝4	横山典弘	56kg	1.32.7	5	¥990	¥29,440
	4	7	リバティハイツ	牝3	北村友一	54kg	1/2	10	¥6,790	¥131,780
	3	6	デンコウアンジュ	牝5	柴田善臣	55kg	クビ	13	¥15,220	¥690,180
2019.12.14 晴・良・16頭立 中山・芝1600m	7	13	コントラチェック	牝3	C.ルメール	54kg	1.32.2	3	¥610	¥3,850
	4	8	エスポワール	牝3	M.デムーロ	53kg	1 3/4	2	¥700	¥2,730
	4	7	シゲルピンクダイヤ	牝4	和田竜二	54kg	2	1	¥1,970	¥15,280
2020.12.19 曇・良・16頭立 中山・芝1600m	4	8	スマイルカナ	牝3	柴田大知	54kg	1.34.6	1	¥480	¥4,110
	3	5	アンドラステ	牝4	岩田望来	54kg	ハナ	3	¥550	¥11,690
	2	3	フェアリーポルカ	牝4	和田竜二	56kg	1 1/4	9	¥2,270	¥52,740
2021.12.18 晴・稍・16頭立 中山・芝1600m	1	2	ミスニューヨーク	牝4	M.デムーロ	53kg	1.32.8	4	¥680	¥4,870
	5	9	アンドラステ	牝5	岩田望来	56.5kg	1 1/4	3	¥1,100	¥26,380
	8	15	ギルデッドミラー	牝4	戸崎圭太	54kg	1/2	13	¥2,720	¥107,720
2022.12.17 曇・良・16頭立 中山・芝1600m	7	13	ミスニューヨーク	牝5	M.デムーロ	55kg	1.33.5	2	¥560	¥4,220
	8	15	ウインシャーロット	牝4	石川裕紀人	55kg	クビ	4	¥1,390	¥17,820
	8	16	フィアスプライド	牝4	大野拓弥	53kg	頭	12	¥2,310	¥71,190

◆データ集計期間……2015〜22年

　牝馬限定のハンデ戦・芝1800mのOP特別として、長らく年末中山の風物詩的なレースだったが、2015年に重賞に昇格した。距離はOP特別時代に1600mへ短縮。重賞となった近8年をサンプルとする。

　◆「父サンデー系×母父ロベルト系」の鉄板傾向は続く！

　最重要視すべき血統傾向は、重賞に昇格した2015年から4年連続で、勝ち馬がすべて「父サンデー系×母父ロベルト系」だったこと。勝ち馬が途切れた19年はエスポワール1頭の該当で2着。20、21年はともに該当したアンドラステが連続2着。鉄板の連対傾向だ。22年は該当馬がいなかった。

◆前走GⅠ組の扱い

　前走でGⅠに出走している馬のうち、エリザベス女王杯組は【1−0−1−5】、秋華賞組は【2−0−1−9】だ。ともにそこでの着順は不問。二ケタ着順でも気にしないこと。

◆上位は3、4歳で占める

　好走馬の年齢幅が、極端に狭いレースである。右ページの表のように、

ターコイズS・年齢別成績(2015～22年)

年齢	1着	2着	3着	4着～
3歳	4	2	1	28
4歳	2	5	4	27
5歳	2	1	2	36
6歳以上	0	0	1	13

5歳になるともう苦戦する。ほとんどの3着以内馬は3、4歳ということだ。

◆中2週以内だと押さえ程度

中2週以内で臨んだ馬が【0－1－2－10】と不振。前書では中9週以上の馬も不振としたが、2022年は2頭が圏内。取り下げることにする。

●前走10着以下から巻き返す馬を絞っていくと……

穴のポイントは、やはり前走10着以下の巻き返し。【4－2－3－47】がその該当数だが、これを「前走から距離を短縮した馬」に絞ると【4－0－1－25】→「前走ローカル場出走あるいはダート出走」を除くと【4－0－1－18】→関西馬に絞ると【3－0－1－8】となる。

●トップハンデも切れない

ハンデ戦にしては斤量不問。トップハンデは【1－2－1－12】だが、そもそもトップハンデが56キロあたりになることが多く、1回に4、5頭いるケースもあるので、頭数で見るとこうなる。

NEW! ★オルフェーヴル産駒に注意

2019年以降、このレースではオルフェーヴル産駒の好走が目立ってきた。3頭により4回、3着以内に入っている。先述の「父サンデー系×母父ロベルト系」とも重複することではあるが(オルフェーヴルはサンデー系)、ロベルト系が絡まないオルフェーヴル産駒にも注意したい。

☆アラカルト・データ

・馬体重不問。枠順も不問で、外枠不利といわれる中山マイルであっても、7枠が【2－1－2－11】、8枠は【1－1－2－12】と馬券にはなる。
・リピーターも多く、複数回3着以内に入った馬は4頭いる。
・中山での連対実績は関係ない。3着以内24頭のうち、4分の1にあたる6頭は中山での連対がなかった。

朝日杯フューチュリティS

2023年12月17日・阪神11R（2歳GI、芝1600m）

朝日杯フューチュリティS・過去10年の成績

年月日 天候・馬場・頭数 場所・コース	枠番	馬番	馬名	性齢	騎手	斤量	走破タイム 着差	人気	単勝 枠連 馬連	馬単 3連複 3連単
2013.12.15	3	6	アジアエクスプレス	牡2	R.ムーア	55kg	1.34.7	4	¥870	¥13,000
晴・良・16頭立	6	11	ショウナンアチーヴ	牡2	後藤浩輝	55kg	1 1/4	6	¥4,160	¥27,650
中山・芝1600m	7	14	ウインフルブルーム	牡2	和田竜二	55kg	クビ	5	¥7,710	¥162,960
2014.12.21	1	2	ダノンプラチナ	牡2	蛯名正義	55kg	1.35.9	1	¥460	¥20,260
晴・稍・18頭立	3	6	アルマワイオリ	牡2	勝浦正樹	55kg	3/4	14	¥6,160	¥20,560
阪神・芝1600m	7	14	クラリティスカイ	牡2	岩田康誠	55kg	3/4	3	¥14,050	¥133,570
2015.12.20	8	15	リオンディーズ	牡2	M.デムーロ	55kg	1.34.4	2	¥590	¥1,340
晴・良・16頭立	6	11	エアスピネル	牡2	武豊	55kg	3/4	1	¥460	¥8,160
阪神・芝1600m	7	13	シャドウアプローチ	牡2	中谷雄太	55kg	4	11	¥520	¥38,560
2016.12.18	8	17	サトノアレス	牡2	四位洋文	55kg	1.35.4	6	¥1,420	¥11,430
晴・良・18頭立	5	10	モンドキャンノ	牡2	M.バルザローナ	55kg	1/2	7	¥3,140	¥42,820
阪神・芝1600m	2	4	ボンセルヴィーソ	牡2	松山弘平	55kg	2	12	¥5,980	¥221,200
2017.12.17	1	1	ダノンプレミアム	牡2	川田将雅	55kg	1.33.3	1	¥230	¥840
晴・良・16頭立	5	10	ステルヴィオ	牡2	C.デムーロ	55kg	3 1/2	3	¥530	¥700
阪神・芝1600m	2	3	タワーオブロンドン	牡2	C.ルメール	55kg	クビ	2	¥550	¥2,630
2018.12.16	4	6	アドマイヤマーズ	牡2	M.デムーロ	55kg	1.33.9	2	¥460	¥14,240
小雨・良・15頭立	1	1	クリノガウディー	牡2	藤岡佑介	55kg	2	9	¥10,060	¥3,340
阪神・芝1600m	2	2	グランアレグリア	牝2	C.ルメール	54kg	1/2	1	¥9,710	¥45,180
2019.12.15	3	6	サリオス	牡2	R.ムーア	55kg	1.33.0	1	¥200	¥950
晴・良・16頭立	8	8	タイセイビジョン	牡2	武豊	55kg	2.5	2	¥530	¥38,050
阪神・芝1600m	5	9	グランレイ	牡2	池添謙一	55kg	1.25	14	¥660	¥90,260
2020.12.20	1	2	グレナディアガーズ	牡2	川田将雅	55kg	1.32.3	7	¥1,750	¥14,610
晴・良・16頭立	4	7	ステラヴェローチェ	牡2	横山典弘	55kg	3/4	2	¥1,520	¥4,150
阪神・芝1600m	4	8	レッドベルオーブ	牡2	福永祐一	55kg	1.5	4	¥5,000	¥51,360
2021.12.19	5	9	ドウデュース	牡2	武豊	55kg	1.33.5	3	¥780	¥3,000
晴・良・15頭立	3	4	セリフォス	牡2	C.デムーロ	55kg	1/2	1	¥690	¥2,350
阪神・芝1600m	4	7	ダノンスコーピオン	牡2	松山弘平	55kg	1/2	6	¥1,060	¥14,840
2022.12.18	1	2	ドルチェモア	牡2	坂井瑠星	55kg	1.33.9	1	¥310	¥1,070
晴・良・17頭立	6	12	ダノンタッチダウン	牡2	川田将雅	55kg	クビ	2	¥560	¥1,280
阪神・芝1600m	7	14	レイベリング	牡2	横山武史	55kg	クビ	3	¥550	¥4,570

◆データ集計期間……2014〜22年

　小回りでかつ、おむすび型の中山芝マイルで行なわれていたが、2014年からは広くて直線の長い阪神芝外回りの1600mに固定された。ＮＨＫマイルＣを目標とする馬と、クラシックをにらむ馬が混在していて、特に近年はステラヴェローチェ、ジオグリフ、ドウデュースと連続してクラシックで上位を形成する例が出ている。また阪神に移ってから、ＮＨＫマイルＣの勝ち馬はアドマイヤマーズ1頭しか出ていない。

　もちろんデータのサンプルは阪神施行の年を対象とする。

◆前走分析～サウジアラビアRCの勝ち馬強し！

まずは、前走のレース別に分析してみる（下の表）。

少数ながらかなりの高確率で馬券圏に入っているのは、前走サウジアラビアRC組。特にそこの勝ち馬が出走してきたら【3-1-1-0】とパーフェクトで馬券になっている。

唯一連対を外したのは牝馬のグランアレグリア。2着以下だと【0-1-0-4】。基本的に勝ち馬のみ重視すればいいということになる。

朝日杯FS・前走主要レース別成績（2014～22年）

前走	1着	2着	3着	4着～
サウジアラビアRC	3	2	1	4
デイリー杯2歳S	1	4	2	17
京王杯2歳S	0	2	2	21
東スポ杯2歳S	0	1	0	5
ベゴニア賞	2	0	0	2
もみじS	0	0	0	6

◆前走分析～京都に戻るデイリー杯2歳S組の扱い

出走数が多く、かつ5連対をマークしているのはデイリー杯2歳S組だ。ここは、デイリー杯が京都、阪神施行の年を分けて考えたい。

京都施行は【1-2-1-12】に対し、朝日杯とまったく同じ阪神マイルが舞台だったデイリー杯組は【0-2-1-5】で複勝率はかなり高い。京都に戻る2023年以降は、複勝率という意味では割り引くほうがいい。ただ、京都施行時のデイリー杯1着馬には【1-1-0-2】と連対率は高い。一方、2着以下だと【0-1-1-10】だ。

◆前走分析～京王杯2歳Sと東スポ杯2歳S

・京王杯2歳Sからの出走も多いが、馬券対象になるのは、これも勝ち馬に限られ【0-2-1-5】と1着はない。

・東京スポーツ杯2歳S組は、ホープフルS目標や明け3歳の重賞への直行を目指す馬が多くて、朝日杯へ回る馬がそもそも少ない。回ってきても、マイルへ活路を求めるという意味での出走となり、軽視でいい。

◆前走分析～かつて走った1勝クラスは……

1勝クラスでは、ベゴニア賞組が2勝を挙げている。秋の東京最終週に行なわれる芝1600m戦だが、この組が結果を出したのは2016年1着のサトノアレスが最後。これは15年に、サウジアラビアRCが重賞に

朝日杯フューチュリティS 163

昇格したことと関係している。好素質の関東馬がサウジアラビアＲＣを目標に仕上げられるようになり、１勝クラスに好素材が分散しなくなったのだ。１勝クラスから臨む馬は、中山施行時代から16年までは勝ちまくっていたのだが、17年以降はベゴニア賞以外のレースからでもかなり苦戦している。

◆**新馬、未勝利からの臨戦も無視できない**

ここまでの前走レースの傾向を踏まえたうえで、次はクラス別成績を見てみよう（下の表）。

ＧⅡの１勝はデイリー杯、ＧⅢの３勝はサウジアラビアＲＣ。

ＯＰ特別組の連対は１回（１着）だけ。2021年アイビーＳのドウデュースだった。例外的存在と見て、基本的にはＯＰ特別組は軽視したい。

新馬戦を勝ったばかりの馬は出走数が少ない。５頭のうち１勝（2015年リオンディーズ）・３着１回。気になる馬がいたら押さえておきたい。実績不足は気にしなくていい。22年３着のレイベリングの例もある。

朝日杯FS・前走クラス別成績（2014〜22年）

前走	1着	2着	3着	4着〜
ＧⅡ	1	6	4	39
ＧⅢ	3	3	1	16
ＯＰ特別	1	0	2	20
１勝クラス	2	0	0	27
新馬	1	0	1	3
未勝利	1	0	1	12

未勝利戦からの馬は逆に意外と出走が多く、そこから20年１着のグレナディアガーズと19年３着グランレイの２頭が馬券になっている。こちらも買いたい馬がいたら、割り引く必要はないと考えたい。

◆**夏の２歳重賞勝ち馬はかなり厳しい**

前走に限らず、夏の２歳重賞の勝ち馬が出走してきたケースを見よう。

函館２歳Ｓ勝ち馬【０−０−０−４】、小倉２歳Ｓ【０−０−０−３】。新潟２歳Ｓは【０−１−０−３】で、唯一の連対は2021年のセリフォス（２着）。そして札幌２歳Ｓは【０−０−０−３】となっている。

セリフォスの場合は、先ほど馬券必須としたデイリー杯の勝ち馬にもなっていて例外か。裏付けのあるケース以外は消していいだろう。

◆**人気馬もいるが１枠優勢**

朝日杯フューチュリティS・過去10年【3着以内馬の父と父系】一覧

		馬名	父	父系
2013	1着馬	アジアエクスプレス	Henny Hughes	ノーザンダンサー系
	2着馬	ショウナンアチーヴ	ショウナンカンプ	プリンスリーギフト系
	3着馬	ウインフルブルーム	スペシャルウィーク	サンデーサイレンス系
2014	1着馬	ダノンプラチナ	ディープインパクト	サンデーサイレンス系
	2着馬	アルマワイオリ	マツリダゴッホ	サンデーサイレンス系
	3着馬	クラリティスカイ	クロフネ	ヴァイスリージェント系
2015	1着馬	リオンディーズ	キングカメハメハ	キングマンボ系
	2着馬	エアスピネル	キングカメハメハ	キングマンボ系
	3着馬	シャドウアプローチ	ジャングルポケット	グレイソヴリン系
2016	1着馬	サトノアレス	ディープインパクト	サンデーサイレンス系
	2着馬	モンドキャンノ	キンシャサノキセキ	サンデーサイレンス系
	3着馬	ボンセルヴィーソ	ダイワメジャー	サンデーサイレンス系
2017	1着馬	ダノンプレミアム	ディープインパクト	サンデーサイレンス系
	2着馬	ステルヴィオ	ロードカナロア	キングマンボ系
	3着馬	タワーオブロンドン	Raven's Pass	ミスプロ系
2018	1着馬	アドマイヤマーズ	ダイワメジャー	サンデーサイレンス系
	2着馬	クリノガウディー	スクリーンヒーロー	ロベルト系
	3着馬	グランアレグリア	ディープインパクト	サンデーサイレンス系
2019	1着馬	サリオス	ハーツクライ	サンデーサイレンス系
	2着馬	タイセイビジョン	タートルボウル	ノーザンダンサー系
	3着馬	グランレイ	ルーラーシップ	キングマンボ系
2020	1着馬	グレナディアガーズ	Frankel	ノーザンダンサー系
	2着馬	ステラヴェローチェ	バゴ	ナスルーラ系
	3着馬	レッドベルオーブ	ディープインパクト	サンデーサイレンス系
2021	1着馬	ドウデュース	ハーツクライ	サンデーサイレンス系
	2着馬	セリフォス	ダイワメジャー	サンデーサイレンス系
	3着馬	ダノンスコーピオン	ロードカナロア	キングマンボ系
2022	1着馬	ドルチェモア	ルーラーシップ	キングマンボ系
	2着馬	ダノンタッチダウン	ロードカナロア	キングマンボ系
	3着馬	レイベリング	Frankel	ノーザンダンサー系

　枠別の成績を見ると、１枠が４勝している。この４勝のうち３頭は１番人気だから、一見、枠の有利さは特に強調できないと思えるが、７番人気１着のグレナディアガーズ、９番人気２着のクリノガウディーもいて、内枠の利はあるようだ。

◆前走で上がり２位以内の脚

「前走でも高速上がりを出している馬」を狙うべきで、前走の上がり１位は５勝・２着７回。２位も３勝している。つまり期間内の連対馬全18頭のうち、15頭が、前走上がり２位以内だったことになる。

◆芝1200m出走経験があると、なぜか勝てない

　函館２歳Ｓ、小倉２歳Ｓ勝ち馬の不振にも関連するが、芝1200m戦の経験が１回でもある馬は１着になったことがない。２、３着に２頭ずつだ。勝ち馬探しには重要な消しポイントである。

●「圧勝！」にダマされるな

　前走の着差に注目すると、前走で0秒6以上つけて圧勝した馬は【0-1-3-3】で意外なことに勝てていない。高確率で3着までには入れるが、能力が未分化の2歳戦だけに、相手が弱かったから圧勝していたケースもあるのだろう。派手な勝ち方に惑わされないようにしたい。もちろん大きく負けている馬は論外で、0秒6以上負けていた馬は【0-0-0-26】だ。

　そもそも、基本的には前走で勝っていた馬を軸に馬券を組み立てるべきで、対象期間では前走2着以下だった馬が勝っていない。

●中山・阪神芝で負けていた組は狙いづらい

　1着馬9頭のうち、ゴール前に急坂のある中山か阪神の出走経験があったのは3頭だけ。坂経験の有無は気にしなくていいが、経験のあった3頭はすべて、そこで1着だった。中山か阪神で取りこぼした馬はアタマには置きづらく、むしろ未経験馬のほうを優先すべきだ。

●こうしてヒモ穴馬にたどり着く

　朝日杯で最も馬券のキモとなるのは、人気薄のヒモ荒れを拾うことだ。2015年11番人気シャドウアプローチ、16年12番人気ボンセルヴィーソ、19年14番人気グランレイなどが代表例。

　そこで7～14番人気というヒモ穴を出しているエリアに限定しての絞り込みフィルターをかけてみる（15番人気以下は馬券圏ナシ）。

　まず、このエリア全体の成績は【1-3-3-65】である。ここから①関東馬をカット→②今回距離短縮となる馬をカット→③前走1勝クラスとOP特別をカットする。これで【1-2-3-26】となる。

　続いて④前走地方競馬出走をカット→⑤中3週以内ローテをカット→⑥キャリア1走馬、あるいは5走以上消化済みをカット→⑦当日馬体重500キロ以上をカット。

　すると【1-2-3-12】、複勝率33.3％にまで絞れるのだ。人気を考えると、これでもかなり的が見えているといっていい。なお、ここまで絞ると複勝回収値は324円に達する。

●種牡馬からは絞りにくい

　対象期間の上位馬の父と母父は、前ページの一覧の通り。種牡馬面で

見ると、勝ち鞍の上位を占めていたのが、すでにこの世にいないディープインパクト（3勝）とハーツクライ（2勝）の産駒たちなので、この後変わってくるのは間違いない。

ならばロードカナロアかとも思うのだが、ここまで【0-2-1-5】と、堅実ながら勝ち馬が出ていない。実は牡馬の同産駒には意外と晩成タイプも多く、2歳GIではアタマには置きづらい面もあるのだ。当面、種牡馬に偏りは出てこないだろう。

●前走芝1400m組の扱い

前走芝1400m組は【1-2-3-51】で、ここから京王杯2歳S組を除くと【1-0-1-30】で、さらに成績は下がる。唯一の勝利となったのは2020年レコード勝ちのグレナディアガーズで、阪神1400mの未勝利から連勝した。

上がり勝負、瞬発力勝負になりやすいマイルと、持続力勝負の1400mでは、レースの流れが変わることが大きいのだろう。事実、グレナディアガーズもこの後、マイルでは連対していない（23年4月現在）。

NEW! ★4走以内の馬しか買えない

キャリア5走以上だと【0-0-0-23】だ。使い込んで連勝したり3勝したりしていても意味はない。

NEW! ★小柄な馬は苦戦

当日の馬体重が460キロ未満の馬は【1-0-2-35】だ。連対も厳しくなってくる。

☆アラカルト・データ

・牝馬が阪神JFに回らずにこちらに出てくることもたまにあって、うち2頭はなんと1番人気に支持されたが敗退（2016年ミスエルテ4着、18年グランアレグリア3着）。基本的には3着までと考えたい。
・継続騎乗も乗り替わりも関係ナシ。ともに9連対ずつだ。
・関東・関西は実質互角だ。関西馬が連対馬18頭中14頭、関東馬は4頭で、これだけ見れば関西馬が圧倒しているのだが、率で考えた場合は、連対率と複勝率はほぼ同じ。むしろ関東のほうがわずかに高い。
・阪神に移ってからの勝ち馬9頭のうち、7頭は母の父が外国繋養種牡馬。偶然かもしれないが、成長過程が早いという背景も否定できない。

阪神カップ

2023年12月23日・阪神11R（GⅡ、芝1400m）

阪神カップ・過去5年の成績

年月日 天候・馬場・頭数 場所・コース	枠番	馬番	馬名	性齢	騎手	斤量	走破タイム 着差	人気	単勝 枠連 馬連	馬単 3連複 3連単
2018.12.22	2	3	ダイアナヘイロー	牝5	菱田裕二	55kg	1.21.1	11	¥3,830	¥25,640
曇・稍・16頭立	1	2	ミスターメロディ	牡3	C.デムーロ	56kg	1/2	2	¥4,610	¥50,850
阪神・芝1400m	3	5	スターオブペルシャ	セ5	杉原誠人	57kg	1 3/4	12	¥10,160	¥345,820
2019.12.21	3	5	グランアレグリア	牝3	C.ルメール	54kg	1.19.4	1	¥210	¥1,400
曇・良・18頭立	5	10	フィアーノロマーノ	牡5	C.スミヨン	57kg	5	3	¥960	¥12,060
阪神・芝1400m	3	6	メイショウショウブ	牝3	松山弘平	54kg	アタマ	10	¥1,050	¥35,220
2020.12.26	3	6	ダノンファンタジー	牝4	藤岡佑介	55kg	1.19.7	4	¥960	¥24,910
晴・良・16頭立	8	16	マルターズディオサ	牝3	田辺裕信	54kg	1 3/4	6	¥8,040	¥3,360
阪神・芝1400m	6	12	インディチャンプ	牡5	福永祐一	57kg	クビ	1	¥11,360	¥59,980
2021.12.25	6	12	グレナディアガーズ	牡3	C.デムーロ	56kg	1.20.3	3	¥500	¥3,930
曇・良・18頭立	2	3	ホウオウアマゾン	牡3	坂井瑠星	56kg	1 1/2	4	¥1,290	¥2,950
阪神・芝1400m	4	7	ダノンファンタジー	牝5	藤岡佑介	55kg	クビ	2	¥2,120	¥17,930
2022.12.24	7	14	ダイアトニック	牡7	岩田康誠	57kg	1.20.2	1	¥420	¥2,150
晴・良・18頭立	8	18	グレナディアガーズ	牡4	C.デムーロ	57kg	ハナ	2	¥540	¥20,990
阪神・芝1400m	2	3	ラウダシオン	牡5	B.ムルザバエフ	57kg	1/2	11	¥1,040	¥77,230

◆データ集計期間……2013〜22年

　2006年に、阪神芝内回りの1400mで創設されたGⅡ。路線的には後ろにつながらない時季だが、マイルCSを使った短距離寄りマイラーや、香港スプリントに出走できなかった一流短距離馬が集まるようになり、毎年メンバーレベルが高め。近10年では、すでにGⅠを勝っている馬が延べ6勝している。

　GⅡの中でも重要度の高いレースのため、4ページを割くことにした。

◆**前走マイルCS二ケタ着順からの巻き返し**

　まずは前走の主要レース別の成績を見てみよう（右ページ上の表）。

　圧倒的に出走数が多いのは、マイルCSからの組である。これをさらに着順で分けてみる（同・下の表）。

　重要なのは、マイルCS3着以内馬が勝てないことだ。1着はなく、2着1回・3着2回。

　注目すべきは、マイルCS10着以下から5頭が馬券圏内に入っていること。これを関東馬に絞ると【1-1-0-1】になるし、また当日

阪神カップ・前走主要レース別成績（2013〜22年）

前走	1着	2着	3着	4着〜
マイルCS	3	4	4	23
スワンS	1	0	1	16
京阪杯	1	0	1	27
スプリンターズS	1	1	0	12
オーロC	1	1	1	11

阪神カップ・前走マイルCS組着順別成績（2013〜22年）

マイルCS着順	1着	2着	3着	4着〜
1〜3着	0	1	2	2
4、5着	1	1	0	3
6〜9着	0	0	1	5
10着以下	2	2	1	13

の馬体重460キロ以上という視点にすれば【2−2−1−10】となるのだ。2022年は該当馬がいなかったが、もし今後見かけたらチェックしていただきたい。

　なお、マイルCS組の総合成績を、マイルCSが京都施行の年と阪神施行の年に分けた場合、京都は【2−3−3−18】で複勝率30.8％、阪神は【1−1−1−5】で複勝率37.5％となる。サンプル数の差が大きいので一概に比較できないが、あまり差はないと考えていいだろう。

◆前走スワンS、京阪杯組の扱い

　マイルCS以外の組は、正直狙いという意味では強調するレースがない。むしろ割り引けるレースが目立っており、重賞ではまずスワンS。こちらは阪神施行だと【1−0−1−6】だが、京都施行だと【0−0−0−10】と全滅なのだ。京都に戻る2023年以降は大きく割り引きたい。

　しかし、京阪杯組は京都施行が【1−0−1−9】、阪神施行が【0−0−0−8】で真逆になる。このあたりの理由はよくわからないが、京阪杯組は、京都に戻る23年以降は近3年より狙いを上げるほうがいいかもしれない。

　またOP特別組では、東京芝1400mのオーロC組以外は、ほとんど無理といっていい。そのオーロCからも、馬券圏に入ったのは18年が最後だ。またリゲルSとラピスラズリS組は合わせて【0−0−0−17】と全滅。

阪神カップ　169

◆人気馬も大敗……8枠の不利

　枠順は不問同然なのだが、唯一、8枠だけは【0－4－1－22】で勝ち馬が出ていない。単勝人気の枠別平均順位が1位でこれなので、不利といってもいいだろう。

　3番人気以内の馬が5着以下に落ちたのは、次の5回。2013年2番人気コパノリチャード10着、3番人気マジンプロスパー12着、14年4番人気クラレント14着、18年1番人気ジュールポレール5着、21年1番人気ソングライン15着。負けるときは大敗してしまうことが多い。

◆不振アラカルト・データ

・阪神内回りは上がりが出にくいコース。実際に上がりの速さは不要で、前走上がり3F1位は【0－0－1－18】と、信じられない成績となっている。また前走上がり3F6位以下が8勝もしているのだ。
・中2週以内は【0－0－1－31】で消し。

●健闘の関東馬、藤沢和厩舎の解散がどう影響するか

　ここまでは、関東馬の健闘が目立っている（下の表）。出走数は関西馬が圧倒的に多いことを踏まえると、勝ち鞍が東西同じ5勝ずつということに驚く。率ではもちろん、出走数の少ない関東が圧倒していて、単勝回収値は107円だ。

　関東圏の秋後半の3歳以上重賞に、芝1200mや1400mが組まれていないことが大きく、それだけに目標をしっかり定めて仕上げてくるのだろう。

　ただし、御用達厩舎だった藤沢和厩舎が解散したために、これからも継続するかは見えにくくなった。ちなみに22年は17番人気1頭の出走しかなかった。そのためBランク扱いとする。

阪神カップ・東西別成績(2013～22年)

	1着	2着	3着	4着～	勝率	連対率	複勝率
関東馬	5	3	1	32	12.2%	19.5%	22.0%
関西馬	5	7	9	110	3.8%	9.2%	16.0%

●ディープ産駒以外は推しにくい

　血統傾向としては、上がりがかかるレースなのにディープインパクト産駒が【4－0－3－14】とかなり安定している。

またダイワメジャー産駒が【0 − 1 − 3 − 16】で勝てていない。またロードカナロア産駒も、2022年にダイアトニックが初めて勝ったが、【1 − 0 − 0 − 10】で信頼できない。

血統からもう1点は、母の父にサンデー系種牡馬を持つ馬の苦戦ぶりだ。サンデーサイレンス本体は【1 − 2 − 0 − 6】と買えるが、母の父がサンデー第二世代種牡馬となると【0 − 1 − 0 − 24】と即消しレベル。これはとても珍しいことだ。

今後は母父ディープが急増してくるから、さすがにもう少し成績は上がると見るが、それでも当面は割り引き材料だ。なお、主要なサンデー系種牡馬については巻末の父系図でチェックしていただきたい。

● アラカルト・データ

・前述のように前走マイルCS組が中心となるわけだから当然なのだが、前走からの距離の変化で見た場合は、短縮組が圧倒している。

阪神カップ・距離変化別成績（2013〜22年）

	1着	2着	3着	4着〜	勝率	連対率	複勝率
同距離	2	1	2	44	4.1%	6.1%	10.2%
距離延長	2	4	1	48	3.6%	10.9%	12.7%
距離短縮	6	5	7	50	8.8%	16.2%	26.5%

・3〜6歳馬は年齢不問。特に3歳馬は【3 − 3 − 2 − 19】で、やや優位である。反対に7歳以上は【1 − 1 − 1 − 31】で厳しい。

・前走での着順も着差も不問。0秒3以上離して勝っている馬は5頭いるが、1回も馬券になっていない。

・近10年で、複数回3着以内に入ったリピーターが5頭いる。リピート傾向は強めだ。

☆ 馬体重は500キロ以上

持続力競馬らしく、筋肉量の多い馬が強いようで、当日500キロ以上だった馬が4勝している。

ただし、当日10キロ以上体重が増えていた馬は【0 − 0 − 2 − 17】で、せいぜい3着まで。この場合は軽視だ。

☆ 社台・ノーザン系クラブ馬の稼ぎ場

とにかく社台系オーナーズクラブの馬が強いレースだ。社台RH、サンデーRC、キャロットF、シルクホースCで計7勝を占めている。

有馬記念

2023年12月24日・中山11R（GⅠ、芝2500m）

有馬記念・過去10年の成績

年月日 天候・馬場・頭数 場所・コース	枠番	馬番	馬名	性齢	騎手	斤量	走破タイム着差	人気	単勝 枠連 馬連	馬単 3連複 3連単
2013.12.22	3	6	オルフェーヴル	牡5	池添謙一	57kg	2.32.3	1	¥160	¥1,020
晴・良・16頭立	2	4	ウインバリアシオン	牡5	岩田康誠	57kg	8	4	¥610	¥1,420
中山・芝2500m	7	14	ゴールドシップ	牡4	R.ムーア	57kg	1 1/2	2	¥860	¥5,240
2014.12.28	2	4	ジェンティルドンナ	牝5	戸崎圭太	55kg	2.35.3	2	¥870	¥21,190
晴・良・16頭立	3	6	トゥザワールド	牡3	W.ビュイック	55kg	3/4	2	¥2,610	¥15,250
中山・芝2500m	7	14	ゴールドシップ	牡4	岩田康誠	57kg	ハナ	2	¥12,350	¥109,590
2015.12.27	4	7	ゴールドアクター	牡4	吉田隼人	57kg	2.33.0	2	¥1,700	¥13,780
曇・良・16頭立	5	9	サウンズオブアース	牡4	M.デムーロ	57kg	クビ	2	¥5,010	¥20,360
中山・芝2500m	6	11	キタサンブラック	牡3	横山典弘	55kg	3/4	2	¥6,840	¥125,870
2016.12.25	6	11	サトノダイヤモンド	牡3	C.ルメール	55kg	2.32.6	2	¥260	¥770
晴・良・16頭立	1	1	キタサンブラック	牡4	武豊	57kg	クビ	2	¥330	¥1,050
中山・芝2500m	1	2	ゴールドアクター	牡5	吉田隼人	57kg	1/2	2	¥440	¥3,940
2017.12.24	1	2	キタサンブラック	牡5	武豊	57kg	2.33.6	2	¥190	¥3,810
晴・良・16頭立	3	3	クイーンズリング	牝5	C.ルメール	55kg	1 1/2	2	¥1,600	¥5,420
中山・芝2500m	5	10	シュヴァルグラン	牡5	H.ボウマン	57kg	ハナ	2	¥3,170	¥25,040
2018.12.23	4	8	ブラストワンピース	牡3	池添謙一	55kg	2.32.2	2	¥890	¥2,400
曇・稍・16頭立	6	12	レイデオロ	牡4	C.ルメール	57kg	クビ	2	¥970	¥4,910
中山・芝2500m	8	15	シュヴァルグラン	牡6	H.ボウマン	57kg	1.25	2	¥940	¥25,340
2019.12.22	3	6	リスグラシュー	牝5	D.レーン	55kg	2.30.5	2	¥670	¥6,130
曇・良・16頭立	5	10	サートゥルナーリア	牡3	C.スミヨン	55kg	5	2	¥300	¥10,750
中山・芝2500m	4	7	ワールドプレミア	牡3	武豊	55kg	クビ	2	¥2,990	¥57,860
2020.12.27	5	9	クロノジェネシス	牝4	北村友一	55kg	2.35.0	2	¥250	¥11,360
晴・良・16頭立	7	14	サラキア	牝5	松山弘平	55kg	クビ	2	¥380	¥7,370
中山・芝2500m	7	13	フィエールマン	牡5	C.ルメール	57kg	クビ	2	¥10,330	¥50,150
2021.12.26	5	10	エフフォーリア	牡3	横山武史	55kg	2.32.0	2	¥210	¥2,070
晴・良・16頭立	3	5	ディープボンド	牡4	和田竜二	57kg	3/4	2	¥1,000	¥1,440
中山・芝2500m	5	9	クロノジェネシス	牝5	C.ルメール	55kg	1/2	2	¥1,740	¥7,180
2022.12.25	5	9	イクイノックス	牡3	C.ルメール	55kg	2.32.4	2	¥230	¥1,770
晴・良・16頭立	2	3	ボルドグフーシュ	牡3	福永祐一	55kg	2 1/2	2	¥1,150	¥2,520
中山・芝2500m	3	5	ジェラルディーナ	牝4	C.デムーロ	55kg	1 1/2	2	¥1,320	¥9,740

◆データ集計期間……2013 〜 22 年

　旧八大競走で第１回から同じ競馬場で施行されているのは、ダービーとこの有馬記念だけ。レースレコードは 2004 年、ゼンノロブロイがマークした２分 29 秒 5。年末の国民的行事であり、俳句の季語にもなっている。世界で最も馬券が売れるレースとしても知られている。

攻略ポイント Rank A

◆３歳馬が活躍する

　有馬記念といえば、必ずテーマとなるのが世代間の比較だ。毎年のように「今年の３歳は強い」という文言が

紙面に踊っているような気がしてならないのだが、レースはそもそも創設当時から３歳馬が強く、なんとここまで21勝もしているのだ。

近10年でも、下の表のように３歳馬の好走率はとても高い。

有馬記念・年齢別成績（2013～22年）

年齢	1着	2着	3着	4着～	複勝率
3歳	4	3	2	16	36.0%
4歳	2	4	2	37	17.8%
5歳	4	3	5	45	21.1%
6歳以上	0	0	1	32	3.0%

ただし、３歳の牝馬は期間内に１頭しか出走がない。秋華賞→エリザベス女王杯とＧＩを連戦すると、さすがに反動が出るのだろう。他年齢の牝馬は４歳【１－０－１－12】、５歳【２－２－１－12】、６歳以上【０－０－０－３】となっており、５歳馬が最も好走している。

◆前走分析～天皇賞・秋①３、４歳、そして３着以内が主力

続いて前走のレース別に分析してみる（下の表）。

有馬記念・前走主要レース別成績（2013～22年）

前走	1着	2着	3着	4着～
天皇賞・秋	3	2	1	12
ジャパンC	2	2	4	44
菊花賞	2	2	2	7
凱旋門賞	1	1	2	5
エリザベス女王杯	0	2	1	21
金鯱賞	0	1	0	12

近年の主流は天皇賞・秋からの直行組だ。2020年から３連勝している。レース間隔や負荷の面から、本来はジャパンＣよりもこちらのほうが、消耗を抑えられる好ローテなのだろうし、またもともと強い３歳馬のうち、菊花賞に向かわず秋天を使った馬が出てくることも大きい。

年齢別では３歳が【２－１－０－０】で即軸馬。４歳馬は【１－１－０－１】で買うなら３、４歳馬。５歳以上は【０－０－１－21】と不振だ。

天皇賞・秋の着順別成績は下の通り。秋天４着以下は、ほぼいらない

有馬記念・前走天皇賞・秋着順別成績（2013～22年）

天皇賞・秋着順	1着	2着	3着	4着～
1着	2	1	0	1
2、3着	1	0	1	1
4着以下	0	1	0	11

ということになる。また秋天で上がり２位以内だった馬が【２－１－１
－１】と安定して走っている。

　なお天皇賞・秋からの直行馬は、６着から有馬記念２着となったサー
トゥルナーリアが秋天での最低着順であり、その他の馬はすべて秋天で
３着以内だった。直行の場合は、基本的にこれを基準としたい。

◆前走分析〜天皇賞・秋②直行ではなく１走挟むと……

　さらに補足として、天皇賞・秋後に１走挟んだ場合を見てみよう。対
象期間の10年では２頭だけが馬券になっていて１着。2014年ジェンティ
ルドンナと17年キタサンブラックだが、この２頭はともに秋天で３着
以内に入っていて、かつジャパンＣでは４着以内だった。しかし名前を
見てもわかるように、この２頭は歴史的スーパーホース。つまり、並み
のＧＩ馬では、このステップはクリアできないと考えるべきだ。

◆前走分析〜ジャパンＣ組は３〜５着馬が狙える

　直近のＧＩである、ジャパンＣ組の着順別の成績は、下の表のように
なっている。意外なことに、ジャパンＣ１、２着馬が連対したのは１例
のみ、2016年にジャパンＣ１着→有馬記念２着となったキタサンブラッ
クだけだ（いかに同馬の体力が優れていたかがわかる）。

有馬記念・前走ジャパンＣ着順別成績（2013〜22年）

ジャパンＣ	1着	2着	3着	4着〜
1、2着	0	1	1	7
3〜5着	2	1	2	6
6着以下	0	0	1	31

　ジャパンＣ組から買うなら３〜５着に負けていた馬、つまり余力を残
して上位に入っていた馬たちのようだ。そして６着以下は消しでいい。

　また天皇賞・秋組とは逆で、４、５歳馬がすべての連対を占めている。

　ジャパンＣで上がり３Ｆ２位以内だった馬の成績は【０－０－０－８】
と全滅。東京芝2400ｍで見せた切れは、まったく必要ないレースだと
いうことがわかる。この点も天皇賞・秋組とは真逆だ。

◆前走分析〜菊花賞連対馬は必須、４着以下からは……

　次は菊花賞組を着順別に分けてみる（右ページの表）。

　菊花賞連対馬は、かなりの確率で馬券圏に入っていることがわかる。
一方、４着以下から馬券圏に入ったのは、ブラストワンピース（有馬１

有馬記念・前走菊花賞着順別成績（2013～22年）

菊花賞	1着	2着	3着	4着～
1着	1	0	2	1
2着	0	1	0	0
3着	0	0	0	3
4着以下	1	1	0	3

着）とトゥザワールド（有馬2着）。この2頭には中山か阪神、つまりゴール前急坂のあるコースでの重賞勝ち経験があったことが共通していた。これを、菊花賞組4着以下からどれを買うかの基準としたい。

なお前書では「菊花賞が阪神で施行された2021年は、1着馬タイトルホルダーが5着、4着馬ステラヴェローチェが4着と、馬券圏に入ることができなかった。（中略）急坂を二度上る阪神芝3000m好走後の中山芝2500mが、3歳馬にとって厳しいことになっているのかはわからない」としたが、22年には菊花賞2着のボルドグフーシュが続けて2着に。疲労はあるのかもしれないが、坂コースの適性は強く出たわけだ。

だからなおさら、菊花賞が京都に戻る23年以降は、負け組については急坂実績の有無をチェックしておきたい。

◆前走分析～海外遠征馬も無視できない

近年増えてきたのは凱旋門賞帰りの馬である。2カ月弱しか空いていない海外帰りは体調の維持が難しいと思うが、勝ったのは凱旋門賞2着からのオルフェーヴルだけとはいえ、意外に馬券対象になっているのだ。やはり、それだけ能力が飛び抜けた馬が遠征したということだろう。

4着以下3頭にしても、大敗ばかりでなく、そのうち2頭は4着と5着だ。大敗例はクリンチャーとタイトルホルダー（後者には調教を不安視する向きもあった）。

また凱旋門賞以外では、豪国のコックスプレート勝ちから臨んだリスグラシューが優勝している。他に北米ブリーダーズC帰りの1頭を加えても、前走海外組は【2－1－2－5】で、状態面さえクリアできていれば、見えない疲労の類は考える必要はないといえる。

◆前走分析～近年、ヒモ穴で注目のエリザベス女王杯

エリザベス女王杯組についてひとこと。ともに人気薄の2頭が2着に入っており、波乱の使者となっている。2017年のクイーンズリングと

有馬記念　175

20年のサラキアで、ともに5歳馬で府中牝馬S→女王杯のステップをとっていた。また22年のジェラルディーナは4歳でオールカマー、女王杯と連勝しての3着。これという買いポイントはないが、女王杯組は近年のヒモ穴トレンドとなっている。

なお女王杯組の消しポイントは、当日480キロ以上【0－0－0－9】、逆に440キロ未満【0－0－0－4】となっていて、この馬体重による取捨が最もわかりやすいところだろう。

◆前走1秒以上の着差負けは軽視でいい

前走1秒0～3秒9で負けていた馬が3着以内に入ったのは、2014年凱旋門賞14着から3着となったゴールドシップだけで、まず消しだ。

一方で、前走4秒以上負けた馬が2回2着になっているのだが、この2回は14年の菊花賞16着からのトゥザワールドと、21年の凱旋門賞シンガリ負けだったディープボンド。

前者は3角過ぎから手応えが怪しくなって直線急失速、鞍上が無理をせず流しており、後者は日本の常識とは違う、極悪の欧州の道悪で馬がバタバタになって、これまた直線は流していた。

ともに大敗とはいえ、消耗を抑えたことが有馬記念での巻き返しにつながったわけで、こういう特殊なケースに該当するかをVTRでチェックする必要はある。ただ基本的には軽視でいい。

◆その他の前走アラカルト・データ

・前走5着以下が【0－5－3－73】。すべての勝ち馬と2着馬の半数は前走4着以内から出ているのだから、軸選びの第一段階はここだろう。
・前走GⅢは【0－0－0－8】、またGⅡ組も【1－1－0－25】で、2015年にアルゼンチン共和国杯を勝って臨んだゴールドアクターが連勝しただけだ。とても軸にはできない。
・前走から中2週以内は【0－1－0－24】で、ほぼ消し。

●アタマを取るなら継続騎乗

騎手の継続騎乗と乗り替わりについては、継続が【8－4－4－75】に対し、乗り替わり【2－6－6－55】だ。乗り替わりでは、アタマにはしづらいところ。

●外枠不利の真相

有馬記念・枠別成績

枠	1着	2着	3着	4着〜	枠	1着	2着	3着	4着〜
1枠	1	1	1	17	5枠	3	2	1	14
2枠	1	3	0	16	6枠	1	1	1	17
3枠	2	2	1	15	7枠	0	1	3	16
4枠	2	0	2	16	8枠	0	0	1	19

有馬記念といえば、例の公開枠順抽選会が始まってから、レース前の最注目要素となっているのが枠順だ。そして「8枠不利」は広くのファンの知るところになった。

小回りでコーナーが多いので、ロスが大きくなる8枠が不利なのは当然といえば当然なのだが、近10年では【0-0-1-19】で、唯一連対がない枠というのは極端だ（上の表）。

枠順別の単勝平均人気はワーストの8位、また半数以上は二ケタ人気だから（そもそも大外枠だから人気にならないのかもしれないが）、枠云々だけではなく、8枠に入った馬の能力の問題ともいえる。その証拠に、3番人気4着、4番人気5着と上位に支持された馬なら、それなりの着順は取れているのだ。

唯一、2015年の1番人気ゴールドシップが8着に終わっているが、これは枠というより、大きくアオったスタートの問題だったともいえる。

ただ、その隣の7枠は、枠順別の単勝平均人気が3位なのに【0-1-3-16】で連対は1回しかない。だから外枠については、不利というより「有利ではない」と考えたい。少なくとも、軸を7、8枠から選ばないほうがいいだろう。

●1枠は有利なのか

では、1枠はどうかといえば【1-1-1-17】であり、1番人気が1着、2番人気が2着、3番人気が3着と見事に人気と上位着順が一致。上位人気馬については人気通りに走れる枠とはいえるが、人気以上に走れない馬が大半ということは、有利にもなっていないわけだ。極端な枠よりも2〜6枠から軸を取りたい。

●春のグランプリ、宝塚記念とのリンク

近10年、同年の宝塚記念で3着までに入っていた馬の有馬記念での成績は【2-1-3-12】で複勝率は33.3%。さらに、宝塚記念1着馬

有馬記念 177

有馬記念・過去10年【3着以内馬の父と父系】一覧

		馬名	父	父系
2013	1着馬	オルフェーヴル	ステイゴールド	サンデーサイレンス系
	2着馬	ウインバリアシオン	ハーツクライ	サンデーサイレンス系
	3着馬	ゴールドシップ	ステイゴールド	サンデーサイレンス系
2014	1着馬	ジェンティルドンナ	ディープインパクト	サンデーサイレンス系
	2着馬	トゥザワールド	キングカメハメハ	キングマンボ系
	3着馬	ゴールドシップ	ステイゴールド	サンデーサイレンス系
2015	1着馬	ゴールドアクター	スクリーンヒーロー	ロベルト系
	2着馬	サウンズオブアース	ネオユニヴァース	サンデーサイレンス系
	3着馬	キタサンブラック	ブラックタイド	サンデーサイレンス系
2016	1着馬	サトノダイヤモンド	ディープインパクト	サンデーサイレンス系
	2着馬	キタサンブラック	ブラックタイド	サンデーサイレンス系
	3着馬	ゴールドアクター	スクリーンヒーロー	ロベルト系
2017	1着馬	キタサンブラック	ブラックタイド	サンデーサイレンス系
	2着馬	クイーンズリング	マンハッタンカフェ	サンデーサイレンス系
	3着馬	シュヴァルグラン	ハーツクライ	サンデーサイレンス系
2018	1着馬	ブラストワンピース	ハービンジャー	ダンチヒ系
	2着馬	レイデオロ	キングカメハメハ	キングマンボ系
	3着馬	シュヴァルグラン	ハーツクライ	サンデーサイレンス系
2019	1着馬	リスグラシュー	ハーツクライ	サンデーサイレンス系
	2着馬	サートゥルナーリア	ロードカナロア	キングマンボ系
	3着馬	ワールドプレミア	ディープインパクト	サンデーサイレンス系
2020	1着馬	クロノジェネシス	バゴ	ナスルーラ系
	2着馬	サラキア	ディープインパクト	サンデーサイレンス系
	3着馬	フィエールマン	ディープインパクト	サンデーサイレンス系
2021	1着馬	エフフォーリア	エピファネイア	ロベルト系
	2着馬	ディープボンド	キズナ	サンデーサイレンス系
	3着馬	クロノジェネシス	バゴ	ナスルーラ系
2022	1着馬	イクイノックス	キタサンブラック	サンデーサイレンス系
	2着馬	ボルドグフーシュ	スクリーンヒーロー	ロベルト系
	3着馬	ジェラルディーナ	モーリス	ロベルト系

に限ると【2－0－2－5】だ。ただし、2022年は該当馬タイトルホルダーが大敗したため、ランクBの扱いとした。

なお19年からは3年連続で、宝塚記念3着以内馬が連対していた。しかも、この3頭はすべて牝馬だった。該当馬がいれば、注意したい。

●アラカルト・データ

・当日馬体重460キロ未満の馬は【0－1－0－21】と劣勢が明らか。
・リピート傾向はとても強いレースで、近10年に出走した馬のうち、それまでに複数回3着以内に入った例が5頭いる。好走経験は重視すべき。

●2大種牡馬は劣勢、代わって台頭してきたのは……

近10年の上位馬の父とその父系は、上の一覧の通り。

単体の種牡馬で見ると、好走例は分散している。ディープインパクト産駒の勝利も、2016年のサトノダイヤモンドが最後だし、この10年間での2着もサラキアだけと、むしろ苦手とするレースだ。

そしてハーツクライ産駒も、リスグラシューの1勝だけ。かつての2大種牡馬が劣勢のGIなのだ。

「ヒモ穴なら父キングマンボ系」という有名な？　血統格言は前書でも記しており、懐かしのアメリカンボスに始まって、トゥザグローリー、トゥザワールドの兄弟や、ルーラーシップ、エイシンフラッシュ、サートゥルナーリア、レイデオロが3着までに入った。ただ20年以降は、この系統も5着が最高となっていて、そろそろ確実性に欠けてきた。

そこで2点指摘したい。17年以降顕著となってきたのは、「母の父が欧州血統の重厚タイプであること」。クイーンズリング、シュヴァルグラン、リスグラシュー、ワールドプレミア、サラキア、フィエールマン、ディープボンド、イクイノックスらが該当している。

もう1点は、22年驚きの2〜5着を占めた「父ロベルト系の復権」。昭和末期から平成中期までは有馬記念に強い系統であったが、その後サンデー系の台頭により肩身が狭くなりかけていた。この流れが元に戻りそうな予感がする。

22年は6番人気だったボルドグフーシュ（父スクリーンヒーロー）が2着、13番人気だったイズジョーノキセキ（父エピファネイア）が4着となっていて、人気薄が飛び込んでいることが一層の裏付けとなる。

NEW! ★当日馬体重を巡るチェックポイント

面白いもので、当日の馬体重が増減ナシの馬は勝っていない。とはいえ、当日4キロ以上減っていると【0－1－2－23】と連対すら危なくなる。そして10キロ以上減っていると【0－0－0－6】だ。

反対に、10キロ以上増えていても【1－0－0－13】でこれも危険。この1勝は、2020年にちょうど10キロ増えていたクロノジェネシスだ。

NEW! ★父ミスプロ系は勝てない

先述したキングマンボ系も属する「父ミスタープロスペクター系」は、【0－3－0－30】で勝てない。2着にキングカメハメハ産駒が2頭、ロードカナロア産駒が1頭いるだけだ。なお「母の父ミスプロ系」は【1－0－2－21】で、こちらも連対という意味では選びづらい。

有馬記念　179

ホープフルS

2023年12月28日・中山11R（2歳GⅠ、芝2000m）

ホープフルS・過去9年の成績

年月日 / 天候・馬場・頭数 / 場所・コース	枠番	馬番	馬名	性齢	騎手	斤量	走破タイム / 着差	人気	単勝 / 枠連 / 馬連	馬単 / 3連複 / 3連単
2014.12.28	5	10	シャイニングレイ	牡2	川田将雅	55kg	2.01.9	2	¥450	¥15,000
晴・良・17頭立	5	6	コメート	牡2	嘉藤貴行	55kg	1 1/4	8	¥1,540	¥76,660
中山・芝2000m	4	7	ブラックバゴ	牡2	戸崎圭太	55kg	ハナ	9	¥9,330	¥345,220
2015.12.27	5	6	ハートレー	牡2	H.ボウマン	55kg	2.01.8	3	¥740	¥2,850
曇・良・12頭立	6	9	ロードクエスト	牡2	M.デムーロ	55kg	1 1/4	1	¥630	¥840
中山・芝2000m	6	8	バティスティーニ	牡2	C.ルメール	55kg	1 3/4	2	¥1,220	¥7,790
2016.12.25	2	2	レイデオロ	牡2	C.ルメール	55kg	2.01.3	1	¥150	¥2,670
晴・良・14頭立	7	11	マイネルスフェーン	牡2	V.シュミノー	55kg	1 1/4	8	¥1,040	¥3,600
中山・芝2000m	4	4	グローブシアター	牡2	福永祐一	55kg	1 1/4	2	¥2,380	¥15,250
2017.12.28	4	7	タイムフライヤー	牡2	C.デムーロ	55kg	2.01.4	1	¥420	¥2,960
晴・良・17頭立	8	15	ジャンダルム	牡2	武豊	55kg	1 1/4	4	¥1,130	¥10,920
中山・芝2000m	7	13	ステイフーリッシュ	牡2	中谷雄太	55kg	クビ	8	¥1,440	¥52,380
2018.12.28	4	5	サートゥルナーリア	牡2	M.デムーロ	55kg	2.01.6	1	¥180	¥840
晴・良・13頭立	6	8	アドマイヤジャスタ	牡2	C.ルメール	55kg	1.5	2	¥550	¥1,130
中山・芝2000m	1	1	ニシノデイジー	牡2	勝浦正樹	55kg	3/4	4	¥640	¥3,650
2019.12.28	2	2	コントレイル	牡2	福永祐一	55kg	2.01.4	1	¥200	¥1,170
晴・良・13頭立	4	5	ヴェルトライゼンデ	牡2	O.マーフィー	55kg	1.5	3	¥770	¥580
中山・芝2000m	5	7	ワーケア	牡2	C.ルメール	55kg	2	2	¥810	¥2,760
2020.12.26	6	10	ダノンザキッド	牡2	川田将雅	55kg	2.02.8	1	¥210	¥910
晴・良・15頭立	1	1	オーソクレース	牡2	C.ルメール	55kg	1.25	3	¥570	¥1,900
中山・芝2000m	6	9	ヨーホーレイク	牡2	武豊	55kg	1/2	4	¥680	¥5,560
2021.12.28	3	5	キラーアビリティ	牡2	横山武史	55kg	2.00.6	2	¥310	¥2,160
晴・良・15頭立	5	8	ジャスティンパレス	牡2	C.デムーロ	55kg	1.5	4	¥1,130	¥7,680
中山・芝2000m	2	3	ラーグルフ	牡2	丸田恭介	55kg	1.25	8	¥1,270	¥27,610
2022.12.28	6	11	ドゥラエレーデ	牡2	B.ムルザバエフ	55kg	2.01.5	14	¥9,060	¥175,230
晴・良・18頭立	4	8	トップナイフ	牡2	横山典弘	55kg	ハナ	7	¥29,300	¥232,970
中山・芝2000m	7	15	キングズレイン	牡2	C.ルメール	55kg	1 1/4	6	¥64,580	¥2,466,010

◆データ集計期間……2017～22年

　年末の中山開催で長年、芝2000mの2歳OP特別として施行されていた。2014年にいきなりGⅡに昇格したのだが、このときに、GⅠへの早期の昇格をにらんでの特別措置が取られた。年末の阪神で行なわれ、後のクラシック馬を輩出していたGⅢの「ラジオNIKKEI杯2歳S」を昇格させたことにして、ラジオNIKKEI杯からの通し回数としてレースに格を持たせ、近々のGⅠ昇格に向けて国際レーティング委員会を納得させるという、裏技というか反則技を繰り出したのである。

　その結果、JRAの目論見通り17年にGⅠへ昇格。いきさつはともかく、以前ラジオNIKKEI杯2歳Sに出ていたような大物クラスが

出走し続けており、昇格後5年間でも三冠馬コントレイル、皐月賞馬サートゥルナーリアと2頭のクラシックホースを出し、2着馬からはヴェルトライゼンデやジャスティンパレスが出ていて、格を備えてきた。

過去成績は重賞昇格後の14年以降を掲載しているが、データは馬質がまったく異なるGⅡ時代を省略し、GⅠとなってからの近6年をサンプルとする。

◆関西馬圧勝の背景には……

最初に東西別の成績から見ていく（下の表）。

関東のGⅠだが、出走数は関西馬のほうがやや多く、しかも関東馬が未勝利なのだ。2着も1回しかない。

これは関西馬にとって、皐月賞前に中山芝2000mを体験できる貴重な機会であること、また京都2歳Sの後の、関西圏における中距離馬向きの重賞がきさらぎ賞まで空くため、照準をここに合わせるしかないという番組事情もあるのではないだろうか。

なお牝馬は2頭しか出走がなく、ともに4着以下である。

ホープフルS・東西別成績 (2017～22年)

	1着	2着	3着	4着～
関東馬	0	1	4	32
関西馬	6	5	2	41

◆関東馬の狙い方

では、関東馬はどういうケースで買えばいいのか。

まず当日の馬体重4キロ以上増（ただし18キロ増まで）、かつ前走上がり3F2位以内の馬に絞る。

そこから前走新馬、未勝利戦出走馬をカットすると【0-1-3-6】となり、4割の確率で馬券圏に入ることになる。関東馬についてはこれを効率的な買い材料としたい。

◆新馬、未勝利勝ちからの直行では歯が立たず

次は前走のクラス別の成績である。

次ページ上の表のように、前走が1勝クラスは2着まで、新馬戦や未勝利戦を勝ったばかりの馬は圏内も厳しくなっている。軸はOP以上から選ぶべきだ。

ホープフルS・前走クラス別成績(2017～22年)

前走	1着	2着	3着	4着～
GⅡ	1	1	0	3
GⅢ	3	1	1	16
OP特別	2	2	2	8
1勝クラス	0	2	2	21
新馬	0	0	1	10
未勝利	0	0	0	14

◆前走分析～東スポ杯2歳S・萩S・京都2歳S

　次は、前走をレース別に見ていく（下の表）。

・東スポ杯2歳S組が3勝。なお、これは東スポ杯がGⅡ、GⅢ時代を合わせての数字である。2021年までの2勝は東スポ杯の勝ち馬によるものだったが、22年は東スポ杯4着からのドゥラエレーデが勝利している。単純にこの組の4着以内を重視したい。

ホープフルS・前走レース別成績(2017～22年)

前走	1着	2着	3着	4着～
東スポ杯2歳S	3	0	1	9
萩S	2	1	0	2
京都2歳S	1	1	0	7
アイビーS	0	1	1	1
紫菊賞	0	1	1	0
黄菊賞	0	1	0	5
芙蓉S	0	0	1	4
葉牡丹賞	0	0	0	6

・勝ち鞍と率のトップは萩S組。通常は京都芝外回り1800m（阪神施行時も芝外回り1800m）で施行されているOP特別だ。4着以下に落ちた2頭は、萩Sで連対を外していたか、あるいはそれまでにマイルを2走以上していたかのどちらかに該当していた。萩S組は京都施行だけでなく阪神代替のときも好走していたので、馬質が高いのだろう。

・京都2歳S組は、タイムフライヤーが勝ったものの、それ以降は苦戦。しかし2022年にトップナイフが久々に馬券対象（2着）となった。

　この2頭には共通点があって、ともに先述の好相性レース・萩Sで連対して京都2歳Sに出走していたのだ。ローテーションの間隔は詰まるが、萩S上位ということで馬質が保証されていたということかもしれない。

◆前走分析～OP特別・1勝クラス

・アイビーSは東京芝1800mのOP特別。勝利にないが、3頭出走のうち2頭が馬券圏と安定している。ただしアイビーS勝ち馬のみが対象、かつともに関東馬だった。

・1勝クラスから触れておきたいのは紫菊賞だ。京都芝内回りの2000mで、ここからの馬券圏は2018年2着アドマイヤジャスタと20年3着ヨーホーレイク。ともに京都施行だったので、京都に戻る23年以降は注意。

同じ京都芝2000mでも、レース間隔が詰まる黄菊賞組は、京都施行・阪神施行合わせて【0−1−0−5】。2着は阪神施行だった20年のジャスティンパレス。23年からは京都に戻るので、紫菊賞とは逆に軽視したい。

中山芝2000mの1勝クラス・葉牡丹賞勝ち馬は、同舞台での勝利で人気になりがち。しかも好時計が出やすいレースなのだが、まず走れない。レース間隔が詰まることが原因と見て間違いない。22年も、ミッキーカプチーノが1番人気で5着に終わった。

◆前走中山出走馬は大苦戦

前項とも関係するのだが、前走中山出走馬は【0−0−1−14】と不振。そして中3週以内は【0−1−1−26】で、前走場を問わず苦戦となる。また反対に中9週以上空くと【0−1−3−12】で、ヒモまでとなる。

◆ 2000mの距離経験は問わず？

経験の浅い2歳馬だけに、距離経験があったほうが有利にも思えるのだが、前走芝2000m出走馬は【1−3−4−46】とイマイチ。軽視とまではいかないのだが、この出走数で1勝だけでは、明らかにヒモに回したがほういい。なお、勝ったのはGⅠ昇格初年度のタイムフライヤーであり、かなり時間は経過してきている。

◆前走2着馬の扱い

前走2着であっても、0秒1以上負けてしまうとアウト。2着については勝ち馬と同タイムなら【2−1−0−0】だが、0秒1以上だと【0−0−0−5】なのだ。その意味では、前走4着から勝った2022年のドゥラエレーデはかなり例外的な勝利だったことになる。

◆上がりの脚は求められる

前走の上がり3Fが3位以下だった馬は【1−1−1−32】と苦戦している。速い上がりの出にくい中山芝2000mではあるが、2歳戦ともあっ

ホープフルS・過去6年【3着以内馬の父と父系】一覧

		馬名	父	父系
2017	1着馬	タイムフライヤー	ハーツクライ	サンデーサイレンス系
	2着馬	ジャンダルム	Kitten's Joy	ノーザンダンサー系
	3着馬	ステイフーリッシュ	ステイゴールド	サンデーサイレンス系
2018	1着馬	サートゥルナーリア	ロードカナロア	キングマンボ系
	2着馬	アドマイヤジャスタ	ジャスタウェイ	サンデーサイレンス系
	3着馬	ニシノデイジー	ハービンジャー	ダンチヒ系
2019	1着馬	コントレイル	ディープインパクト	サンデーサイレンス系
	2着馬	ヴェルトライゼンデ	ドリームジャーニー	サンデーサイレンス系
	3着馬	ワーケア	ハーツクライ	サンデーサイレンス系
2020	1着馬	ダノンザキッド	ジャスタウェイ	サンデーサイレンス系
	2着馬	オーソクレース	エピファネイア	ロベルト系
	3着馬	ヨーホーレイク	ディープインパクト	サンデーサイレンス系
2021	1着馬	キラーアビリティ	ディープインパクト	サンデーサイレンス系
	2着馬	ジャスティンパレス	ディープインパクト	サンデーサイレンス系
	3着馬	ラーグルフ	モーリス	ロベルト系
2022	1着馬	ドゥラエレーデ	ドゥラメンテ	キングマンボ系
	2着馬	トップナイフ	デクラレーションオブウォー	ダンチヒ系
	3着馬	キングズレイン	ルーラーシップ	キングマンボ系

て、速い上がりを出せる能力は基礎的に必要ということだろう。

◆この2つが連対馬の絶対条件

　連対馬を探すという意味では、OP特別連対、あるいは重賞4着以内の経験がないと厳しい。例外はアドマイヤジャスタとジャスティンパレスの2頭だけ。

　該当馬は毎年たくさんいるので、買うべき馬の絞り込みには使いづらいが、人気馬の消しや軽視には有効で、2022年ではミッキーカプチーノやセブンマジシャン、ジェイパームスらの人気馬が圏内から消えている。

●ハーツクライ系の取捨

　GI昇格後の父とその父系は上の一覧の通り。

　GIに限定すると、まだ6回だけのサンプルで厳しいところもあるのだが、一応見えていることを指摘しておく。

　ひとつは、ハーツクライの系統の好走だ。自身の産駒が【1-0-1-6】、その第二世代であるジャスタウェイ産駒が【1-1-0-4】。

　前書では強く推したのだが、2022年は該当した人気馬のハーツコンチェルトやガストリックが消えてしまったので、今回はそれほど強調はできないが、6年で4頭が馬券対象なので、無視もできない。

●母の父キングマンボ系の不振

　不振なのはキングマンボ系。こちらも、父馬については前書で「唯一

馬券となったのはロードカナロア産駒のサートゥルナーリアだけ」としたが、2022年はドゥラメンテ産駒のドゥラエレーデが勝ってしまった。

ただし、母の父キングマンボ系の不振傾向は【0-0-1-8】で継続中。唯一の3着は昇格初年に3着だったステイフーリッシュだけだ。余談だが、ステイフーリッシュは唯一の新馬戦からの馬券圏でもあり、かなり異例の存在だったともいえる。長く活躍し海外での重賞制覇を達成したことも、今となってはうなずける。

●外枠は不利なのか

7枠と8枠を合わせても【0-1-2-24】だ。ただし7枠は最高で4番人気までしか入っておらず、ほとんどは人気に近い着順で走れており、また6番人気や8番人気の3着もあるので、ことさら不利ではない。

8枠も、枠順別の平均単勝人気はワーストの8位なので、仕方ないところもある。ただし2022年のミッキーカプチーノは1番人気だった。これは先述のローテが響いた可能性も高く、外枠不利とまではいえない。

NEW!★不振厩舎と狙える厩舎

友道厩舎はこのレースに毎年のように送り込んでくるが、【0-0-1-6】とまだ連対がない。

反対に池江、手塚厩舎はともに2頭ずつ出走させて、いずれも3着以内に入っている。

NEW!★好対照のノーザンFと社台F

クラシック有望株が揃うレースだけあって、ノーザンF生産馬は【4-4-3-17】と好走が多く、連対馬12頭のうち8頭を占めている。

対して社台Fは【0-0-1-12】で、4着以下には5番人気以内が4頭含まれている。近年復権の機運が高まっているが、ここでは劣勢だ。

☆アラカルト・データ

・キャリア5走以上の馬は【0-1-0-9】と基本的には苦戦。なお連対馬12頭の中に、夏の2歳重賞出走経験のあった馬はゼロだった。
・馬体重はあまり成績と関係ないが、500キロ以上は【3-1-1-12】で勝ち切りが多い。当日の増減もあまり関係ないのだが、ただ、当日減少の成績【3-0-0-18】のうち、3勝はすべて関西馬である。関東馬は【0-0-0-5】で、該当したらかなり危険視したい。

主要【父】系統図　ノーザンダンサー系①フェアリーキング他

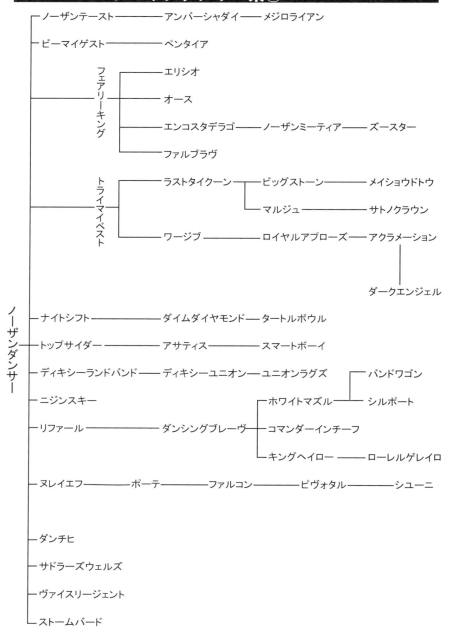

主要【父】系統図 ノーザンダンサー系② サドラーズウェルズ、ダンチヒ

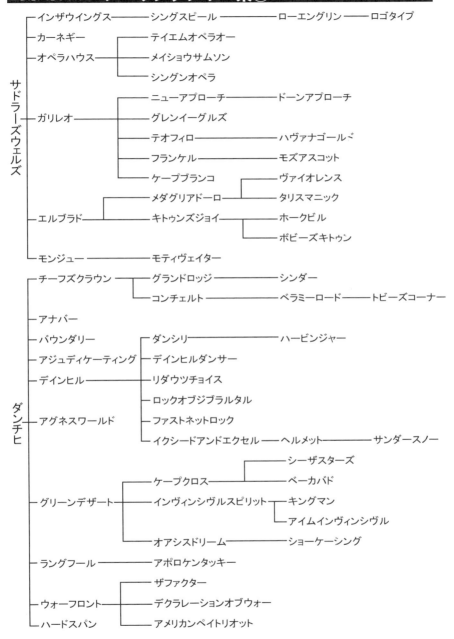

※ともに祖はノーザンダンサー

巻末①●主要【父】系統図～ノーザンダンサー

主要【父】系統図　ノーザンダンサー系③ストームバード他

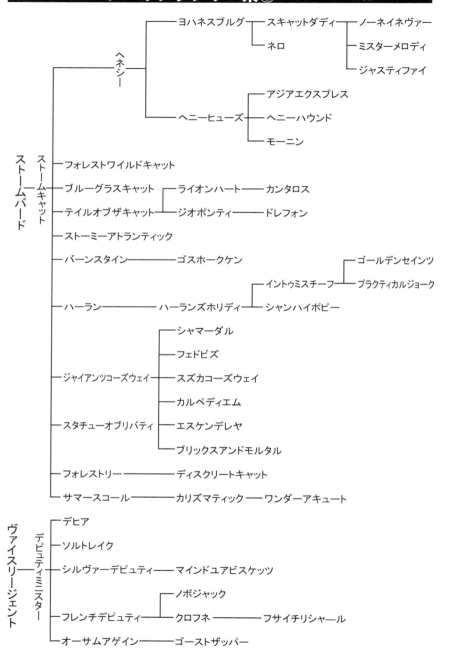

※ともに祖はノーザンダンサー

主要【父】系統図 ナスルーラ系① シアトルスルー、レッドゴッド

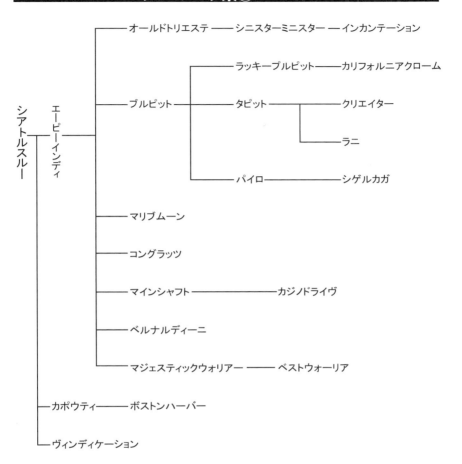

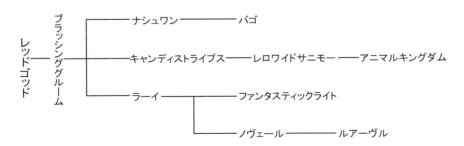

※ともに祖はナスルーラ

主要【父】系統図　ナスルーラ系②グレイソヴリン他

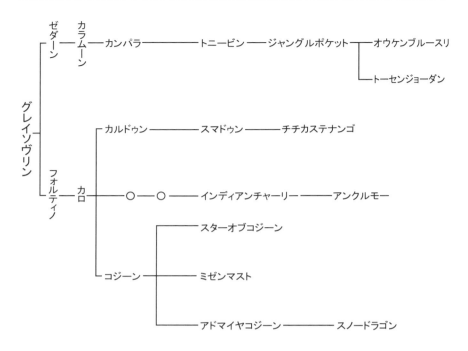

※ともに祖はナスルーラ

主要【父】系統図 ミスタープロスペクター系①フォーティナイナー他

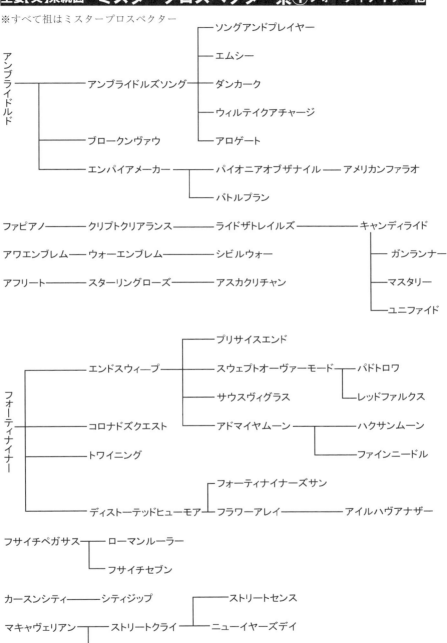

主要【父】系統図　ミスタープロスペクター系②キングマンボ他

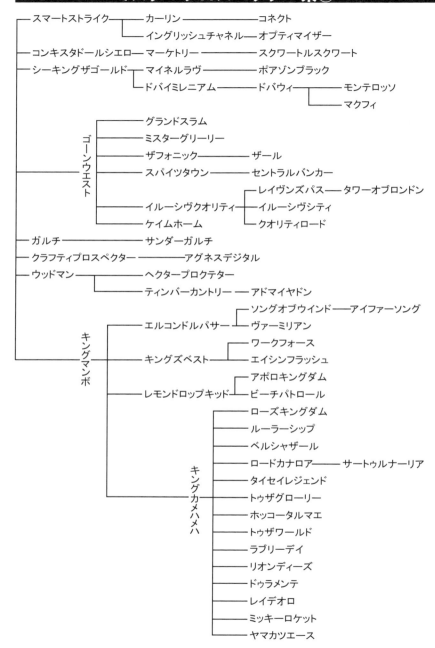

※ともに祖はミスタープロスペクター

主要【父】系統図　ヘイロー系サンデーサイレンス他

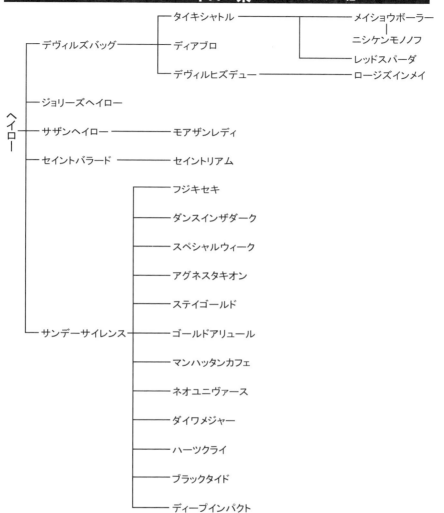

主要【父】系統図　サンデーサイレンス系① フジキセキ、アグネスタキオン他

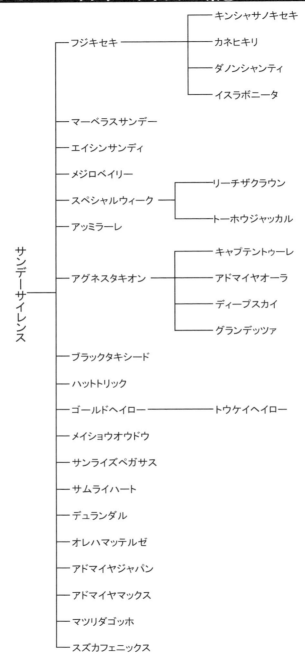

サンデーサイレンス
├─ フジキセキ
│　├─ キンシャサノキセキ
│　├─ カネヒキリ
│　├─ ダノンシャンティ
│　└─ イスラボニータ
├─ マーベラスサンデー
├─ エイシンサンディ
├─ メジロベイリー
├─ スペシャルウィーク
│　├─ リーチザクラウン
│　└─ トーホウジャッカル
├─ アッミラーレ
├─ アグネスタキオン
│　├─ キャプテントゥーレ
│　├─ アドマイヤオーラ
│　├─ ディープスカイ
│　└─ グランデッツァ
├─ ブラックタキシード
├─ ハットトリック
├─ ゴールドヘイロー ── トウケイヘイロー
├─ メイショウオウドウ
├─ サンライズペガサス
├─ サムライハート
├─ デュランダル
├─ オレハマッテルゼ
├─ アドマイヤジャパン
├─ アドマイヤマックス
├─ マツリダゴッホ
└─ スズカフェニックス

主要【父】系統図　**サンデーサイレンス系②ステイゴールド他**

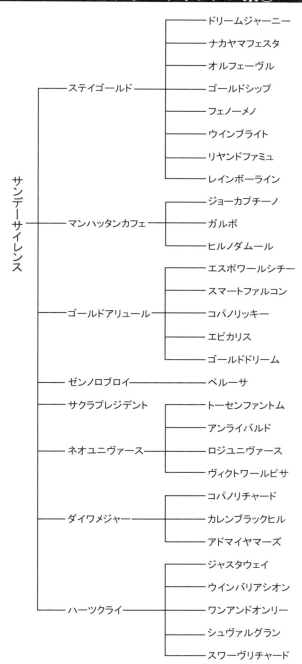

```
サンデーサイレンス
├─ ステイゴールド
│   ├─ ドリームジャーニー
│   ├─ ナカヤマフェスタ
│   ├─ オルフェーヴル
│   ├─ ゴールドシップ
│   ├─ フェノーメノ
│   ├─ ウインブライト
│   ├─ リヤンドファミュ
│   └─ レインボーライン
├─ マンハッタンカフェ
│   ├─ ジョーカプチーノ
│   ├─ ガルボ
│   └─ ヒルノダムール
├─ ゴールドアリュール
│   ├─ エスポワールシチー
│   ├─ スマートファルコン
│   ├─ コパノリッキー
│   ├─ エピカリス
│   └─ ゴールドドリーム
├─ ゼンノロブロイ
│   └─ ペルーサ
├─ サクラプレジデント
├─ ネオユニヴァース
│   ├─ トーセンファントム
│   ├─ アンライバルド
│   ├─ ロジユニヴァース
│   └─ ヴィクトワールピサ
├─ ダイワメジャー
│   ├─ コパノリチャード
│   ├─ カレンブラックヒル
│   └─ アドマイヤマーズ
└─ ハーツクライ
    ├─ ジャスタウェイ
    ├─ ウインバリアシオン
    ├─ ワンアンドオンリー
    ├─ シュヴァルグラン
    └─ スワーヴリチャード
```

巻末①●主要【父】系統図～サンデーサイレンス

主要【父】系統図　サンデーサイレンス系③ディープインパクト他

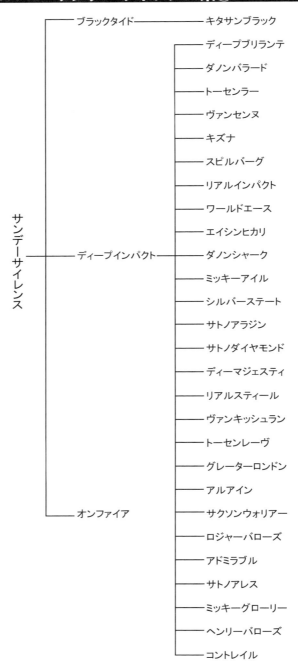

サンデーサイレンス
├─ ブラックタイド ── キタサンブラック
├─ ディープインパクト
│　├─ ディープブリランテ
│　├─ ダノンバラード
│　├─ トーセンラー
│　├─ ヴァンセンヌ
│　├─ キズナ
│　├─ スピルバーグ
│　├─ リアルインパクト
│　├─ ワールドエース
│　├─ エイシンヒカリ
│　├─ ダノンシャーク
│　├─ ミッキーアイル
│　├─ シルバーステート
│　├─ サトノアラジン
│　├─ サトノダイヤモンド
│　├─ ディーマジェスティ
│　├─ リアルスティール
│　├─ ヴァンキッシュラン
│　├─ トーセンレーヴ
│　├─ グレーターロンドン
│　├─ アルアイン
│　├─ サクソンウォリアー
│　├─ ロジャーバローズ
│　├─ アドミラブル
│　├─ サトノアレス
│　├─ ミッキーグローリー
│　├─ ヘンリーバローズ
│　└─ コントレイル
└─ オンファイア

主要【父】系統図　ロベルト系

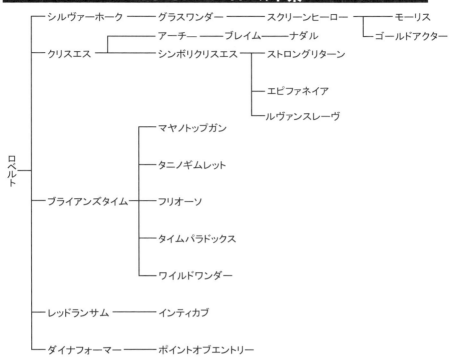

その他の傍流父系

▼ハンプトン系（欧州）
アカテナンゴ
サッカーボーイ
ナリタトップロード

▼ヘロド系（欧州）
メジロマックイーン
トウカイテイオー

▼ブランドフォード系（欧州）
ノヴェリスト
モンズン

▼ヒムヤー系（北米）
ブロードラッシュ
ダノンレジェンド

▼ニアークティック系（北米）
ワイルドラッシュ
トランセンド

▼マンノウォー系（北米）
ティズナウ
ティズワンダフル
オナーアンドグローリー

主要コース別【2歳戦

　以降に収められているデータは、すべて2歳戦に特化したものである。

　紙幅の都合ですべてとはいかないが、2歳戦が多く組まれているコースを取り上げて、勝利度数上位3位までの種牡馬の成績と、筆者の主観で4位以下から特に注目したい種牡馬（中には「不振」という意味で注目のケースも）を「注」として1頭紹介している。

　期間はすべて2020〜22年の3年間であり、この期間内に2歳の出走があっても、23年の2歳戦に出走の可能性がない種牡馬はあらかじめ除いた。

　なお、この本の発売時期に合わせて、夏のローカル開催からの順番に沿って掲載するが、紙幅の都合で、芝に限定したことをお断りしておく。

福島・芝1200m　2歳戦限定種牡馬

種牡馬	1着	2着	3着	4着〜	勝率	連対率	複勝率
ビッグアーサー	4	3	1	14	18.2%	31.8%	36.4%
ダイワメジャー	3	1	1	10	20.0%	26.7%	33.3%
イスラボニータ	2	2	0	7	18.2%	36.6%	36.6%
注・マクフィ	2	0	3	11	12.5%	12.5%	31.3%

　1位のビッグアーサーはクラス不問。3着以内8回は6頭の産駒によるもので、特定産駒への偏りは薄い。

　2022年の福島2歳Sの勝ち馬で、4連勝したビッグシーザーが代表格。なお開催の季節は問わない。

　2位のダイワメジャーの勝ち鞍3勝のうち2勝は、秋開催でのものだ。やはり時計が多少かかる状態のほうが走れる。

　特注として挙げたマクフィは、複軸として堅実タイプで、複勝回収値は190円と高い。なお、意外なところではミッキーアイルが不振で、【1－1－1－13】である。

限定】種牡馬ランキング

福島・芝1800m　2歳戦限定種牡馬

種牡馬	1着	2着	3着	4着〜	勝率	連対率	複勝率
ゴールドシップ	7	3	1	11	31.8%	45.5%	50.0%
ドゥラメンテ	4	2	1	11	22.2%	33.3%	38.9%
モーリス	2	1	1	4	25.0%	37.5%	50.0%
注・エピファネイア	1	1	5	15	4.5%	9.1%	31.8%

　成績が圧倒しているのはゴールドシップ。7勝は1番人気から5番人気まで、また10番人気も含んでいて幅が広い。単勝回収値は406円、複勝回収値でも120円ある。

　ドゥラメンテも、勝ち切りが多いという点はゴールドシップと同じ。こちらは単勝回収値125円、複勝回収値は266円に達する。なお4勝はすべて関東馬だ。

　モーリスは出走数が少なめなので単純に比較はできないが、ローカルの中ではパワーが必要なこのコースでの好走は理解できるし、今後も増えるはず。

　割り引きの注目はエピファネイア。複勝率は高いがヒモ扱いが有効。

中京・芝1400m　2歳戦限定種牡馬

種牡馬	1着	2着	3着	4着〜	勝率	連対率	複勝率
モーリス	2	2	2	13	10.5%	21.1%	31.6%
エイシンヒカリ	2	2	0	1	40.0%	80.0%	80.0%
ドレフォン	2	1	1	9	15.4%	23.1%	30.8%
注・ロードカナロア	0	2	0	16	0.0%	11.1%	11.1%

　上がりが出にくい中京、特に持続力勝負となる芝1400mだけに、パワー優先の種牡馬が好成績。もちろん2歳戦であり、仕上がりも早くないといけないので、なかなか面白い上位3頭だ。

　モーリスは未勝利戦で【1-1-2-4】と、確実性がかなり増す。エイシンヒカリは出走数が少ないが、連対4回は3頭がマークしているので、ここまでの信頼度は高い。

　ドレフォンの3連対はいずれも4番人気以内であり、人気薄は厳しい。

　マイナス面での注目はロードカナロア。人気馬なら嫌いたい。またダイワメジャーは【0-2-2-13】で勝ち切れていない。

巻末②【2歳戦】種牡馬〜福島芝1200/芝1800/中京芝1400m　　199

主要コース別〔２歳戦

中京・芝1600m　2歳戦限定種牡馬

種牡馬	1着	2着	3着	4着〜	勝率	連対率	複勝率
エピファネイア	5	3	0	11	26.3%	42.1%	42.1%
ロードカナロア	3	0	3	21	11.1%	11.1%	22.2%
キズナ	2	1	3	13	10.5%	15.8%	31.6%
注・ドゥラメンテ	1	5	0	10	6.3%	37.5%	37.5%

　エピファネイアの勝利は、１番人気から７番人気までわたっていて、人気薄でも侮れない。

　第２位のロードカナロアには注意が必要。度数は多いが、出走数も多いので、率はさほどでもない。また、３勝はすべて、阪神の代替として秋に行なわれた開催でのもの。つまり、軽くてスピードの出やすい野芝だった。なので、通常開催ならむしろ平凡な種牡馬ととらえるべきだ。

　パワー型種牡馬のエピファネイアやキズナが上位で高率というあたりにも、それはうかがえる。

　勝ち切れずヒモ量産というパターンで、ドゥラメンテを強調しておく。

函館・芝1200m　2歳戦限定種牡馬

種牡馬	1着	2着	3着	4着〜	勝率	連対率	複勝率
カレンブラックヒル	4	1	1	10	25.0%	31.3%	37.5%
ビッグアーサー	3	2	4	8	17.6%	29.4%	52.9%
ジョーカプチーノ	3	2	0	2	42.9%	71.4%	71.4%
注・ディスクリートキャット	1	4	2	6	7.7%	38.5%	53.8%

　洋芝で行なわれる函館だけあって、仕上がりの早さとパワーがかなり強まっている。

　カレンブラックヒル産駒は、新馬戦に限ると【３−１−０−４】で、好走の大半を新馬戦で占めている。函館２歳Ｓになると【０−０−１−３】。

　出走頭数がある程度多くて、かつ安定度が高いのはビッグアーサーだ。

　また、出走頭数が少ないジョーカプチーノだが、連対５回は４頭でマークしたもので、特定の出走馬に偏ったものではない。

　注目は、勝ち切れないが複軸としては頼れる存在としてディスクリートキャットを挙げておく。他にも、キンシャサノキセキ【１−５−３−９】、マクフィ【１−３−２−３】が同様の傾向を示している。

限定】種牡馬ランキング

函館・芝1800m　2歳戦限定種牡馬

種牡馬	1着	2着	3着	4着～	勝率	連対率	複勝率
ハービンジャー	4	1	0	14	21.1%	26.3%	26.3%
キズナ	2	2	1	8	15.4%	30.8%	38.5%
モーリス	1	2	1	1	20.0%	60.0%	60.0%
注・エピファネイア	0	1	3	7	0.0%	9.1%	36.4%

　ハービンジャー産駒は洋芝に強いことに定評があるが、2歳馬でもそれは裏付けられている。関東馬関西馬、性別は不問、ただし未勝利戦では【0-0-0-4】であり、良績は新馬戦に集中している。

　パワーのあるキズナ産駒は、洋芝中距離で信頼度が高い。

　同様のパワー型モーリスも、出走数は少ないが安定している。

　注目はエピファネイアの勝ち切れなさだ。また、いかにも函館が合いそうなゴールドシップが【0-0-2-4】と、連対がないことも補足しておく。

札幌・芝1200m　2歳戦限定種牡馬

種牡馬	1着	2着	3着	4着～	勝率	連対率	複勝率
ジョーカプチーノ	2	2	1	6	18.2%	36.4%	45.5%
キンシャサノキセキ	2	1	2	6	18.2%	27.3%	45.5%
モーリス	1	1	1	2	20.0%	40.0%	60.0%
注・ドレフォン	0	2	2	2	0.0%	33.3%	66.7%

　函館芝1200mと同じく、地味な種牡馬ではあるがジョーカプチーノが上位に入ってきた。とにかく仕上がりが早く、またマンハッタンカフェの系統らしい洋芝巧者ぶりが相まっての数字だ。

　キンシャサノキセキも函館同様、数字が高い。こちらも仕上がりの早さでは定評があり、平坦芝1200mの2歳戦は稼ぎ場だ。

　注目はドレフォン。対象内での勝利はないが、とにかく札幌芝1200mでは安定している。

　ここに挙がった4頭の種牡馬は、いずれもダートでの産駒成績も高いという点が共通している。なお他では、シルバーステートが【1-0-3-2】で複勝率はとても高い。

主要コース別【2歳戦

札幌・芝1800m　2歳戦限定種牡馬

種牡馬	1着	2着	3着	4着～	勝率	連対率	複勝率
エピファネイア	4	1	1	7	30.8%	38.5%	46.2%
ハービンジャー	3	4	2	11	15.0%	35.0%	45.0%
ドゥラメンテ	3	1	0	5	33.3%	44.4%	44.4%
注・ゴールドシップ	2	3	3	7	13.3%	33.3%	53.3%

　いかにも洋芝向き、かつ仕上がりの早い種牡馬が揃った。

　エピファネイア産駒の4勝のうち3勝は1番人気によるもの。むしろ人気薄だと買いづらい結果になっている。

　こちらのハービンジャーは、関東馬に集中していて【3－3－1－1】だ。つまり関西馬は【0－1－1－10】という極端な結果で注意が必要。

　注目として挙げたのはゴールドシップで、単勝回収値136円、複勝回収値107円だ。

　また、その他ではルーラーシップが【2－2－0－1】と即買いのレベルの数字。

新潟・芝1400m　2歳戦限定種牡馬

種牡馬	1着	2着	3着	4着～	勝率	連対率	複勝率
ダイワメジャー	3	2	2	11	16.7%	27.8%	38.9%
モーリス	3	1	0	8	25.0%	33.3%	33.3%
ルーラーシップ	2	1	2	3	25.0%	37.5%	62.5%
注・ロードカナロア	0	1	0	11	0.0%	8.3%	8.3%

　新潟芝1400mは内回りコースで、直線が短い。これを反映して、持続力型種牡馬が2歳戦でも有利になっている。

　ダイワメジャーは定評のある仕上がりの早さと持続力偏重の特性を伝えている。ただし1番人気は3戦全敗で、2～4番人気が3勝している。

　注目はモーリスで、3勝は7、10、15番人気、2着も9番人気によるもの。当該コース2歳戦最大の穴種牡馬だ。

　もう1頭の注目はロードカナロア。こちらはモーリスとは逆で、4着以下11頭の中には4番人気以内が5頭も含まれている。またエピファネイアも【1－1－1－10】で似た傾向が出ている。

限定】種牡馬ランキング

新潟・芝1600m　2歳戦限定種牡馬

種牡馬	1着	2着	3着	4着～	勝率	連対率	複勝率
エピファネイア	7	2	2	22	21.2%	27.3%	33.3%
ドゥラメンテ	4	4	2	22	12.5%	25.0%	31.3%
モーリス	4	3	3	20	13.3%	23.3%	33.3%
注・リオンディーズ	2	0	4	11	11.8%	11.8%	35.3%

　新潟芝1600mは外回りコース。エピファネイアの勝ち切りが多くなっている点に注目。実は、エピファネイアの父シンボリクリスエスも、新潟外回りを得意としていた。長い直線をジワジワ加速していくタイプの血統である。

　ドゥラメンテの上位着順は、夏開催に集中している。秋の新潟2歳戦は【0-0-1-3】だ。

　モーリスの4勝のうち3勝は1番人気であり、順当に結果を残している。

　注目はリオンディーズとした。勝率、連対率は目立たないのだが、3着量産で複勝率を大きくハネ上げている。3連系の馬券には必須の種牡馬である。

小倉・芝1200m　2歳戦限定種牡馬

種牡馬	1着	2着	3着	4着～	勝率	連対率	複勝率
ミッキーアイル	8	2	3	20	24.2%	30.3%	39.4%
スクワートルスクワート	4	0	0	15	21.1%	21.1%	21.1%
ダイワメジャー	3	3	2	20	10.7%	21.4%	28.6%
注・アメリカンペイトリオット	1	2	3	4	10.0%	30.0%	60.0%

　小倉の2歳戦は現在、夏の野芝開催のみの施行だ。

　ミッキーアイルが断然の成績。ただし牡馬は【0-0-2-6】で、牝馬が圧倒的だ。クラス不問で新馬から重賞まで勝てている、単勝回収値274円、複勝回収値は130円だ。

　スクワートルスクワートは注意が必要で、すべて九州産馬による勝利であり、ヨカヨカのフェニックス賞以外は九州産馬限定戦でのものである。

　ダイワメジャーの3勝はいずれも1番人気で、人気通りに走っている。逆に注目種牡馬のアメリカンペイトリオットの3連対はすべて4番人気以下である。人気薄で注意したい。

巻末②【2歳戦】種牡馬～札幌芝1800/ 新潟芝1400/1600/ 小倉芝1200m　203

主要コース別【2歳戦

中山・芝1600m　2歳戦限定種牡馬

種牡馬	1着	2着	3着	4着〜	勝率	連対率	複勝率
エピファネイア	5	3	3	15	19.2%	30.8%	42.3%
ロードカナロア	4	5	1	26	11.1%	25.0%	27.8%
ドゥラメンテ	4	1	3	15	17.4%	21.7%	34.8%
注・リオンディーズ	1	5	3	11	5.0%	30.0%	45.0%

　エピファネイアが1位だが、新馬戦では【0-0-1-5】と今イチで、好走は未勝利戦や特別戦でのもの。また牝馬【4-2-3-9】に対し、牡馬は【1-1-0-6】と率が下がる。

　またドゥラメンテはエピファネイアとは逆で、牝馬【1-0-3-9】に対し、牡馬【3-1-0-6】。連対率なら牡馬のほうが圧倒する。ただし新馬戦が【0-0-1-6】と苦手なのはエピファネイアと同じ。

　注目種牡馬のリオンディーズは、勝ち切れないがヒモならかなり頼れるという例。なお勝ち切れなさでは、他にもキズナ【0-2-2-20】、スクリーンヒーロー【0-2-3-21】が挙げられる。

中山・芝2000m　2歳戦限定種牡馬

種牡馬	1着	2着	3着	4着〜	勝率	連対率	複勝率
ハーツクライ	5	4	2	23	14.7%	26.5%	32.4%
モーリス	4	5	2	18	13.8%	31.0%	37.9%
ハービンジャー	4	3	3	28	10.5%	18.4%	26.3%
注・ルーラーシップ	2	2	4	11	10.5%	21.1%	42.1%

　ハーツクライは、2023年の2歳世代が最後となる。よって2歳戦データは今回までだ。5勝はすべて4番人気以内であったが、2、3着の計6回中4回は5番人気以下で、好走の人気幅は広い。

　モーリスは野芝の初秋開催が【3-1-1-5】に対し、年末は【1-4-1-13】と勝ち切れない。同様の傾向はハービンジャーにもあり、初秋開催は【3-1-1-9】に対し年末は【1-2-2-19】だ。

　注目として挙げたルーラーシップはさらに極端で、初秋開催【2-1-3-3】に対し、年末は【0-1-1-8】となる。他にはゴールドシップ【1-4-2-48】。極端に勝てない。またオルフェーヴルは【1-0-0-12】、ブラックタイドが【0-0-1-17】だ。

限定1種牡馬ランキング

阪神・芝1400m　2歳戦限定種牡馬

種牡馬	1着	2着	3着	4着〜	勝率	連対率	複勝率
キズナ	3	4	5	17	10.3%	24.1%	41.4%
リオンディーズ	3	2	3	16	12.5%	20.8%	33.3%
ドゥラメンテ	3	2	0	14	15.8%	26.3%	26.3%
注・ダイワメジャー	2	4	1	25	6.3%	18.8%	21.9%

　首位のキズナの３勝はすべて３番人気以内だったが、注目はヒモ穴としての価値だ。２着４回のうち３回は６番人気以下だったのだ。複勝回収値は128円。なおクラス不問、そして開催時期も不問だった。

　リオンディーズは未勝利戦だと【０−０−２−９】と不振。好走は新馬戦と１勝クラスに集中している。

　ドゥラメンテは５番人気以下で２勝・２着１回をマークした。単勝回収値は185円に達している。

　注目としたダイワメジャーは、初夏の開催では【０−１−０−８】であり、秋と年末の開催で上昇する。

阪神・芝1600m　2歳戦限定種牡馬

種牡馬	1着	2着	3着	4着〜	勝率	連対率	複勝率
ハーツクライ	6	4	2	18	20.0%	33.3%	40.0%
モーリス	6	2	4	33	13.3%	17.8%	26.7%
キズナ	5	7	4	36	9.6%	23.1%	30.8%
注・ロードカナロア	2	12	3	41	3.4%	24.1%	29.3%

　２つの２歳ＧＩが行なわれているコースだ。首位はハーツクライ。ただ連対した10頭はすべて３番人気以内であり、人気薄の好走は望みづらい。また、６勝中５勝は年末開催でのものである。

　モーリスは、重賞では【０−０−０−８】となる。６勝中５勝は４〜６番人気で挙げた中穴勝利だ。初夏開催では【０−１−１−７】と不振であり、大半は年末で稼いだ数字である。

　キズナは、２着７回のうち４回は５番人気以下のヒモ荒れタイプ。なお野芝の初秋開催は【０−０−１−６】と不振だ。注目はロードカナロアの２着量産現象。ここまで偏ると偶然ではない。アタマはナシが正解だろう。

巻末②【2歳戦】種牡馬〜中山芝 1600/2000/ 阪神芝 1400/1600m　　205

東京・芝1400m　2歳戦限定種牡馬

種牡馬	1着	2着	3着	4着～	勝率	連対率	複勝率
ロードカナロア	10	2	1	13	38.5%	46.2%	50.0%
エピファネイア	3	3	5	24	8.6%	17.1%	31.4%
ダイワメジャー	3	3	4	13	13.0%	26.1%	43.5%
注・ドゥラメンテ	1	1	1	16	5.3%	10.5%	15.8%

　1位のロードカナロアは、先の阪神芝1600mとは逆に、勝利数が突出して、2、3着が激減という成績になっている。

　牝馬が【8-1-1-6】に対し、牡馬は【2-1-0-7】で、悪くはないが牝馬のほうがかなり優っている。また新馬戦は【6-0-0-8】と極端だ。

　エピファネイアは、460キロ以上あると【0-1-1-12】で、これはかなり特異な現象だ。東京芝1400mの2歳戦では小柄な馬を狙いたい。また新馬戦は【3-2-2-8】で安定。

　不振の例としてモーリス【1-2-1-12】とミッキーアイル【0-1-2-20】を挙げておく。

東京・芝1600m　2歳戦限定種牡馬

種牡馬	1着	2着	3着	4着～	勝率	連対率	複勝率
ドゥラメンテ	8	6	4	23	19.5%	34.1%	43.9%
エピファネイア	8	3	5	27	18.6%	25.6%	37.2%
モーリス	6	10	3	34	11.3%	30.2%	35.8%
注・キタサンブラック	4	3	1	10	22.2%	38.9%	44.4%

　1400mでは不振だったドゥラメンテが、タメを利かせられるマイルになったら一躍トップに。牡馬は【6-4-2-11】に対し、牝馬は【2-3-3-12】で、複勝率は大して変わらないが、勝率、連対率では牡馬がかなり高い。

　エピファネイアは、1～7番人気まで幅広く勝ち鞍を挙げていて、単勝回収値は146円ある。注目としたキタサンブラックは、関東馬が【3-3-0-4】に対し関西馬は【1-0-1-6】と今ひとつ。

　他に挙げておきたいのは、ドゥラメンテとは真逆の傾向のロードカナロアが【1-6-3-21】。またハーツクライも【0-4-5-17】で極端に勝てない。

206　　巻末②【2歳戦】種牡馬～東京芝1400/1600m

あとがき

　今回も最後までお読みくださったことに、まずは感謝を申し上げる。「この本があったから、よい思いが何度かできた」という方がひとりでも多くおられることを願ってやまない。

　さて皆さんもご存知のように、2024年は日本の競馬に一大転機が訪れる。南関ダート三冠が中央にも開放され、また川崎記念を始めとする交流重賞の施行時期が大きく変わる。これに連れて、中央のダート重賞の開催時期もいくつか動くことになる（執筆時期には未発表）。

　こうなると、ダートのオープンのほぼ全レースについては、出走馬の馬質やローテーションが一新するはずで、これまでの大半のデータはリセットされるわけだ。さすがに、この「重賞ゲッツ！」シリーズも休眠状態に入らざるを得ない。

　芝については、京都のサンプルが蓄積される途中で、それが以前とどれだけ乖離していくかの経過観察が続く程度か。その他に大きな変化はないとは思うが、斤量のような補助規定の変更がないとはいい切れない。

　私の本領である種牡馬関係については、キングカメハメハやディープインパクト、クロフネ産駒の頭数がさらに減り、ハーツクライの新世代のデビューも24年はない。競馬は常に動いていて、完全に同じフォーマットで再現されることはほぼないのである。

　これからは皆さんの目で、新しい競馬の傾向をつかまえて対策を練ることをオススメする。それもまた競馬の楽しみであり、本質を理解するうえで有効な方策と考えるのである。

　当シリーズをご愛読くださった皆さん、本書編集スタッフに心より感謝。また別企画でお会いしましょう。

2023年5月　　水上　学

●著者紹介

水上　学（みずかみ　まなぶ）

1963年千葉県出身。東京大学文学部卒。ラジオ番組ディレクターを経て、競馬ライターに。フジテレビONE「競馬予想TV！」レギュラー出演（24期シーズン・ＧⅠ・ねらい目回収率三冠）。ラジオ日本「土曜競馬実況中継」解説（午後担当）。月刊誌「競馬の天才！」で「水上学の上から目線」連載中。著書に『種牡馬戦略SUPERハンドブック』シリーズ、『競馬攻略カレンダー』シリーズ。近著に『重賞ゲッツ！』シリーズ（秀和システム刊）。

翌日の厳選レース予想をサイト「競馬放送局」（kei-v.com）で有料配信中。無料競馬サイト「競馬Lab」（http:pc.keibalab.jp/）で翌日の注目馬（金・土曜夜8時頃更新）と、レース回顧コラム（水曜更新）配信中。無料競馬サイト「競馬JAPAN」（http://www.keiba.jp/）で「爆弾穴馬3」を配信中。

個人HP「水上学と絶叫する会」（携帯サイトあり）。　詳細はhttp://www.mizukamimanabu.net/pc/

ブログURL　http://mizukami-manabu.cocolog-nifty.com/

YouTubeチャンネル「水上学の競馬大学」随時更新中

重賞ゲッツ！
【2023下半期】GⅠ～GⅢ63レース攻略編

発行日　2023年6月22日　　　　　第1版第1刷

著　者　水上　学

発行者　斉藤　和邦
発行所　株式会社　秀和システム
　　　　〒135－0016
　　　　東京都江東区東陽2-4-2　新宮ビル2F
　　　　Tel 03-6264-3105（販売）　Fax 03-6264-3094
印刷所　三松堂印刷株式会社　Printed in Japan

ISBN978-4-7980-7032-2 C0075

定価はカバーに表示してあります。
乱丁本・落丁本はお取りかえいたします。
本書に関するご質問については、ご質問の内容と住所、氏名、電話番号を明記のうえ、当社編集部宛ＦＡＸまたは書面にてお送りください。お電話による質問は受け付けておりませんのであらかじめご了承ください。